Nur der Wandel ist
beständig: Berenberg.

Nur der Wandel ist beständig: Berenberg.

Die Geschichte der ältesten Privatbank Deutschlands

Hanser

1590

– diese Zahl steht im Logo von Berenberg und wir zeigen sie voller Stolz. Wenn ein Unternehmen auf eine 425-jährige Geschichte zurückblicken kann, dann tut es das mit großer Achtung vor der Leistung aller Beteiligten, die sich in dieser Zeit engagiert haben. Vom Auszubildenden über den Mitarbeiter bis hin zur Geschäftsleitung trägt jeder an seiner Stelle zum Gelingen des Ganzen bei – damals wie heute. Mein besonderer Dank gilt aber auch unseren Kunden und Geschäftspartnern, die uns teilweise über Generationen hinweg begleiten.

Berenberg hat in über vier Jahrhunderten gerade einmal 38 persönlich haftende Gesellschafter gehabt. Das ist ein Zeichen von besonderer Kontinuität an der Spitze des Unternehmens. Eine solche von Erfolg geprägte Kontinuität ist aber nur möglich, wenn die Menschen die Bedürfnisse ihrer Kunden kennen und sie in den Mittelpunkt ihres Handelns stellen, wenn sie schnell und flexibel auf sich verändernde Märkte und Bedingungen reagieren und das Unternehmen ständig neu ausrichten. Diese Bereitschaft zur Veränderung und der Mut, das eigene Agieren immer wieder zu hinterfragen, um Neues zu schaffen, das ist es, was eine so lange Tradition erst ermöglicht, wie Berenberg sie heute hat.

Unser Haus hat in den vergangenen 20 Jahren den Wandel von der Hamburger Privatbank mit einem dominierenden Kreditgeschäft hin zu einem international tätigen Beratungshaus mit einem Fokus auf den Wertpapierbereich geschafft. 1.250 Mitarbeiter sind heute an 19 Standorten für uns tätig – das sind dreieinhalbmal so viel wie noch zur Jahrtausendwende.

Erfolgreiche Unternehmen zeichnet aus, dass sie vor dem Hintergrund der eigenen Historie kraftvoll die Gegenwart gestalten und dabei stets die Zukunft im Blick haben. In diesem Sinne sind für uns die Tradition auf der einen

Seite und der Wandel auf der anderen gleichbedeutend. Zwischen diesen beiden Polen agieren wir tagtäglich.

Mein Dank gilt an dieser Stelle allen, die an der Entstehung dieses Buches mitgewirkt haben. Clarita (geb. v. Berenberg-Gossler) und Hartwig Gräfin und Graf von Bernstorff haben die Geschichte der Familie vom 16. bis zur Mitte des 20. Jahrhunderts geschrieben und dabei auf Material von Professor Dr. Manfred Pohl zurückgegriffen. Emanuel Eckardt hat die jüngere Geschichte bis zum Jubiläumsjahr 2015 Revue passieren lassen.

Ich freue mich, wenn Sie Interesse an diesem Einblick in Deutschlands älteste Privatbank finden und wünsche Ihnen beim Lesen dieser Firmengeschichte viel Vergnügen!

Joh. Berenberg, Gossler & Co. KG

Dr. Hans-Walter Peters
Sprecher der persönlich haftenden Gesellschafter

DIE FAMILIE BERENBERG VOR 1590

DIE FIRMA IN HAMBURG 1590–1769

JOH. BERENBERG, GOSSLER & CO. 1769–1914

IM SCHATTEN VON KRIEGEN UND KRISEN
CORNELIUS VON BERENBERG-GOSSLER 1874–1953

DER NEUBEGINN 1948–1999

DER WANDEL ZUM WERTPAPIERHAUS 2000–2015

ANHANG

DIE FAMILIE BERENBERG VOR 1590

Die Geschichte der Familie Berenberg lässt sich bis ins ausgehende 15. Jahrhundert zurückverfolgen. Es war die Zeit großer Entdeckungen und damit der wirtschaftlichen Neuorientierung Europas, und zugleich eine Epoche blutiger Glaubensauseinandersetzungen. Wie viele andere frühbürgerliche Familien suchten auch die Berenbergs in diesen Wirren nach einem Ort, der für ihre Handelsgeschäfte und für ihren neuen Glauben eine aussichtsreiche Zukunft bot. Sie fanden ihn schließlich in Hamburg.

In der Nähe von Gummersbach auf dem Hof »Groß-Berenberg«, der der Familie ihren Namen gab, wurde um 1465 Thillmann Berenberg geboren. Schon vom Stammvater ist überliefert, dass er mit Tuchen handelte, und der Tuchhandel blieb für mehrere Generationen Haupterwerb der Familie.

Sein Sohn Jan ging zunächst nach Köln, zu jener Zeit einer der wichtigsten Stützpunkte der Hanse, doch schon 1515 erwarb er als »Thillmans zon de Coelenaere« das Bürgerrecht der Stadt Lier, die wenige Kilometer vor den Toren Antwerpens lag. Jans ältester Sohn Jasper führte hier das Geschäft des Vaters weiter, während der jüngere Bruder Paul I. ab 1582 als Tuchmacher und Kaufmann in Antwerpen tätig wurde.

Mit seiner Bibelübersetzung legte Martin Luther (1483–1546) den Grundstein der Reformation (Porträt von Lucas Cranach der Ältere, 1528)

Antwerpen

In der Mitte des 16. Jahrhunderts war Antwerpen die reichste und geschäftigste Stadt Europas. Mit der Entdeckung Amerikas durch Christoph Kolumbus 1492, den Seefahrten des Amerigo Vespucci, der Entdeckung des Seeweges nach Ostindien durch Vasco da Gama, der ersten Erdumsegelung durch Ferdinand Magellan und der anschließenden Kolonialisierung hatte sich der Handel vom Mittelmeerraum mit Venedig zunehmend auf den Atlantik verlagert. Von dieser Entwicklung profitierten auch Lissabon, Sevilla, Amsterdam und später Hamburg – doch Antwerpen mit seinem geschützten Scheldehafen erblühte für wenige Jahrzehnte zum wichtigsten Handelsplatz von allen.

»Der Anblick Antwerpens stimmte mich traurig«, schrieb um 1550 ein vene-zianischer Gesandter, »denn ich sah Venedig in den Schatten gestellt.« Bis zu 500 Schiffe senkten und lichteten hier ihre Anker. Die Stadt hatte bereits eine Börse, die sich »ad usum mercatorum cuiusque gentis ac linguae« (dem Nutzen der Kaufleute aller Länder und Zungen) widmete, und niedrige Ein- und Ausfuhrzölle zogen Kaufleute aus allen Ländern an. Obwohl die

Antwerpen Börse, 1567

Ihre Entdeckungen und gewagten Fahrten übers Meer erschlossen den Atlantik für den Handel (v. l.): Amerigo Vespucci (1454–1512); Vasco da Gama (1469–1524); Ferdinand Magellan (1480–1521)

Niederlande von den katholischen Habsburgern regiert wurden, existierten die verschiedensten Glaubensbekenntnisse nebeneinander und so waren es sicher auch religiöse Gründe, die Paul Berenberg I. nach Antwerpen drängten. Hier gab es schon länger eine protestantische Gemeinde, die von dem Schriftsteller und Priester Matthias Flacius im Jahre 1566 auf 30.000 Gläubige geschätzt wurde.

Erste Beziehungen zu den »Merchant Adventurers«

Paul Berenberg I. knüpfte in Antwerpen Beziehungen zur »Right Worshipful Company of Merchant Adventurers«, einer englischen Handelsgruppe, die das Privileg besaß, auf dem Kontinent »Laken« zu vertreiben, das heißt Tuche aus englischer Wolle, die von kundigeren Niederländern aufbereitet und gefärbt wurden. Der enge Kontakt zu den Merchant Adventurers prägte für viele Generationen die Handelsgeschäfte der Berenbergs und als die Familie schließlich die Niederlande verlassen musste, folgte sie den Engländern und fand ihre neue Heimat in Hamburg.

Denn die Zeit der Toleranz war für die Niederlande bald vorüber. Der Versuch, die religiöse Unabhängigkeit zu bewahren und die Privilegien von Adel und Bürgertum gegen die spanische Herrschaft zu verteidigen, entwickelte sich ab 1568 zum Freiheitskampf der Niederlande.

Der Freiheitskampf der Niederlande

Mit Besonnenheit und Umsicht war es Wilhelm von Oranien als Burggraf von Antwerpen bis 1566 gelungen, die Übergriffe der Bevölkerung einzudämmen und so den Zorn der spanischen Statthalterin Margarethe von Parma, einer Halbschwester Philipps II. von Spanien, zu beschwichtigen. Am 20. August 1566 aber brach dann auch in Antwerpen ein Bildersturm aus, der nicht nur zur Vernichtung zahlreicher kostbarer Kunstwerke führte, sondern auch den Aufmarsch spanischer Truppen vor Antwerpen provozierte. Am 13. März 1567 wurden die Truppen der »Geusen« – so nannten sich die niederländischen Edelleute – vor Antwerpen von den Spaniern geschlagen. Wilhelm von Oranien und die »vornehmsten Kaufleute« von Antwerpen und Lier flüchteten aus der Stadt. Margarethe von Parma bereitete durch grausame Hinrichtungen den Einzug des Herzogs von Alba vor, der – von Philipp II. mit inquisitorischen Sondervollmachten ausgerüstet – im selben Jahr zur Schreckensherrschaft antrat.

Paul Berenberg harrte mit seinen Söhnen aus und überstand Plünderungen und Feuersbrünste, mit denen die Spanier den niederländischen Widerstand vergeblich zu brechen suchten. 1581 sagten sich die nördlichen Provinzen von Spanien los und während der nächsten vier Jahre konnten reformierte Prediger dort relativ unbehelligt ihren religiösen Pflichten nachgehen. Doch der Frieden war nur von kurzer Dauer. Wilhelm von Oranien wurde 1584 von einem katholischen Fanatiker ermordet und Alexander Farnese, seit 1578 neuer Statthalter der katholischen Südprovinzen, begann unverzüglich mit der Rückeroberung des Nordens.

Die Berenbergs verlassen die Niederlande

Mit der zweiten Flüchtlingswelle verließen abermals Tausende von Protestanten die Niederlande. Zunächst waren es vor allem Handwerker und kleinere Gewerbetreibende, die überall mit Arbeit rechnen konnten. Doch als Farnese 1585 die Protestanten vor die ultimative Wahl stellte, innerhalb von vier Jahren zum katholischen Glauben überzutreten oder Antwerpen in dieser Frist zu verlassen, entschlossen sich auch die meisten Kaufleute, eine neue Heimat zu suchen, zumal sie innerhalb des festgesetzten Zeitraums ihr Vermögen mitnehmen konnten. Damit war die Blütezeit Antwerpens vorüber.

Die Merchant Adventurers hatten ihren Hauptsitz schon 1567 nach Hamburg verlegt, später gingen sie nach Emden und 1587 schließlich nach Stade. Vater Berenberg riet seinen Söhnen, sich auf den Spuren der Engländer eigene Handelsgeschäfte aufzubauen. Er selbst blieb in Antwerpen zurück.

Hafentreiben, 16. Jahrhundert: Ein Handelsschiff löscht seine Ladung

Cornelius, der Jüngste, ging nach Köln, wo er aber starb, noch bevor er eine Firma gründen konnte. Paul II. wurde 1587 Faktor seines Vaters in Stade und pflegte dort die Geschäftsbeziehungen zu den Merchant Adventurers. Hans, der Älteste, war den Merchant Adventurers zunächst nach Wismar gefolgt. Dort heiratete er Anna Schnelling, sein Bruder Paul ehelichte fünf Jahre später deren Schwester Francina. Die Familie Schnelling vermittelte ihnen ausgezeichnete Kontakte nach Livorno, Venedig und Sevilla.

Hans Berenberg zieht nach Hamburg

Als Hans 1588 endgültig nach Hamburg umzog, sah er dort seinen Vater wieder: Paul I. war angereist, um seine Tochter Barbara mit Augustin Vossenholt, einem Brabanter Kaufmann, zu verheiraten. Bei dieser Familienzusammenkunft muss die Entscheidung für Hamburg als Hauptsitz der Berenbergschen Handelstätigkeiten gefallen sein: Hans sollte die Geschäfte in Hamburg wahrnehmen und sein jüngerer Bruder Paul ihm vom wenige Kilometer entfernten Stade, dem Stapelplatz der Merchant Adventurers, zuarbeiten.

Mit dem Stützpunkt des Vaters in Antwerpen, dem engen Kontakt zu den Merchant Adventurers und den guten Verbindungen nach Südeuropa verfügten die Brüder Berenberg über ein stabiles Netz von Geschäftsbeziehungen – als der Vater 1589 nach Antwerpen zurückkehrte, war die Grundlage für die Geschäftseröffnung in Hamburg im Jahre 1590 geschaffen.

DIE FIRMA IN HAMBURG
1590–1769

Die »Gründerjahre« 1590–1618

1588, im Jahr der Übersiedelung Hans Berenbergs nach Hamburg, fand mit der Vernichtung der spanischen Armada durch die Engländer im Ärmelkanal eine weltpolitische Wende statt: Infolge der Schwächung Spaniens durchbrachen die Engländer und Niederländer die spanische Monopolstellung im Überseehandel. Der europäische Norden gewann von nun an immer größere Bedeutung.

Hamburg profitierte von dieser Entwicklung. Die Stadt hatte schon im Verlauf des 16. Jahrhunderts als Handelszentrum ständig an Bedeutung gewonnen. Durch ihren freien Zugang zum Meer und die ins Landesinnere gehenden Wasserstraßen begünstigt, gewann sie mit der Verlagerung des Handels nach Westeuropa und mit der Erschließung der Handelswege Hamburg-Schlesien und Hamburg-Österreich-Ungarn-Böhmen eine Schlüsselstellung für die »Ost-West-Beziehungen«.

Während die Hanse in dieser Zeit mehr und mehr aus dem Englandhandel und ihrer Hauptposition, dem Stalhof zu London, herausgedrängt worden war, hatte Hamburg sich im Gegensatz zu den vorher dominierenden Ostseestädten schon früh auf die veränderten Bedingungen eingestellt. Die Hamburger Wandschneider (Leinwandschneider) hatten in der ersten Hälfte

Geplant war der Sturz der »Virgin Queen« Elisabeth I., doch der Wind stand ungünstig für Alexander Farnese: englischer Seesieg über die spanische Armada im Ärmelkanal 1588

Der neue Krahn und die Stadt-Waage im Hamburger Hafen (um 1650), Gemälde von Elias Galli

Für die Berenbergs war der Tuchhandel über mehrere Generationen der Haupterwerb der Familie

des 16. Jahrhunderts damit begonnen, ein eigenes Verarbeitungsgewerbe aufzubauen, und als die Merchant Adventurers über Stade und Hamburg den Handel vornehmlich mit Tuchen abwickelten, war bereits eine erfahrene heimische Tuchindustrie vorhanden, die nun die englischen Rohprodukte direkt einführen ließ. Hamburg erlebte einen Aufschwung, den Ende des 17. Jahrhunderts ein Zeitgenosse mit den Worten »blühendster Markt in ganz Deutschland« kommentierte.

Der Aufschwung begann auf dem Gebiet des Warenhandels. Hamburg hatte seit 1558 eine Börse, die erste Börse auf deutschem Boden übrigens, und ab 1603 ein festgeschriebenes Wechselrecht. Als 1619 die Hamburger Bank gegründet wurde, waren Paul II. und Hans Berenberg bereits daran beteiligt.

Als eine ihrer Hauptaufgaben sah die Hamburger Bank die Erhaltung der Geldwertstabilität an, die durch eine zunehmende Münzverschlechterung erheblich gelitten hatte. Nur wer vollwertige Taler, Speziestaler mit einem festgelegten Silbergehalt, einzahlte, durfte ein Konto eröffnen. Diese zukunftsweisende Bindung an den Silberstandard sollte die »Mark Banco« lange zu einer der stabilsten Währungen Europas machen. Den Kaufleuten wurden erhebliche Erleichterungen dadurch geschaffen, dass sie nunmehr von einem auf das andere Konto Verrechnungen vornehmen konnten – es war der Beginn des Giroverkehrs in Hamburg. Die Einlagen wurden als Refinanzierungsquelle, später gegen Hinterlegung von Pfändern als Kredit gewährt.

Die Niederländer in Hamburg

Der Aufschwung Hamburgs wurde maßgeblich von den unternehmerischen Kräften der niederländischen Refugianten getragen. Außerdem hatten zahlreiche spanische und portugiesische Juden daran teil, die ebenfalls nach Hamburg geflohen waren.

Hans und Paul Berenberg gründen ihr Unternehmen

Als die Berenbergs im Jahre 1590 ihr Hamburger Unternehmen gründeten, lebten um die 1.000 Niederländer in der Stadt. Manche waren schon mit der ersten Flüchtlingswelle hierhergekommen und unterstützten die neu eintreffenden Familien mit größter Hilfsbereitschaft. Neben diversen Handwerkern, die das heimische Gewerbe belebten, waren es in Handel und Finanzierung erfahrene Kaufleute, zum Beispiel die Familien van Uffelen, Bodeck, Amsinck, de Hertoghe, Verpoorten, Groenendal, van Duyveland, van Haesdonck, um einige der wichtigsten zu nennen. Ein niederländischer Baumeister hatte das erste Börsengebäude errichtet, die Hamburger Bank, die Seeversicherung und das Wechselrecht wurden ebenfalls nach niederländischem Vorbild organisiert.

1619 hatten 42 Hamburger Firmen Umsätze von über 100.000 Mark, 32 davon waren niederländischen Ursprungs. Die Brüder Berenberg standen an 15. und 16. Stelle und bis 1622 kletterte Paul auf den sechsten Rang.

Doch dieses Bild mag trügen, da in den Zahlen nur die über die Hamburger Bank abgewickelten Geschäfte enthalten sind, während ein beträchtlicher Teil des Handels noch in direkter Verrechnung erledigt wurde.

Warenhandel und andere Geschäfte

Der Familientradition entsprechend handelten Paul II. und Hans Berenberg in den Anfangsjahren vorwiegend mit Tuchen, wobei sie ihre guten Beziehungen zu den Merchant Adventurers ausnutzen konnten. Bis 1605 wohnte jeweils einer der Brüder am Stapelplatz der Merchant Adventurers in Stade, dann setzten sie dort einen Faktor ein.

Die Hamburger Kaufleute lieferten den Engländern unter anderem Nestauer Röte, Oberdeutschen Barchent, Indigo und Mullballen und importierten neben den Tuchen vorwiegend Luxusartikel, darunter vor allem Ingredienzen zum Färben der feinen Stoffe und Gewürze. Salz kam aus Lissabon und Roggen aus Archangelsk. Die Brüder Berenberg konzentrierten sich auf den Handel mit Sayen, Seide und Barchent, einem flanellartigen Gewebe aus Baumwolle. Doch darüber hinaus wurde mit einer Unmenge anderer Güter gehandelt, wenn sie am jeweiligen Geschäftsort verfügbar waren.

Handel mit Sayen, Seide und Barchent

1597 drohte die Aufhebung des britischen Stapels in Stade durch die Hanse. Sofort setzte ein Run auf die dort noch vorhandenen Tuche ein, an dem auch die Berenbergs beteiligt waren, wie ein Geschäftsbrief aus Hamburg dokumentiert: »Ein jeder hat jettender Laken, der vor diesem wohl nie hat im Sinne gehabt, damit zu handeln. Berenberg und ein anderer Niederländer,

Hamburger Silbertaler

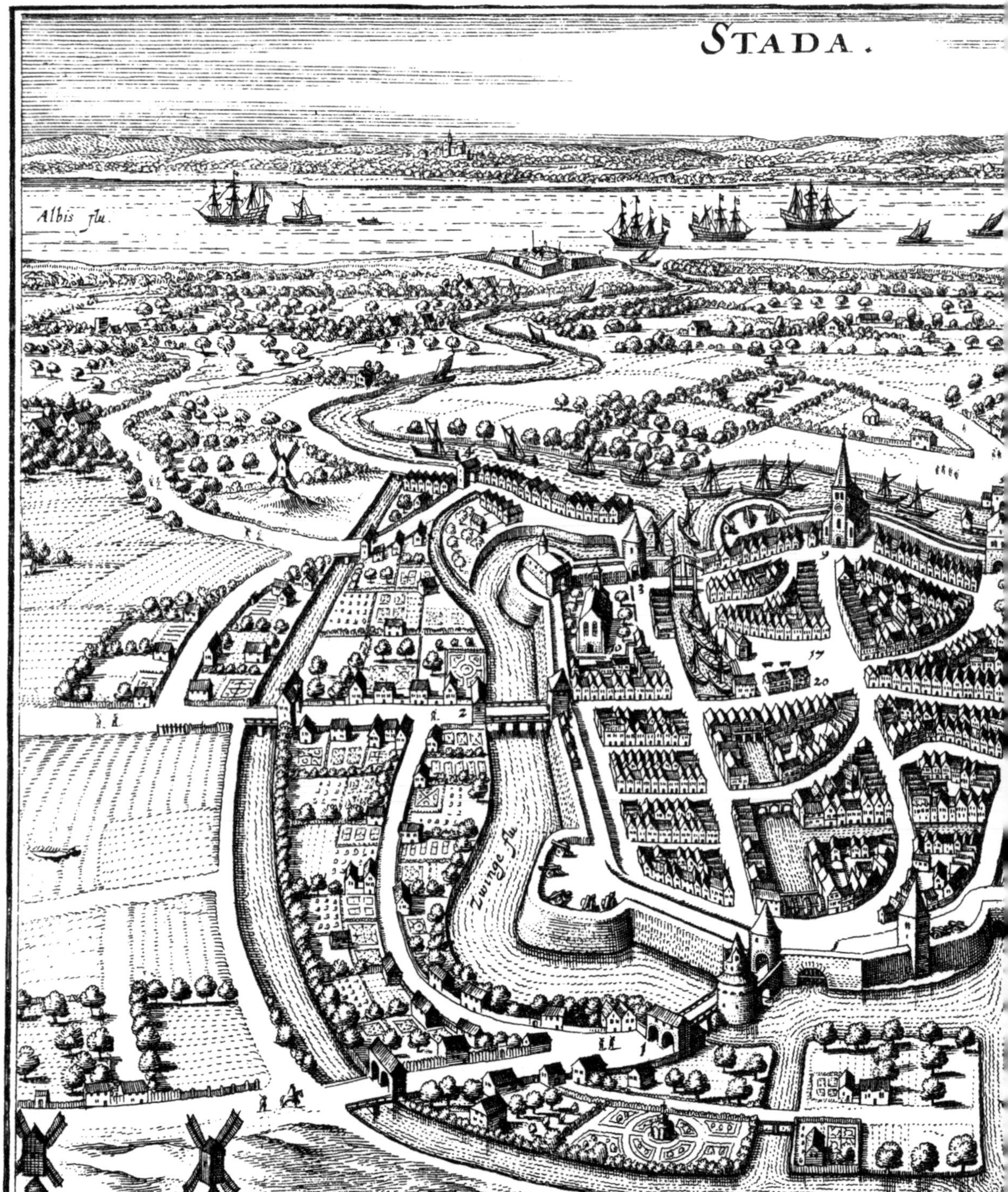
STADA.
Albis flu.
Zwinge flu.

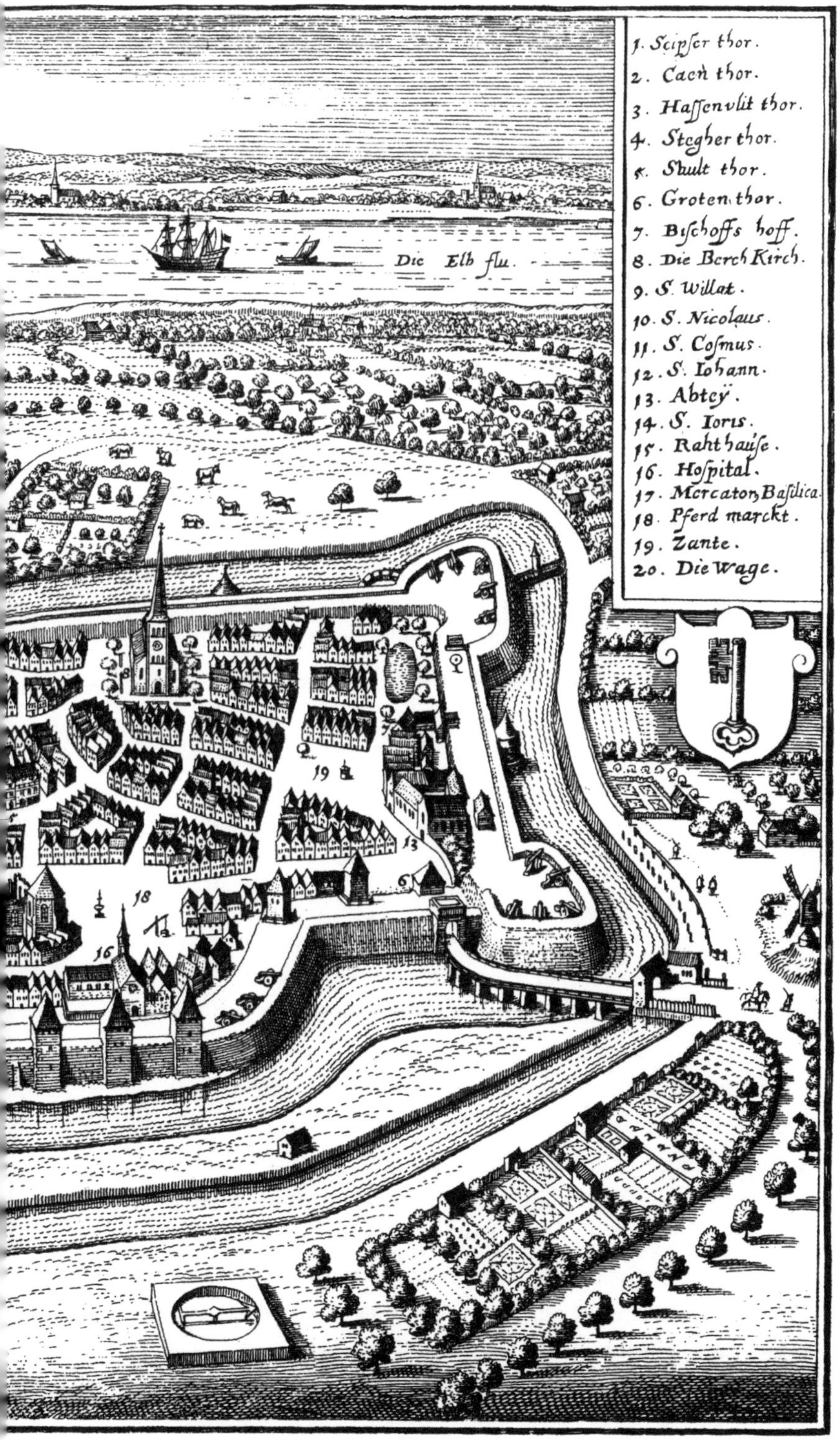

Nah bei Hamburg: Stade,
Kupferstich von Matthäus Merian
dem Älteren aus dem Jahr 1653

Der Stalhof in London diente den Hansekaufleuten als Wohn- und Arbeitsstätte in England

Lieven van der Eggen, haben von diesen über 200 Stück fein Laken eingekauft zu Pfund 200 bis Pfund 60, um solche wiederum allhier zu verkaufen. Wenn man kein Laken mehr nach Tuitschland darf bringen, werden sie große Vorteile damit tun; sonst glaub ich's nicht. Jedoch haben sie andere Leut, die allzeit was von fein Laken von ihnen abnehmen.«

Die englische Regierung reagierte mit einer Schließung des Stalhofs in London und drohte der Hanse mit weiteren Beschränkungen in England, woraufhin diese einlenkte und das Niederlassungsverbot der Merchant Adventurers in Stade wieder aufhob. Die Brüder Berenberg saßen auf ihren Laken, es gelang ihnen nicht, »große Vorteile damit zu tun«, aber man setzte die »200 Stück fein Laken« eben an »andere Leut« ab.

Erweiterung der Geschäftstätigkeit ins Baltikum, nach Archangelsk und Italien

Die Ungewissheit über den Verbleib des »Court of Merchant Adventurers« in Stade oder in Hamburg veranlasste die Brüder, die Geschäftsgrundlage ihrer Firma zu erweitern. Hier bot sich das Im- und Exportgeschäft mit der Pyrenäenhalbinsel an, was eine Ausdehnung ihrer Geschäftstätigkeit ins Baltikum, nach Archangelsk und nach Italien mit sich brachte. Umgekehrt bewahrten die Beziehungen zu den Merchant Adventurers die Berenbergs vor Einbußen, wenn der Handel mit Spanien oder Portugal einmal nicht so gut lief.

Ob die Berenbergs zu diesem Zeitpunkt bereits Geldgeschäfte tätigten, lässt sich nur vermuten. Am 4. März 1597 brach Paul Berenberg II. nach Frankfurt am Main auf, um – wie ehemals sein Vater – an der Frühjahrsmesse teilzunehmen. Dort nutzte er seine Verbindungen zu dem Niederländer Johann von Bodeck, der sich 1585 in der Mainstadt niedergelassen hatte und inzwischen zu den führenden Kaufleuten und Bankiers zählte.

Neben dem Warenhandel gelangte in Hamburg das Maklerwesen aufgrund der regen Handelstätigkeit mit ausländischen Plätzen zu rascher Blüte. Auch hier waren wiederum die Niederländer die treibende Kraft. Um 1605 gab es in Hamburg 31 geschworene Makler, die Mehrheit waren Niederländer.

Dasselbe gilt für das Versicherungswesen, das vor allem zur Deckung von Seeschäden und Schiffsverlusten wichtig wurde. Die erste Nachricht von einer solchen Versicherung in Hamburg stammt aus dem Jahre 1588.

Integrationsprobleme

Die Beziehung zu den Merchant Adventurers in Stade bildete die Grundlage und den Schwerpunkt des Berenbergschen Unternehmens. Doch auch aus einem anderen Grunde erwies sich die dortige Niederlassung als vorteilhaft: Von hier aus konnten Handelsbeschränkungen umgangen werden, denen die Niederländer in Hamburg unterworfen waren. Die Hamburger Bürger hatten sich nämlich zunächst gegen die erfolgreichen Fremden gewehrt, ganz im Gegensatz zum Hamburger Rat, der immer wieder darauf hinwies, welcher Schaden dem Zoll, dem gemeinen Gut und den Bürgern entstehen würde, wenn die Fremden »schölen weggewiset werden«.

Der Handel in Hamburg war strengen Regelungen unterworfen, die nur nach und nach abgebaut werden konnten. So war es den Ausländern verboten, mit anderen Ausländern innerhalb der Stadt Geschäfte zu machen. Viele der in der zweiten Hälfte des 16. Jahrhunderts zugewanderten Niederländer wurden daraufhin bald Bürger der Stadt Hamburg, so Wilhelm Amsinck und Cornelius de Hertoghe. Paul und Hans Berenberg konnten sich zu diesem Schritt nicht entschließen.

1604 erließ der Rat dann endlich ein neues Mandat, in dem die Interessen der Fremden geregelt wurden. Die neue Handelsordnung versuchte, den Hamburger Bürgern Vorteile zu erhalten, ohne jedoch den Fremden ihre Geschäftsbasis zu zerstören. So war es den Hamburger Bürgern weiterhin allein vorbehalten, mit Produkten der Stadt und der Umgebung zu handeln. Zu diesen zählten unter anderem Hanf, Pech, Teer, Linnen, wollene Laken, Munition, Blei, Eisen, Korn, Brot, Butter, Käse, Heringe, Schollen und Bückling sowie Salz.

Zu den freien Gütern, und das waren in der Hauptsache neue und seltene Luxusgüter, mit denen auch Hans und Paul Berenberg handelten, zählten unter anderem rheinische Weine, ungarisches Kupfer, Edelsteine, Perlen, Cochenille, Indigo und andere kostbare Farben, Eben- und Basilholz, Elefantenzähne, Zucker, Gewürze wie Pfeffer, Nelken, Muskat und Ingwer, Seide, Samt und Sayen, weiße englische Tücher, schlesische Leinwand, Breslauer Röte, Wachs, Flachs und Nürnberger Waren. Den Handel mit den für sie gesperrten Gütern betrieben die Berenbergs über Stade.

Schon 1605, nur ein Jahr später, wurden die Niederländer durch einen auf zehn Jahre begrenzten Vertrag den Hamburger Bürgern praktisch gleich-

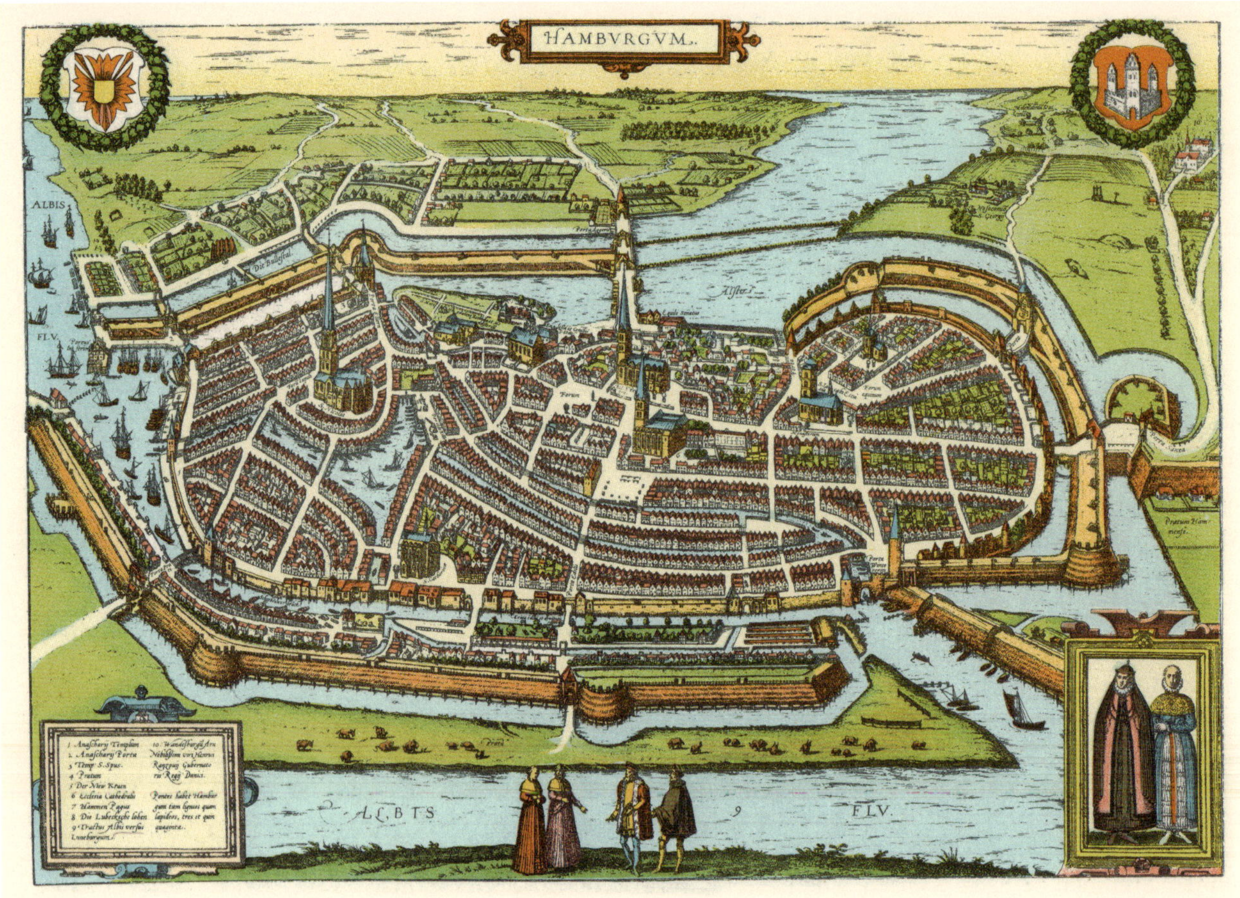

Übersichtsplan der Stadt Hamburg vor 1600 mit Hafeneinfahrt am Baumwall und Kehrwiederspitze am linken Bildrand, gesehen von Kupferstecher Franz Hogenberg

gestellt. Sie durften Haus und Grundbesitz erwerben, bürgerliche Ehrenämter übernehmen und konnten, sollten sie die Stadt verlassen, ihr Vermögen mitnehmen, ohne den Zehnten zu zahlen. Dieser Vertrag wurde im März 1615 auf weitere 15 Jahre verlängert. Eine Prolongation im Jahre 1630 wurde von der Bürgerschaft zwar zunächst abgelehnt, doch 1639 konnte ein dritter 15-Jahres-Vertrag abgeschlossen werden. Ein vierter Vertrag erübrigte sich, da die meisten der eingewanderten Niederländer, mit Ausnahme der Berenbergs, bereits Hamburger Bürger geworden waren.

Wie aus den beiden ersten Verträgen hervorgeht, hatten Hans und Paul Berenberg das Hamburger Bürgerrecht nicht angestrebt. Bei Abschluss des dritten Vertrages 1639 lebte nur noch Paul Berenberg II., der diesen Vertrag noch mit unterzeichnete. Auch die Söhne der Gründerväter lehnten es ab, Hamburger Bürger zu werden. Sie zogen es vor, sich mit dem Senat persönlich über ihre Rechte und Pflichten zu einigen. Erst Cornelius Berenberg (1634–1711), aus der dritten Generation der Berenbergs in Hamburg, wurde 1684 schließlich Hamburger Bürger.

Den wachsenden Reichtum der niederländischen Familien in Hamburg veranschaulicht eine Gegenüberstellung der Leistungen, die sie als »Fremdenschoß« an die Stadt Hamburg im Jahre 1605 und dann 34 Jahre später 1639 zu entrichten hatten: 1605 zahlten 130 Familien 5.721 Mark, 1639 zahlten 160 Familien 14.980 Mark. Im Schnitt entfallen damit auf die Einzelfamilie 44 Mark im Jahr 1605, 93,60 Mark im Jahr 1639. Etwa ein Viertel des gesamten Vermögens aller Einwohner soll zu diesem Zeitpunkt in niederländischer beziehungsweise neuhamburgischer Hand gewesen sein.

Praktische Wohlfahrt: Die Niederländische Armen-Casse

Unter den Niederländern, die sich in Hamburg niedergelassen hatten, gab es natürlich nicht nur erfolgreiche Geschäftsleute. Viele der geflohenen Familien waren arm und bedurften der Unterstützung. Dies nahmen die begüterten Kaufleute Wilhelm Amsinck und Gillis de Greve 1585 zum Anlass, die »Niederländische Armen-Casse« zu gründen, an deren Aktivitäten sich bald nach ihrer Übersiedelung auch Hans und Paul Berenberg beteiligten. De Greve war 1568 aus Antwerpen, Amsinck 1576 aus Deventer nach Hamburg gekommen, beide machten ähnliche Geschäfte wie die Berenbergs und man kam sich auch verwandtschaftlich näher, da Wilhelm Amsincks Sohn Arnold im Juli 1609 Hans Berenbergs Tochter Francina heiratete.

Anfangs sammelte man nur in der Altstadt Geld in Form einer Büchsensammlung. Zwei angesehene Niederländer mussten hierzu einmal in der Woche in den Kirchspielen St. Petri, St. Nikolai, St. Katharinen und St. Jacobi von Haus zu Haus gehen. Später wurden die Bezirke auch auf die Neustadt ausgeweitet. Die gesammelten Gelder wurden beim Jahresverwalter abgeliefert, der in seinem Rechnungsbuch die Summen und die Namen der Überbringer notierte. Eine andere Einnahmequelle waren Spenden, durch die man sich vom lästigen Büchsengang freikaufen konnte. Außerdem gingen Spenden zu besonderen Anlässen ein, etwa bei günstigen Geschäftsergebnissen oder der Rückkehr eines bereits verloren geglaubten Schiffes.

Hans und Paul Berenberg sammelten und spendeten für die 1585 ins Leben gerufene »Niederländische Armen-Casse«

Das so aufgebrachte Geld kam den eingeschriebenen niederländischen Armen zugute, denen man mit einem regelmäßigen Betrag bis an ihr Lebensende aushalf, wenn sich ihnen keine andere Einnahmequellen boten. Später ging man dazu über, auch verwitwete Hinterbliebene und »verschämte Arme«

zu unterstützen. Daneben wurde für alle Niederländer ein Fonds bereitgehalten, um Hilfe bei plötzlich entstandenen Notlagen leisten zu können.

Hans und Paul Berenberg beteiligten sich an den Büchsensammlungen, leisteten Spenden und wurden ab 1607 auch in die Leitung der Niederländischen Armen-Casse miteinbezogen. So erhielt Hans Berenberg sen. für die Jahre 1607/08 das Amt des Jahresverwalters, sein Bruder Paul übernahm es für die Jahre 1622/23. Bei seinem Tod 1626 vermachte Hans Berenberg sen. der Armen-Casse 1.000 Mark.

Die Brüder Berenberg waren darüber hinaus an anderen karitativen Einrichtungen beteiligt, so etwa an einem Waisenhaus, das auf Initiative von Gillis de Greve für die Waisen der Pestepidemie der Jahre 1596/97 eingerichtet worden war, aber auch an einem mehr oder weniger wohltätigen Werk- und Zuchthaus, das 1615/16 von Wilhelm Amsinck ins Leben gerufen wurde: Hier sollten noch arbeitsfähige Bettler einer sinnvollen Beschäftigung zugeführt werden, außerdem diente es der Unterbringung von Sträflingen. Zur Errichtung dieser Anstalt wurde 1616 übrigens die erste Lotterie nach niederländischem Vorbild in Hamburg veranstaltet, die so viel einbrachte, dass die Baukosten weitgehend gedeckt werden konnten.

Alltag, Familie, Religion

Hans Berenberg sen. besaß ein Haus im Nikolai-Kirchspiel, dessen Wert bei seinem Tode mit 15.000 Talern angegeben wurde. Bruder Paul wohnte seit 1605 im Kirchspiel St. Petri und zog später ins Kirchspiel St. Katharinen, dem bevorzugten Wohngebiet der Niederländer. Das alte Niederländische Kaufmannsviertel mit den Straßen Holländischer Brook, Alter und Neuer Wandrahm, Hüxter und Cremon musste im 19. Jahrhundert weitgehend der Speicherstadt des Freihafens weichen. Außer den Häusern besaß man einen Garten vor dem damaligen Dammtor, etwa in der Gegend der heutigen Große Bleichen und der Fuhlentwiete.

Die Berenbergs führten zunächst ein vergleichsweise sparsames Leben. So betrugen 1629 die Haushaltskosten der Familie Hans Berenberg jun. 2.606 Mark, was gering anmutet, wenn man bedenkt, dass ein Haus damals 720 Mark Miete pro anno kostete, ein Pferdeknecht 40 Mark Lohn im Jahr erhielt und für »2 Pferdt sampt Kutsch« 615 Mark aufgebracht werden mussten. Doch schon wenige Jahre später waren die Haushaltsausgaben mit fast 6.000 Mark auf das Niveau einer gut situierten Hamburger Kaufmannsfamilie gestiegen.

Die niederländischen Einwanderer waren Protestanten, doch ihr reformiertes, calvinistisches Glaubensbekenntnis brachte ihnen die Feindschaft der Kirchenobrigkeit ein, denn Hamburg glaubte lutherisch. Die Auseinandersetzungen zwischen diesen Bekenntnissen wurden außerhalb Hamburgs mit ähnlicher Heftigkeit geführt wie der Kampf zwischen Protestantismus und Katholizismus. Philipp Melanchthon nannte den religiösen Hass seiner Zeit »rabies theologorum« und diese »Tollwut« wurde bald darauf zum Auslöser des Dreißigjährigen Krieges. Hamburg war glücklicherweise auch in dieser Hinsicht eher gemäßigt, sodass die Reformierten nicht zum Glaubenswechsel gezwungen wurden. Doch der Aufbau eigener religiöser Gemeinden blieb ihnen verweigert. 1588 gründeten sie daher eine wallonische Gemeinde in Stade, wobei ihnen die Merchant Adventurers mit Rat und Tat zur Hand gingen. Taufen, Hochzeiten und Beerdigungen mussten also außerhalb der Stadt abgehalten werden, bis 1602 die reformierte Kirche im näher gelegenen Altona gebaut werden durfte.

Der Schweizer Reformator Johannes Calvin (1509–1564)

Zu Beginn des 17. Jahrhunderts, vor den Wirren des 1618 beginnenden Dreißigjährigen Krieges, waren die Gründerväter Hans sen. und Paul Berenberg II. in die niederländische Gemeinde integriert und verfügten über Wohlstand und Ansehen. Ihre Kinder heirateten in die Familien Amsinck, de Hertoghe, Ruhlant, Janssen van Duyveland, van Haensdonck und van Uffelen, deren verwandtschaftliche Beziehungen nach Spanien, Portugal, Italien und Nordamerika sich in der Folge immer wieder als nützlich erweisen sollten. Die Brüder hatten geschäftliches Geschick bewiesen und sich an der Gründung der Hamburger Bank und verschiedener sozialer Institutionen beteiligt. Sie hatten damit ein geschäftliches und soziales Fundament gelegt, auf das ihre Nachfahren erfolgreich bauen sollten.

Hans Berenberg sen. (1561–1626) starb acht Jahre nach dem Ausbruch des Dreißigjährigen Krieges im Alter von 65 Jahren, seine beiden Söhne Hans jun. (1593–1640) und Andreas (1595–1661) waren längst in seine Fußstapfen getreten. Gemeinsam mit ihrem Onkel Paul II. (1566–1645) und dessen Sohn Paul III. führten sie die Geschäfte weiter – zunächst durch sehr unruhige Zeiten.

Für die Geschichte Mitteleuropas bedeutsam: die Schlacht am Weißen Berg bei Prag 1620

Im Dreißigjährigen Krieg 1618–1648

Der Dreißigjährige Krieg hatte 1618 als lokaler Konflikt zwischen den böhmischen Protestanten und dem katholischen Kaiser begonnen. 1619 proklamierte der böhmische Reichstag den calvinistischen Kurfürsten Friedrich von der Pfalz zu seinem König, obwohl der Thron rechtmäßig dem Kaiser zustand. Der Sieg Johann T'Serclaes von Tilly für Kaiser Ferdinand II. in der Schlacht am Weißen Berg vor Prag beendete 1620 diese »böhmische Phase« des Krieges: Böhmen wurde brutal rekatholisiert, die Pfalz fiel an Bayern und die katholischen Staaten erhielten damit die Mehrheit im deutschen Reichstag.

Doch nun eskalierte der Konflikt zu einem europäischen Kampf, an dem außer England und der Türkei alle europäischen Mächte beteiligt waren. Denn das Ausmaß des katholischen Sieges beunruhigte die protestantischen Potentaten so gut wie die katholischen: Die deutschen Fürsten sahen ihre Freiheiten durch die wachsende Macht des Kaisers bedroht und der Papst sympathisierte mit der französischen Ansicht, dass die Habsburger für Frankreich und die Freiheit des Papsttums allzu stark würden. So drückte er beide Augen zu, als Kardinal Richelieu die französischen Katholiken besteuerte, um den deutschen Protestanten und später dem König von Schweden gegen einen katholischen Kaiser zu helfen. Die Namen Gustav Adolf von Schweden und Wallenstein repräsentieren im historischen Gedächtnis die beiden Seiten des Kampfes.

Der Krieg verheerte mit schrecklichen Verlusten nahezu das gesamte Deutschland: Die Spanier zogen an den Rhein, die Dänen nach Norddeutschland und die Schweden über die Ostsee. Als Frankreich eingriff, entwickelte sich ein Völkerkrieg, in dem die Reichsstände nicht mehr in der Lage waren, die eingeleitete Entwicklung zu steuern. Die kriegerischen Handlungen wurden von den Armeen beliebig in die Länge gezogen. Nach eher vorsichtigen Schätzungen ging die Bevölkerung Deutschlands und Österreichs in den 30 Jahren Krieg von 21 auf 13,5 Millionen Menschen zurück.

Der Westfälische Friede, der endlich 1648 zwischen dem Kaiser, Frankreich und Schweden mit ihren jeweiligen Verbündeten in Münster geschlossen wurde, führte zu einer Neuordnung Europas. Zahlreiche noch offene Konfessionsprobleme wurden geregelt und der Protestantismus gerettet. Die deutschen Fürstentümer bestätigten ihre Vorkriegsfreiheiten gegenüber dem Kaiser, das Reich blieb zerrissen, seine wirtschaftliche Macht schwand. Die habsburgischen Spanier mussten die Unabhängigkeit der nördlichen Niederlande endgültig anerkennen. Frankreich profitierte: Es konnte die Grenzen ausdehnen und die Bourbonen lösten die Habsburger als beherrschende Macht in Europa ab.

Neutralität und Geschäft

Inmitten der Kriegswirren versuchte Hamburg mit wechselndem Erfolg, einen Neutralitätskurs zu steuern. Glücklicherweise war es eine der bestbefestigten Städte der damaligen Zeit, denn vor allem auf Drängen der niederländischen Kaufleute hatte der Rat den niederländischen Festungsbauer Johan van Valckenburgh in die Stadt geholt und zwischen 1575 und 1625 die Befestigungsanlagen erneuern lassen. Das Festungswerk war so groß angelegt, dass es weite Teile der Neustadt umschloss und künftige Ausdehnungsmöglichkeiten offen ließ. In den folgenden Kriegsjahren erwiesen sich seine 24 Bastionen als starkes Argument gegen die Feinde der hamburgischen Neutralität.

Grundtriß der Edlen Weitberumbten Statt HAMBURG. Anno 1651.
Anweisung der Ziffern.
1 S. Peter
2 S. Nicolaus
3 S. Cathrinen
4 Dohm kirch
5 S. Iacobs
6 S. Iohannes
7 S. Gerdruth
8 S. Maria Magdal
9 S. Michaell
10 Heill Geist
11 Weesen k. & hauß
12 S. Iohans Closter
13 Hoßpittall & Dohr
14 Newkirchoff
15 Alt Melder Dohr & thurm
16 Schrdhor
17 Bawhoff
18 Nedderboem
19 die Beurs
20 das Rathauß
21 Hohenburg
22 Hopffenmarckt
23 Pferdemarckt
24 Auffm Berge
25 Winserthurm
26 Winserbrugke
27 Winserboem
28 Alte damdohr
29 Zucht haus
30 Blawthurm
31 Schaarmarck
32 die Vorstadt
33 Auffm keerwid
34 das Newemarckt
35 Valentins: Camp.
Graß broe
Nye grave.
Al

Auf dem Stich des Husumer Kartografen Johannes Mejer aus dem Jahr 1651 fallen die neuen Befestigungsanlagen der Stadt ins Auge

Eine der größten Gefahren für diese Politik ging vom Dänenkönig Christian IV. aus. Diesem war das wohlhabende Hamburg mit seiner günstigen Lage schon lange ein Dorn im Auge und er versuchte mehrfach, das Elb-Weser-Eck unter seine Kontrolle zu bringen. Bereits 1617 hatte er als Konkurrenzplatz Glückstadt gegründet und mit vielen Privilegien ausgestattet.

Zwei Jahre später besetzte Dänemark Stade und zwang Hamburg 1621 durch den Steinburger Vertrag in ein Untertänigkeitsverhältnis, doch die dänische Interpretation, Hamburg sei nun erbuntertänig, wurde von den Hamburgern schnell angefochten.

Die Auseinandersetzungen mit Dänemark setzten sich während der gesamten Kriegszeit fort und führten im Handel zu unvorhersehbaren Schwankungen. So erlitt Hamburg, das aufgrund der 1606 abgeschlossenen Verträge mit Spanien und Frankreich regen Handel trieb, im Geschäft mit diesen beiden Ländern zwischen 1625 und 1633 einen Rückgang von 70 Prozent, weil die Niederlande, Dänemark und England im Jahr 1625 einen Vertrag gegen Kaiser Ferdinand II. und Philipp IV., König von Spanien, geschlossen hatten.

Philipp IV. versuchte daraufhin, den Kaiser zur Gründung eines gemeinsamen Schifffahrtsunternehmens mit den Hansestädten der sogenannten Admiralität zu bewegen. 1627 trat der Kaiser in Verhandlungen mit den Hansestädten ein, um die Deutsch-Spanische Handelsgesellschaft unter kaiserlichem Schutz und kaiserlicher Seemacht zu begründen. Man wollte den holländischen Handel zur See ausschalten und gemeinsam mit den Hansestädten den Ostseehandel unter Kontrolle bringen. Den Hamburgern wurde als Gegenleistung eine ungehinderte Elbschifffahrt versprochen: Ohne ihre Erlaubnis sollte an der Elbe keine Befestigung angelegt und kein Elbzoll erhoben werden und kein fremdes Kriegsschiff sollte den Strom befahren dürfen. Hamburg ließ sich auf die Verhandlungen zwar ein – doch aus Angst vor Christian IV. wurde das verlockende Angebot schließlich abgelehnt.

Allein die Hoffnung des Hamburger Rats, Dänemark durch dieses Taktieren zum Einlenken zu bewegen, schlug fehl: Obwohl die Stadt das Werben der Katholiken abgewiesen hatte, erhob der Dänenkönig als Vergeltung nun einen derart drückenden Zoll bei Glückstadt, dass die Hamburger – von den Schweden ermuntert – im April 1630 versuchten, Glückstadt zu erobern. Im September desselben Jahres hatte Christian IV. sie wieder verjagt. Nach Hamburg selbst aber wagte er sich nicht.

Johann Peter Lotichius hat auf seiner Grafik die Positionen der Schiffe der Seeschlacht zwischen Schweden und Dänemark im Oktober 1644 festgehalten

Unter dem ständigen dänischen Druck schloss Hamburg 1632 einen Vertrag mit Gustav Adolf von Schweden, der der Stadt den Schutz des Handels auf allen Straßen garantieren sollte. Als Gegenleistung gestattete die Stadt schwedische Werbungen und finanzierte Teile des schwedischen Heeres, was ein klarer Bruch der Neutralitätspolitik war. Nach diesem Vertrag mit den Schweden stieg der Umsatz im Iberien- und Frankreichhandel wieder sprunghaft an, bei Paul Berenberg II. von 13.287 Mark Banco im Jahr 1632 auf einen vorläufigen Höhepunkt von 37.600 Mark Banco 1634.

Als Kaiser Ferdinand II. sich 1633 gezwungen sah, dem Dänenkönig für vier Jahre den Elbzoll zu gestatten, fiel der Umsatz im Iberienhandel mit einer gewissen Verzögerung auf 19.940 Mark Banco im Jahr 1637 zurück, erholte sich aber, weil den Hamburgern das Elbprivileg zurückgegeben und durch den neuen Kaiser Ferdinand III. noch einmal ausdrücklich bestätigt wurde.

Schon 1643 war Christian IV. wieder am Zuge: Die Stadt musste noch einmal auf ihre Elbhoheit verzichten, den Glückstädter Zoll und die Erbuntertänigkeit anerkennen, dänische Schiffe und Güter herausgeben und eine beträchtliche Geldsumme bezahlen.

Neben Hamburg war Danzig ein wichtiger Seehafen und Umschlagplatz für Getreide: kolorierter Kupferstich um 1650, Blick von einer Anhöhe auf Danzig

1645 schließlich wurde Dänemark von Schweden mit holländischer Hilfe geschlagen und musste im Frieden von Brömsebro dem Glückstädter Zoll endgültig entsagen. Hamburg und Bremen schlossen noch im selben Jahr einen Handelsvertrag mit den Holländern ab, der beiden Städten den Schutz ihres Elb- und Weserhandels garantierte.

Hamburg taktierte während des Krieges also ständig zwischen Schweden, dem deutschen Kaiser und Dänemark hin und her, ohne jemals langfristige Lösungen zu erreichen. Doch die Neutralitätspolitik konnte dabei im Wesentlichen eingehalten werden, denn offenbar waren selbst die erbittertsten Gegner der gemeinsamen Überzeugung, dass Hamburg als Bastion der Neutralität unverzichtbar sei. Die Stadt belieferte nämlich Freund und Feind und war zum Pack- und Lagerhaus, Bankplatz und Versammlungsort innerhalb Europas geworden. Trotz zahlreicher Kontributionen war ihr Reichtum ständig gewachsen und auch die Einwohnerzahl hatte sich nahezu verdoppelt.

Die niederländische Kolonie in Hamburg war flexibel genug, sich auf die wechselnden Bedingungen und Schwierigkeiten einzustellen, die Kaufleute gingen in diesen risikoreichen Zeiten dazu über, verschiedene Geschäfte gemeinsam zu tätigen.

Hamburg beliefert Freund und Feind – die Berenbergs handeln mit Getreide

Während des Krieges war Getreide in ganz Europa ein wichtiger Handelsposten und dies galt für das verwüstete Deutschland natürlich in besonderem Maße. In Verbindung mit der Familie Amsinck hatten Hans jun. und Andreas Berenberg an diesem Handel regen Anteil. Metropole des Getreidehandels war zu dieser Zeit Danzig, von wo aus über Hamburg nicht nur das deutsche Hinterland, sondern auch Spanien und Portugal weitgehend versorgt wurden.

Für die auf 1632 folgenden Jahre sind in den »Kontenten«-Büchern der 1623 gegründeten Behörde für Wirtschaft und Verkehr, der sogenannten »Admiralität«, für Hans und Andreas Berenberg außerdem folgende Handelsgüter vermerkt: Zucker und Kaneel aus Lissabon, Grünspan (zum Färben) und Mandeln aus Marseille, Ingwer, Indigo und Oliven aus San Lucar, Wolle, Wein und Rosinen aus Malaga, Seide aus Venedig und »Blau« (zum Färben) aus Cádiz; Flachs nach Lissabon, Wachs nach Genua, San Lucar und San Sebastián, Roggen nach Lissabon, Balken nach Malaga und Blech, Blei, Kupferdraht und Hafer nach Rouen sowie Zimt, Ingwer und Tuch nach Nürnberg. Aus einem Notizbuch von Hans Berenberg jun. lassen sich zudem enge Geschäftsverbindungen mit den Niederlanden und Danzig ablesen.

Mit dem Westfälischen Frieden von 1648 konsolidierte sich zunächst die Lage auch um Hamburg herum: Schweden erhielt das Erzbistum Bremen als Reichslehen zugesprochen, das Stade einschloss und bis vor die Tore Hamburgs reichte. Im Norden und Westen grenzte Hamburg an königlich-dänische Anteile von Holstein, zu denen auch Altona gehörte, und im Norden und Nordosten an das Herzogtum Schleswig-Holstein-Gottorp. Im Osten lag das Herzogtum Lauenburg und im Süden das Herzogtum Lüneburg.

Neue Probleme waren jedoch bereits absehbar, denn Lüneburg, Celle und das Kurfürstentum Brandenburg beanspruchten freien Zugang zur Elbmündung und auch der Streit mit den Dänen war nur vorläufig beigelegt.

Diversifizierung und Kontinuität: Cornelius Berenberg (1634–1711)

Nach dem Tod von Hans Berenberg jun. im Jahre 1640 betrieben seine Söhne Rudolf und Johann die Geschäfte weiter, wobei sie mit ihrem Onkel Andreas eng zusammenarbeiteten. Als dann der jüngere Halbbruder Cornelius nach seiner kaufmännischen Ausbildung in die Firma eintrat, erwies er sich bald als überragende Persönlichkeit, sodass er in der Folge für fast ein halbes Jahrhundert bis 1711 der Firma seinen Stempel aufdrücken sollte.

Cornelius Berenberg wird Hamburger Bürger

Ohne seine niederländische Herkunft zu verleugnen, fühlte Cornelius Berenberg sich in erster Linie als Hamburger Kaufmann. Er stellte die großväterliche Firmengründung sowie die Verbindung zur Stadt Hamburg und ihrer Kaufmannschaft in den Vordergrund und begründete damit für die Berenbergs erstmals ein hamburgisches Traditionsbewusstsein. Durch die Leistung des Bürgereides wurde er am 20. Juni 1684 Bürger der Hansestadt Hamburg und eröffnete so den nachfolgenden Generationen die Möglichkeit, in allen öffentlichen Ämtern der Stadt tätig zu werden. Denn im Gegensatz zu den großen Städten vor allem in Süddeutschland gab es in Hamburg kein Patriziat – die Regierungsgeschäfte waren nicht den alten Geschlechtern vorbehalten, zugewanderte Familien konnten hier verhältnismäßig schnell in offizielle Funktionen aufrücken, wenn sie über Vermögen verfügten und ein ererbtes Haus besaßen.

Konkurrenzen

Durch die Überlegenheit der Niederländer auf den Weltmeeren war den Hamburgern die Überseeschifffahrt noch lange verwehrt. Die niederländischen Kaufleute drangen in fast alle Weltteile vor, beherrschten den Levantehandel in Indien und Amerika und dienten auch im Verkehr zwischen England und dem Kontinent als Lieferanten von Kolonialwaren. Hamburg musste sich damit begnügen, den Handel zwischen der iberischen Halbinsel, Frankreich und dem deutschen Hinterland zu organisieren, und auch dabei lief ein großer Teil des Handels über die Niederlande. In den Jahren 1647/48 gingen von 1.773 Schiffen, die die Hansestadt verließen, 956 nach den Niederlanden. Hamburg versuchte daher immer wieder, aus diesen engen Grenzen seiner Handelsmöglichkeiten auszubrechen.

Eine Möglichkeit bot die Grönlandfahrt. Seit dem Ende des Dreißigjährigen Krieges zog ein ergiebiger Walfang die Fischer nach Grönland und ab 1663 ließ Christian V. von Dänemark auch die Hamburger an diesem äußerst gewinnversprechenden Geschäft teilhaben. Ein in Hamburg ansässiger Niederländer gründete die erste vom dänischen König privilegierte »Societas Gronlandiae«, sodass Hamburg 1670 insgesamt 40 besonders für den Walfang ausgerüstete Schiffe nach Grönland schicken konnte. An diesen Fahrten war Cornelius Berenberg geschäftlich beteiligt. Doch auch in dieses Geschäft waren die Niederländer früher und intensiver eingestiegen; im selben Jahr liefen sie bereits mit 148 Schiffen aus. So führte der Walfang zwar zu einer starken Belebung der Hamburger Tranbrennereien, die vor allem das deutsche Hinterland belieferten, doch den übrigen Markt beherrschten weiterhin die Niederländer.

Handel und Schifffahrt zur Hansezeit in Hamburg

Nicht nur die Niederländer bereiteten Ärger: Seit dem Ende des Dreißigjährigen Krieges versuchte die seit 1642 in Harburg herrschende cellische Linie der Herzöge von Braunschweig-Lüneburg, die Stadt zur Konkurrentin Hamburgs aufzubauen. Harburg besaß zu diesem Zeitpunkt zwar kein einziges Seeschiff, doch der Kurfürst von Brandenburg, dem die Hamburger Zölle zu hoch waren, unterstützte die cellischen Bemühungen. Mit den Braunschweigern schloss er einen Vertrag, um Harburg zum Umschlagplatz für märkisches Getreide und Holz auszubauen. Und als der Herzog von Braunschweig-Lüneburg vor der Stromverzweigung bei Bullenhausen eine bewaffnete Schanze errichten ließ, wurde das hamburgische Stapelrecht merkbar erschüttert. Hamburg reagierte schließlich mit einem Senken der Zölle, sodass Brandenburg bald das Interesse an Harburg verlor.

Gefährlicher wurde für Hamburg das Erstarken Altonas. Der dänische König Christian V. hatte Altona 1664 die Stadtrechte verliehen und baute es planmäßig zum Gegenpol Hamburgs auf. Unweigerlich lebten in den folgenden Jahrzehnten die alten Konflikte mit den Dänen wieder auf.

Doch diesen Konkurrenzen zum Trotz entwickelte sich der hamburgische Handel positiv und mit der Eröffnung des Müllroser- beziehungsweise Friedrich-Wilhelm-Kanals ergab sich ab 1668 eine erheblich verbesserte Verbindung zum östlichen Hinterland. Kurfürst Friedrich Wilhelm von Brandenburg hatte diesen Kanal zwischen Oder und Spree anlegen lassen, um vorwiegend Getreide und Holz zum Umschlagplatz Berlin zu verschiffen, von wo aus es dann spree- und elbabwärts nach Hamburg gelangte. Dieser Kanal schaffte darüber hinaus eine Anbindung Schlesiens, das hauptsächlich sein begehrtes Leinen verschiffte, und Böhmens.

Warenhandel

Einen nicht unbedeutenden Posten nahm bei Berenbergs zu dieser Zeit der Handel mit Weinen ein, denn durch günstige Verträge mit Frankreich war Hamburg zu einem wichtigen Umschlagplatz für französische Weine und Kolonialwaren geworden.

Doch sein Hauptaugenmerk richtete Cornelius Berenberg traditionsgemäß auf den Handel mit den iberischen Ländern. Dabei kam dem richtigen Disponieren inzwischen wesentliche Bedeutung zu, denn ein großer Teil der Verschiffungen berührte den Elbhafen überhaupt nicht, sondern ging direkt zum Bestimmungsort.

Die Außenhandelsbeziehungen liefen zumeist über befreundete niederländische Familien oder über Mitglieder der eigenen Familie, die als Agenten und Kommissionäre oder als Spediteure mit der Hamburger Handlung zusammenarbeiteten. Für den Handel mit den Kolonien mussten zur Umgehung der Navigationsgesetze, zum Beispiel im Handel mit Brasilien, Niederlassungen Hamburger Kaufleute in Lissabon als Reeder zeichnen oder man beteiligte sich an englischen Schiffen, weil keine eigenen geschickt werden durften.

Der Handel mit England gewinnt an Bedeutung

Ab 1663 gewann für Berenbergs – trotz der Cromwellschen Navigationsakte, die als Maßnahme gegen die niederländischen Handelsrivalen ab 1651 die Einfuhr auf fremden Schiffen nach England untersagte – auch der Handel mit England an Bedeutung. Den Hamburgern wurde in diesem Jahr nämlich wieder das Recht zugestanden, auf eigenen Schiffen und mit eigener Besatzung die englischen Häfen anzulaufen und auch in Kriegszeiten mit englandfeindlichen Ländern Handel zu treiben.

Neue Geschäftszweige

Obwohl der Warenhandel zu dieser Zeit keine großen Gewinne abwarf, war Cornelius Berenberg sehr erfolgreich, da er sich gleichzeitig in anderen Geschäftszweigen engagierte.

Das Geschäft mit Seeversicherungen

Wie die meisten Kaufleute beteiligte er sich auch an Seeversicherungen. Man brachte die Versicherungssuchenden mit Kaufleuten in Verbindung, die sich durch ihre Unterschrift bereit erklärten, gegen Zahlung einer Prämie für bestimmte Schäden einzutreten. Diese Versicherungsart erinnert an die Organisation der Lloyd-Versicherung.

Durch die Beteiligung an der Grönlandfahrt befasste sich die Handlung nun auch mit dem Reedereigeschäft. Als sogenannter Partenreeder besaß Cornelius Berenberg aber nicht nur Anteile an den Fang- und Frachtfahrten, sondern gehörte auch zu den Aufkäufern und Vertreibern des Trans, den er für eigene Rechnung verarbeiten ließ, um die Fertigprodukte zu exportieren.

1675 sandte er als federführender Reeder zwei Schiffe aus. Die 120 Last große »Wynbarg« unter Grönlandkommandeur Johann Dittmers brachte 667 Quardeelen Speck von 15 gefangenen Walen nach Hause, die 130 Last große »Johann Baptist« unter Kommandeur Peter Klasen 320 Quardeelen in Fässern von fünf Walen. Der Speck der Wale wurde ausgekocht und geläutert und dann

1665 wurde die Commerz-Deputation von den Seehandel treibenden Hamburger Kaufleuten als Vorläufer der Handelskammer gegründet; Darstellung von Kran, Waage, Börse und altem Rathaus um 1735

als Schmier- und Leuchtöl, zur Seifen- und Pomadenherstellung und für medizinische Zwecke verwendet. Die gewaltigen Knochen der Wale wurden als Zier von Türpfosten und zur Anfertigung von allerlei Gerätschaft benutzt und das Horn aus den Barten des Bartenwals fand vornehmlich im Bekleidungsgewerbe Abnehmer.

Cornelius Berenberg tätigt erste Bankgeschäfte

Cornelius war der erste Berenberg, der nachweislich auch Bankgeschäfte tätigte. Da alle Handelsvorgänge selbst finanziert werden mussten, vergaben Kaufleute häufig Kredite an andere, denen liquide Gelder vorübergehend fehlten. Diese Finanzierungsgeschäfte intensivierte Cornelius. Einen beträchtlichen Teil seiner Tätigkeit widmete er außerdem Hypothekengeschäften. In einer Zeit, als es noch keine Aktie gab, bot die Hypothek fast die einzige Möglichkeit, die im Handel nicht benötigten Gelder anzulegen beziehungsweise zur Stärkung der Liquidität Gelder aufzunehmen. Bei all diesen Geschäften wurde Cornelius Berenberg ein großes Vertrauen entgegengebracht, das sich auch in zahlreichen Testamentsverwaltungen und Kuratorien niederschlug.

Hamburger Innenpolitik – Die Bürgerschaft erstarkt

Während das Familienunternehmen mit Cornelius eine Zeit der Kontinuität und Festigung erlebte, erfuhr die Stadt Hamburg einen tiefgreifenden Wandel.

Das aufblühende Geschäftsleben an der Elbe erforderte auf dem Gebiet der Verwaltung immer neue Einrichtungen und diese wurden von den Kaufleuten zunehmend in Eigenregie gegründet.

So schlossen sich die Hamburger Assecuradeure zu einer Vereinigung zusammen, um ihre Ziele besser durchsetzen zu können. Es wurden einheitliche, alle Mitglieder bindende Bestimmungen ausgearbeitet, die Haftung des Versicherers ermäßigt und die Pflichten des Versicherten gesteigert. Vetter Paul Berenberg, ein Sohn von Andreas, war 1687 einer der Deputierten der hamburgischen Assecuradeure.

1665 gründete die Gemeinschaft der »Zur See handelnden Kaufleute« die »Commerz-Deputation«, aus der sich später die Handelskammer entwickelte. Zielsetzung der Commerz-Deputation war es, alles zu tun, was dem Handel in Hamburg zum Erfolg verhalf, und dazu gehörte auch der Schutz der Schiffe vor Seeräubern und den ständigen Übergriffen kriegführender Nationen. Die Verantwortung für die Sicherheit des Seetransports lag offiziell bei der städtischen »Admiralität«, aber finanziert wurde sie von der Kaufmannschaft: Ab 1662 zahlten die Kaufleute der Stadt ein »Convoygeld«, mit dem spezielle Begleitschutzschiffe gebaut werden sollten. Als die Fertigstellung der ersehnten Fregatten durch die Stadt verschleppt wurde, verloren die Kaufleute viel Geld und schließlich die Geduld: Mit der Commerz-Deputation gaben sie sich eine straff organisierte und handlungsfähige Interessenvertretung, die harte Auseinandersetzungen nicht scheute. Die »Zur See handelnden Kaufleute«, aus deren Reihen Deputierte gewählt wurden, nannten sich nun »Ein Ehrbarer Kaufmann« – eine deutliche Provokation des »Ehrbaren Rates«. Der war wenig begeistert und versuchte, die Commerz-Deputation als handelspolitischen Faktor zu übergehen. Noch nach der offiziellen Anerkennung 1674, als sie bereits zunehmend Einfluss in der Verwaltung gewann, wurde ihr jede Kontrolle über die Verwendung der Convoygelder verwehrt – ein Dauerkonflikt war die Folge.

Die Zuwanderer

Die Einwohnerzahl hatte sich zwischen den Jahren 1600 und 1680 auf 80.000 verdoppelt. Hamburg rangierte damit zwar hinter London, Paris, Antwerpen und Amsterdam, war aber auf deutschem Boden nach Wien zur zweitgrößten Stadt geworden. Mit den Zuwanderern waren neue Volksgruppen gekommen und hatten den Einfluss der Niederländer allmählich zurückgedrängt. Zwar führten die niederländischen Kaufleute ihre Bücher noch lange in holländischer Sprache, aber die neue wohlhabende Schicht sprach französisch.

Ein Großteil der Zuwanderer aus der Zeit des Dreißigjährigen Krieges und den Jahren danach siedelten sich in der Neustadt im Kirchspiel St. Michaelis an. Die dortige dreischiffige Hallenkirche erhielt 1668 ihren barocken Turm. 1682 wurde dann St. Georg besiedelt und der Festungsanlage eingegliedert, die Sternschanze als Schutz gegen Feinde aus dem Westen errichtet und

1750 schlägt der Blitz in den Hamburger »Michel« ein: An der Renovierung der ab 1661 von Christoph Corbinus gebauten Kirche beteiligten sich Hamburger Kaufleute

die Kirche St. Pauli gebaut, die dieser Vorstadt später ihren Namen geben sollte. Man vergrößerte Rathaus und Börse, erweiterte den Hafen und baute eine erste hölzerne Alsterbrücke, die den Namen Lombardsbrücke nach dem am rechten Ufer gelegenen Lombard (Pfandhaus) erhielt.

»Die verfluchte Üppigkeit«

Mit zunehmendem Wohlstand hatten sich auch die eher puritanischen Lebensgewohnheiten gewandelt. Zum ersten Mal kam es innerhalb der Mauern Hamburgs zu einer Förderung der Künste und der Wissenschaft. Juristen und Mediziner schlossen sich zu Berufsverbänden zusammen und es wurden Sprachgesellschaften zur Pflege der Muttersprache gegründet. 1678 hob sich der Vorhang der ersten ständigen Oper am Gänsemarkt und im selben Jahr eröffneten zahlreiche Kaffeehäuser ihr bald florierendes Geschäft. Durch die Aufschüttung des Reesendamms entstand eine Promenade, die wegen der vielen »Frauenzimmer«, die dort flanierten, bald den Namen »Jungfernstieg« erhielt. Der Rat fühlte sich bemüßigt, zur Mäßigung aufzurufen: Man möge doch keine Diamanten, Perlen und Edelsteine tragen und auf goldene und silberne Spitzen, Knüppelskragen, Zobelmuffen, lange Schleppen und dergleichen verzichten, lauteten die regelmäßig und offenbar wirkungslosen Appelle. »Die verfluchte Üppigkeit« stoßseufzte Bürgermeister Johann Schulte in einem Brief an seinen Sohn und er meinte damit die ständig zunehmende »Pracht an Kleidern, Gästereien und anderen Dingen«.

Gegen den allgemeinen Sittenverfall wandten sich auch Mitglieder der Familie Berenberg. Cornelius' Vetter Paul Berenberg hatte 1680/81 als Verwalter der Niederländischen Armen-Casse dafür gesorgt, dass die Jahresessen, die zu Gelagen bis spät in die Nacht auszuarten drohten, aufgegeben wurden und dass stattdessen der jeweilige Jahresverwalter 50 Mark für die Armen gab. Auf sein Betreiben wurde auch beschlossen, dass die Armen, die gesund genug waren, sich ihre Unterstützung selbst abzuholen, nicht mehr, wie bisher, mit Brot und Bier zu bewirten seien. Im Protokoll heißt es zur Begründung, dass mehr und mehr »allerhand Lärm und Ungemach« entstanden seien.

Die Vorsteher der Niederländischen Armen-Casse waren verpflichtet, die Armen ein- bis zweimal jährlich zu besuchen, um sich persönlich von ihren Lebensverhältnissen ein Bild zu machen und sich von ihrer Bedürftigkeit und vor allem von ihrer Würdigkeit zu überzeugen. 1689 nun ging man dazu über, an diejenigen, die lesen konnten, Exemplare des Neuen Testaments zu verteilen und bei den jährlichen Besuchen Examen im Christentum abzuhalten. Wer durchfiel oder das edle Buch nicht mehr besaß, lief Gefahr, von der Liste der Unterstützungswürdigen gestrichen zu werden.

»Pfaffengezänk«

Die Familie Berenberg fühlte sich dem in Deutschland verbreiteten Pietismus eng verbunden. Die Pietisten wendeten sich gegen die erstarrte Orthodoxie der lutherischen Kirche. Sie lehnten die äußeren Organisationsformen des Glaubens ab und setzten dagegen auf eine rein geistige Kirche, ein »Christentum des Herzens« und persönliche Frömmigkeit. Dabei verlieh die Hoffnung auf die Wiederkehr Christi und das Anbrechen seines Tausendjährigen Reiches ihrem Bekenntnis eine schwärmerische Inbrunst. Man maß dem persönlichen Verhältnis zu Gott mehr Bedeutung bei als dem Erwerb von Wissen und des-

1677 wurde mit dem Bau der Hamburger Oper am Gänsemarkt begonnen. Schon 80 Jahre später erfolgte der Abriss

HAMI
1
2
3

Die Hamburger Kirchen um 1686:
1. St. Gertrud, 2. St. Jacobi,
3. St. Peter, 4. St. Katharinen,
5. St. Nikolai, 6. St. Michaelis

sen praktischer Anwendung, trug aber damit zu einer Aufwertung des Individuums, der persönlichen Verantwortung und der praktischen Wohlfahrt bei, die durchaus in das Zeitalter des Rationalismus und des aufsteigenden Bürgertums passte.

Ein anderer Vetter von Cornelius war aktiv im Kirchenleben tätig und sorgte dafür, dass nach der Berufung Anton Reisers 1678 zum Hauptpastor von St. Jacobi mit Johann Winckler ein weiterer Pietist 1684 Pastor von St. Michaelis wurde. Doch an diesem scheinbar harmlosen Vorgang entzündeten sich Streitigkeiten, die weit weniger harmlose Konflikte nach sich ziehen sollten.

Die Hamburgische Kirchenautorität warf den Pietisten Schwärmerei und gefährliches Sektierertum vor, und so zog das »Pfaffengezänk« immer weitere Kreise: Die Bewohner des reicheren Nikolaikirchspiels begannen damit, ihre Hypotheken in der Nachbargemeinde St. Michaelis zu kündigen, Zimmergesellen lieferten sich mit Brauknechten Prügeleien auf offener Straße, und selbst an der Börse soll es unter »Ehrbaren Kaufleuten« wegen der »Pietistenfrage« zu Tätlichkeiten gekommen sein.

Innenpolitische Auseinandersetzungen: Die Verfassung von 1712

Alsbald gärte es in der Stadt überall, war doch das Selbstbewusstsein der Bürgerschaft gewachsen. Die Bürgervertretung bezweifelte ganz allgemein die Redlichkeit des Rates, warf ihm Vetternwirtschaft bei der Verwaltung öffentlicher Gelder vor und forderte mehr Rechte. Schließlich trat man zusammen, ohne vom Rat berufen worden zu sein: Die Bürger versammelten sich in der großen Rathaushalle »unter der Krone«, um nun nicht mehr nach Kirchspielen getrennt, sondern gemeinsam zu beraten und nach Köpfen abzustimmen. Dabei wurde auch den politisch rechtlosen Nicht-Eingesessenen und sogar Nicht-Bürgern Zutritt zu den Sitzungen gewährt.

Durch all diese Auseinandersetzungen wurde die Stellung der »Oberalten«, der politischen Vertreter der Kirchspiele, derart geschwächt, dass die Mehrheit des Rates unter Bürgermeister Heinrich Meurer 1686 den Kaiser um Hilfe bat. Die bürgerschaftliche Popularpartei unter Führung des Kaufmanns Hieronymus Snitger und des Reeders Cord Jastram suchte Rückhalt bei Hamburgs Erzfeind Dänemark. Sie hatten die Sympathie eines der anderen drei Bürgermeister und einer Minderheit des Rats. Eine dritte Gruppe schließlich, die sich um Vermittlung bemühte, wandte sich an Brandenburg.

Der Kaufmann Hieronymus Snitger (links) und der Reeder Cord Jastram (rechts) wurden 1686 in Hamburg enthauptet

König Christian V. von Dänemark erkannte seine Chance zuerst, erschien mit 10.000 Mann, 2.500 Reitern sowie schwerer Artillerie vor den Mauern Hamburgs und forderte, anstatt der Popularpartei zu helfen, die Aufnahme einer dänischen Besatzung, Erbhuldigungen und die Zahlung von 400.000 Talern.

Diese Unverfrorenheit brachte die Hamburger vorübergehend zur Besinnung, man einigte sich und schlug mithilfe des Herzogs von Lüneburg-Celle die Dänen an der Sternschanze. Christian V. zog unter Aufgabe seiner Forderungen heimwärts. Der Kurfürst von Brandenburg traf erst nach geschlagener Schlacht mit seiner Truppe ein.

Meurer hatte obsiegt, die Führer der Popularpartei, Snitger und Jastram, wurden 1686 wegen Landesverrats grausam gefoltert und enthauptet. Die Stadt und die Bürgerschaft mussten sich von nun an bis zu Meurers Tod 1690 seiner diktatorischen Herrschaft beugen.

Die Friedhofsruhe währte jedoch nicht lange. Nach Meurers Tod flammten die Streitigkeiten wieder auf, doch nun wollte der Kaiser der Hamburger Anarchie endgültig ein Ende bereiten: 1708 schickte er Graf Hugo Damian von Schönborn mit einer so überlegenen Streitmacht, dass jeder Widerstand sinnlos gewesen wäre, und unter diesem äußeren Druck einigten sich die Hamburger nach vierjährigen Verhandlungen endlich auf die »Verfassung von 1712«, den sogenannten Hauptrezess. Diese Verfassung blieb bis 1860 in

Kraft und wurde von Zeitgenossen als mustergültig gepriesen: »Weder ganz aristokratisch, noch ganz demokratisch, noch ganz repräsentativ, sondern alles drei zusammen« – eben ganz hamburgisch.

Die Integration der Familie Berenberg in das politische Leben Hamburgs: Johann und Rudolf Berenberg

Johann und Rudolf Berenberg übernehmen die Firma

Cornelius Berenberg sollte das Zustandekommen dieser epochalen Einigung nicht mehr erleben. Er starb 1711 im Alter von 77 Jahren und hinterließ das Unternehmen seinen Söhnen Johann (1674–1749) und Rudolf (1680–1746). Die Anfänge ihrer Geschäftstätigkeit nach dem Tod des Vaters waren für die Brüder hart. Zwar hatte die Verfassung von 1712 die Ordnung im Innern der Stadt wiederhergestellt, doch Hamburg kam wieder nicht zur Ruhe.

Während des Nordischen Krieges Russlands, Polen-Sachsens und Dänemarks gegen Schweden (1700–1721) musste sich im September 1712 das schwedische Stade nach heftiger Beschießung den Dänen ergeben, woraufhin die Schweden 1713 Altona in Schutt und Asche legten. Die Vierlande wurden von den Dänen besetzt, ebenso die heutigen Vororte Bergedorf, Barmbek, Hamm und Horn. Hamburg war also von den Dänen umzingelt und erpresst, doch damit nicht genug: Die Pest brach aus und bis zum März 1714 starben etwa 10.000 Menschen. Hamburgische Schiffe wurden in fremden Häfen aus Angst vor Ansteckung abgewiesen, sodass der Handel fast völlig zusammenbrach.

Der 1719/20 abgeschlossene Friede von Stockholm beendete schließlich den Nordischen Krieg: Schweden musste Bremen und Verden an Hannover abtreten, das seit 1714 mit England in Personalunion verbunden war. Stettin und weite Teile Vorpommerns fielen an Preußen, die Ostseeprovinzen im Frieden von Nystad an Russland, das auf Kosten Schwedens in den Kreis der europäischen Großmächte eintrat.

Um sich der Konkurrenz der Häfen Harburg und Altona zu erwehren, wurde Hamburg 1727 endlich zu einem »Porto transito«, der auf Durchfuhrzölle fast vollständig verzichtete. Die mittelalterliche Stapelpolitik wurde vor allem auf Drängen der Commerz-Deputation aufgegeben und von nun an war Hamburg ein sich allen Räumen öffnender Freihafen.

Das war besonders wichtig angesichts der merkantilistischen Politik Friedrich II. von Preußen ab 1740, der Swinemünde, Stettin und Magdeburg

Im August 1700 stürmte Karl XII. von Schweden die dänische Küste

1712 kam die Pest nach Hamburg. Sie wütete zwei Jahre lang – und hinterließ mehr als 10.000 Tote

planmäßig zu Konkurrenten Hamburgs aufbaute, um den preußischen Handel über Oder und Ostsee zu leiten. Hamburg wurde buchstäblich links liegen gelassen und musste 1742, am Ende des ersten Schlesischen Krieges, der Friedrich Schlesien einbrachte, einen erheblichen Rückgang des Handels unter anderem mit schlesischem Leinen hinnehmen, worunter auch Johann und Rudolf Berenberg zu leiden hatten.

Ein ungefähres Bild vom Im- und Export der Brüder Berenberg nach dem Nordischen Krieg ergibt sich für den Seehandel aus den Zolllisten der Admiralität von 1729–1733. Den mit Abstand ersten Platz unter den Importgütern nahmen überraschenderweise Korinthen ein, die zum überwiegenden Teil an Kunden im Binnenland gingen. An zweiter Stelle stand Rohzucker, der in Hamburgs Zuckersiedereien für den Weiterversand bearbeitet wurde, außerdem Kaffee, Indigo, Drogen und Seiden. Unter den Ausfuhrwaren dominierten Metalle und Metallwaren, dicht gefolgt von Leinen, das vor allem für den Weiterexport in die überseeischen Kolonien gedacht war.

Neben dem Warenhandel nahm das wegen der vielen Seeräuber und des immer unkalkulierbaren Wetters äußerst riskante Seeversicherungsgeschäft einen wichtigen Platz ein. Der 1720 entstandene Plan, in Hamburg eine auf Aktien gegründete Assekuranzgesellschaft ins Leben zu rufen, war gescheitet,

fung Ih. Hochf. regierend, wegl
DH. Deputirten Monita zu-
niciren, welches selbe ihm al
da wegen zufälligen contra
Wind die Zeit von vier Wo-
chen zu kurtz zu ersehe
daß die vier Wochen nach
kunfft des Schiffes in Ham
anzunehmen, wegen es d
weiter redressirt werden

Worauf E. Erb: Kauf
Schluß dahin ergehet

E. Erb: K. Schluß auf den Hannoverischen Brieff und Neuen Verordnung

Daß E. Hochw: Raht vor Comm
rung der neuen Königl. und
fürstl. Hannoverischen Verord
zu Brunßhausen dienstl
dancken und anbey zu repl
Weil es dorten mit der L
be der Wahren in den Schi
innerhalb denen darinn
ten vier Wochen impractica
weil keine Zeit in den Tra
oder Recess von Ao. 1691. enth
also E. Hochw: Raht gewiße
den Termin der vier Woch
Ankunfft der Schiffe in Ham
auszuwircken. Dan

2. Daß alle bisher angegebene G
mina, wegen den Brunsh
Zollen beygebracht, E. Hochw:
übergeben, und derselbe ers

1722 wurde Johann Berenberg zum Präses der Commerz-Deputation gewählt. Ihm folgten drei weitere Berenbergs, die der Commerz-Deputation beziehungsweise der Handelskammer vorstanden

obwohl 160 angesehene Kaufleute zusammen mit Johann und Rudolf Berenberg diesen Plan befürworteten. Denn schwindelhafte Börsenspekulationen zur selben Zeit in Paris, London und Amsterdam erschütterten das Vertrauen in die Aktie. Der Zusammenbruch der »Law'schen Aktiengesellschaft« in Paris und ein Ansturm auf Aktien in Hamburg, die noch gar nicht existierten, bewogen den Rat zur Ablehnung. So blieb es in Hamburg zunächst bei der Privatassekuranz und hier war Rudolf Berenberg erfolgreich tätig.

Plan einer Assekuranz auf Aktien scheitert, erfolgreiche Privatassekuranz

Ämter und Pflichten

Johann und Rudolf Berenberg hatten am 8. April 1707 das Hamburger Bürgerrecht erworben: Sie zahlten die erforderliche Summe, wiesen den Besitz einer Muskete nach und ihr Vater trat als Bürge auf.

Der Erwerb der Bürgerrechte und die Verflechtung der Berenbergs ins Hamburger Geschäftsleben brachte für Johann und Rudolf Berenberg bald die Berufung in zahlreiche öffentliche, kirchliche und gemeinnützige Ämter und Aufgaben mit sich – sie durchliefen eine für den wohlhabenden Handelsbürger typische Karriere. Die Beschreibung der diversen Ämter gibt einen Eindruck davon, welch großer Teil der heute durch Behörden und staatlichen Institutionen organisierten Arbeiten damals ehrenamtlich geleistet wurde und in welchem Maße die Berenbergs bereits in die Hamburger Gesellschaft integriert waren:

Schon zu Lebzeiten seines Vaters wurde Johann Berenberg »aufn Mehlkauf« gewählt. Dieses Amt war 1651 geschaffen worden, um den Armen der Stadt den Kauf von Mehl zu geringeren Preisen zu ermöglichen. Die Stadt subventionierte den Mehlkauf jährlich mit 10.000 Mark Banco.

1713 wurde Johann »Fortifikationsbürger« und damit verantwortlich für die Instandhaltung der Wälle und Bastionen. Als »Bürger auf dem Admiralitätszoll« hatte er von 1714–1716 dafür zu sorgen, dass alle aus- und einlaufenden Schiffe die vorgeschriebenen Abgaben entrichteten, und als »Deputierter des löblichen Niedergerichts« entschied er zwei Jahre lang in Zivil- und Kriminalsachen, die hier in erster Instanz zur Verhandlung standen.

1717 wurde Johann »Deputierter bei der Feuerkasse«, bald darauf »Kriegskommissar« bei der Infanterie und den Dragonern und schließlich »Artilleriebürger«, der nicht nur für die sachgerechte Aufbewahrung des Pulvers und den guten Zustand der Waffen und Geschütze zu sorgen hatte, sondern auch die Wahl beziehungsweise Ernennung der verschiedenen Dienstgrade durchführen musste. Als »Bauhofbürger« beaufsichtigte er die öffentlichen Gebäude und als »Banco-Bürger« gehörte er ab 1726 zum Verwaltungsgremium der Hamburger Bank. Er wurde »Commerz-Deputierter« und saß damit gleichzeitig in der »Düpe-Kommission«, die für die Fahrwassertiefe in Elbe und Hafen verantwortlich war, und arbeitete in einem besonderen »Sanitätskollegium« mit, das 1720, als die Pest in Marseille ausbrach, ins Leben gerufen wurde, nach drei Jahren aber glücklicherweise aufgelöst werden konnte.

Im Wappenbuch des Hamburger Senats befindet sich auch das Wappen von Senator Rudolf Berenberg, Mitinhaber von 1715 bis 1746

Sein Bruder Rudolf bekleidete nahezu dieselben Ämter und als höchste Ehrung, die ein Hamburger erfahren konnte, wurde er am 22. Februar 1735 in den Rat der Hansestadt gewählt. »Herr« Rudolf Berenberg erschien fortan im »Habit« mit schwarzem Mantel, weißer Halskrause und spitzem Hut. Die Brüder firmierten nun als »Johann und Herr Rudolf Berenberg«, womit der besonderen Stellung von Rudolf als Ratsherr Rechnung getragen wurde, denn mit diesem Amt waren nicht nur unzählige weitere Ämter und Aufgaben verbunden, sondern auch besondere Bonität und Kreditwürdigkeit.

Johann Berenberg verlässt das Unternehmen

1738 beschlossen die Brüder, fortan getrennte geschäftliche Wege zu gehen. Johann gründete eigene Unternehmungen, die von den Söhnen jedoch bald aufgegeben wurden, ohne dass eine Neugründung erfolgte. Rudolf Berenberg führte die Handlungen »Berenberg & Co.« sowie »Herr Rudolf Berenberg«.

Die letzte Bilanz des Ratsherrn von 1746 wies ein Eigenkapital von 134.000 Mark Banco aus. Rudolf Berenberg gehörte damit zu den wohlhabenden, wenn auch nicht reichen Bürgern der Hansestadt. Er besaß zwei mit einer Bauberechtigung versehene Grundstücke in der Gröninger Straße, war zu einem Achtel an dem Schiff »De gonde Wallross« beteiligt, betätigte sich als Privatassekurateur und handelte mit diversen Waren, von denen in den Zolllisten der Admiralität folgende verzeichnet sind: Baumwolle, Öl, Kaffee, Drogen, Gallen, Seide, Indigo, Pfeffer, Ingwer, Leinen, Zucker, Tee, Kapern, Kuben (javanischer Pfeffer), Schellack, Kampfer und Senegal-Gum. Handelspartner gab es in England, Frankreich, Spanien, Portugal, Italien, Holland, Gent und Kopenhagen.

»Den 9. Decembris 1746«, so hieß es in der Amsinckschen Stadtchronik, »starb Herr Rudolf Berenberg, Ratsverwandter, nach einer kurzen Brustkrankheit, da er noch den 7. Decembris zu Rathaus gewesen war. Er war zugleich ältester Prätor und ist den 15. dato in St. Catharinen begraben, mit einer sehr zahlreichen und aus 317 Paar Bürger bestehenden Folge.«

Mutter und Söhne

Die erste Frau an der Unternehmensspitze: Anna Elisabeth Berenberg

Nach dem Tode des Senators 1746 führte seine Witwe Anna Elisabeth (1690–1748), geborene Amsinck, zunächst allein, dann gemeinsam mit ihren jüngsten Söhnen Paul (1716–1768) und Johann (1718–1772) die Firma weiter.

Paul und Johann hatten sechs Geschwister. Der älteste Bruder, Rudolf jun. (1712–1761), hatte sich bereits vor dem Tod des Vaters selbstständig gemacht. Cornelius (1714–1773), der zweitälteste, war 1735 nach Livorno gegangen, wo er zunächst Teilhaber von »Bouwer und Berenberg«, dann von »Berenberg und Spreckelsen« und schließlich von »Berenberg & Co.« war. In derselben Firma hatte auch Johann seine Lehrzeit absolviert. Cornelius blieb bis zu seinem Tod unverheiratet in Italien, Johann kehrte bald nach Hamburg zurück, wo er ab 1747 mit Paul und Mutter Anna der gemeinsamen Firma »Rudolf Berenberg Witwe und Söhne« angehörte. Rudolf, Cornelius und die vier Schwestern wurden ausbezahlt und für die Handlung blieb ein Kapital von etwa 160.000 Mark Banco, das zur Hälfte aus Leihgeldern, das heißt Einlagen von Familienmitgliedern und Verwandten, bestand.

Für die Handlung schloss die Mutter am 1. März 1747 rückwirkend zum 1. Januar desselben Jahres einen detaillierten Kontrakt mit ihren beiden Söhnen Paul und Johann ab. Und obwohl dieser Vertrag nur kurze Zeit gültig blieb, ist er als typisches Dokument seiner Zeit von Interesse: Geschäftliche Vorsicht und protestantische Tradition sind noch eng miteinander verflochten.

»Der liebreiche Gott wolle dazu Sein göttliches Gedeihen und reichen Segen geben und für alle widrigen Zufälle gnädiglich bewahren«, hieß es in der Präambel des auf zwei Jahre befristeten Vertrages. Darin war der Mutter gestattet, ihren Anteil am Ende des Jahres 1749 aus dem Geschäft zu ziehen;

Johann Berenberg führte die Firma mit seiner Mutter Anna Elisabeth und seinem Bruder Paul

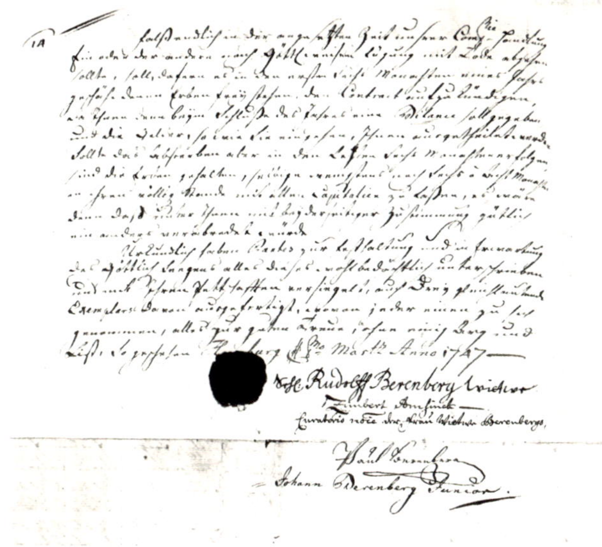

Kontrakt der verwitweten Anna Elisabeth Berenberg, geb. Amsinck, mit ihren Söhnen Paul und Johann, 1747. Für die Witwe musste ihr Bruder Zimbert Amsinck zeichnen

sie bewahrte sich ein Mitspracherecht in geschäftlichen Dingen, ohne sich allerdings an der Firmenleitung zu beteiligen. Gewinn und Verlust fielen zu 4/8 auf die Mutter und zu je 3/12 auf die Söhne. Noch laufende Warengeschäfte des Vaters gingen zu Nutzen und Lasten der Witwe, sie übernahm auch etwaige Schulden aus der Zeit vor dem Vertrag. Die beiden Söhne bekamen zur Aussteuer und zum Einschuss in die Handlung je 6.000 Mark Banco überschrieben. Sie selbst stellte ein Kapital von 20.000 Mark Banco zur Verfügung, für die zusätzliche Einlage von 20.000 Mark erhielt sie vier Prozent. Denselben Prozentsatz erhielten auch die Söhne für Einlagen, die die 6.000 Mark überschritten. Mieten für Speicherräume wie Packhäuser, Böden und Keller gingen zu Lasten der Firma, auch wenn sie sich in den Häusern der Familie befanden. So erhielt Anna im ersten Jahr 300 und im folgenden 400 Mark, aber auch bei den Söhnen wurde gelagert. Um zu gewährleisten, dass die Firma von den Söhnen ungeteilt weitergeführt wurde, mussten sie sich verpflichten, keine separaten Geschäftsabschlüsse zu tätigen. Die Übernahme von Bürgschaften und die Gewährung von Krediten bedurften der Zustimmung aller drei Teilhaber.

Bezüglich des Versicherungsgeschäftes heißt es: »Es wird auch von denen Parteien beliebet, das Zeichnen von Assecuranze in Erwartung des göttlichen Segens fortzusetzen«, doch sollte die Summe, die auf ein Schiff zu nehmen sei, auf 2.000 bis maximal 2.500 Mark Banco begrenzt bleiben. Auch für einen ordentlichen Lebenswandel der Söhne wurde mit diesem Vertrag gesorgt: Die jährlichen Ausgaben von Paul, immerhin 31-jährig, und Johann, 29-jährig, hatten je 1.000 Mark Courant nicht zu überschreiten, davon musste jeder der Mutter 300 Mark für Kostgeld, Bett und reine Wäsche bezahlen und auch »Kleider und wichtige Utensilien« gingen auf eigene Rechnung, »… wobei sie sich denn zu einer ordentlichen Lebensart und Ersparung aller unnötigen Unkosten anheischig machen.«

In dreifacher Ausfertigung, unterschrieben und besiegelt, setzte auch Annas Bruder, Senator Zimbert Amsinck, als Curator der Witwe seinen gewichtigen Namen unter diesen Vertrag, der indes kaum ein Jahr verbindlich bleiben sollte. Denn bereits im Februar des folgenden Jahres starb Anna Elisabeth Berenberg, geb. Amsinck. Ihre Söhne führten die Geschäfte in einem anderen Geiste fort.

Von der Handlung zum Unternehmen 1748–1768: Paul und Johann Berenberg

Aufklärung in Hamburg

An der nun einsetzenden geistigen Neuorientierung der Familie Berenberg ist der Wandel abzulesen, den Hamburg in der ersten Hälfte des 18. Jahrhunderts vollzogen hat und der ab 1750 zu einer kulturellen und wirtschaftlichen Blüte der Stadt führen sollte. Während Anna Elisabeth Berenberg noch von einem etwas betulichen Pietismus geprägt war, richteten die Söhne den Blick in die Zukunft und erzogen ihre Kinder bereits in einem – allerdings »hamburgischen« – Geist der Aufklärung.

Bei Anna Elisabeths Heirat im Jahre 1709 wurde noch besonders darauf hingewiesen, dass sie ganz im Sinne des Pietismus erzogen worden sei. Vor allem ihre »Keuschheit, Freundlichkeit und Gottesfurcht« wurden gelobt und auf dieselben Tugenden legte man Wert bei der Eheschließung ihres Schwagers Johann Berenberg mit Elisabeth Brommer (1688–1761) im Jahre 1708.

Doch zur gleichen Zeit kamen die gebildeten unter den Hamburger Kaufleuten – und die Berenbergs gehörten dazu – mit den Ideen der englischen Aufklärung in Berührung. Dort erschienen diverse moralische Wochenzeitschriften, wie etwa »Tatler« (ab 1709), »The Spectator« (ab 1711) und »The Guardian« (ab 1713). Hamburger Kaufleute lernten diese Schriften bei ihren Besuchen in England kennen und brachten sie an die Elbe mit.

Nach dem Vorbild dieser Schriften gab von 1713 bis 1714 Johann Mattheson in Hamburg die moralische Wochenzeitschrift »Der Vernünfftler« heraus, die als Erste dieser Art historische Berühmtheit erlangte. Im Jahre 1724 folgte der hamburgische Dichter Barthold Heinrich Brockes (1680–1747) mit der Zeitschrift »Der Patriot«.

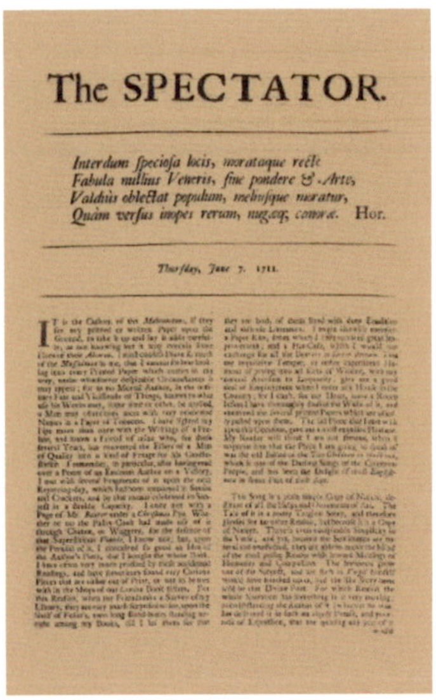

The SPECTATOR.

Interdum speciosa locis, morataque recte
Fabula nullius Veneris, sine pondere & Arte,
Valdius oblectat populum, meliusque moratur,
Quam versus inopes rerum, nugaeque canorae. Hor.

Thursday, June 7. 1711.

Der Patriot
vom Jahre
MDCCXXIV, MDCCXXV
und
MDCCXXVI.
Mit einem Register über alle drey Jahr.

»The Spectator« aus England war das Vorbild für die Hamburger Wochenzeitschrift »Der Patriot«, die von 1724 bis 1726 erschien

Das vorwiegend patriarchalische Bürgertum der Hansestadt war abstrakten Ideen eher abgeneigt. Als praktischer Ausdruck der Vernunft galten ihm eher die »Mark Banco« als »Wahrzeichen der rechnenden Ratio«. Die Verfassung von 1712 und der Freihafenstatus waren Hamburgs Symbole der neuen Zeit, die die Stadt geistig und materiell zur Entfaltung brachten. Praktischer Liberalismus sprengte die Enge der alten Ordnung und verdrängte die religiöse Schicksalsergebenheit der früheren Generationen. Der Erfolg Hamburgs als Handelszentrum hing vom Pragmatismus und der Weltoffenheit seines Handelsbürgertums ab. Mit der »Commerzbibliothek« etwa entstand 1735 die älteste wirtschaftliche Fachbibliothek der Welt – eine typisch hamburgische Verbindung von Kultur und Kommerz.

Auch in Hamburger Salons war der geistige Wandel zu erleben. Vor allem die Berenbergschen Frauen nahmen hieran teil, sie waren begabt und gebildet, führten Tagebücher und schrieben Gedichte. Die Schriften von Barthold Heinrich Brockes, Friedrich von Hagedorn (1708–1754) und später vor allem von Friedrich Gottlieb Klopstock (1724–1803) gehörten auch bei den Berenbergs zur Lieblingslektüre. Auch wenn man diese Autoren nicht als Aufklärer im rationalistischen Sinne bezeichnen kann, so beförderten sie doch die Verbreitung aufklärerischer Gedanken.

Barthold Heinrich Brockes (1680–1747) schrieb zahllose Gedichte, gesammelt von 1721 bis 1748 in »Irdisches Vergnügen in Gott«

Brockes war wohl der beliebteste Dichter, den Hamburg je zu Grabe getragen hat. Er war 1720 in den Rat berufen worden und verstand es, den angesehenen Politiker und den in ganz Deutschland anerkannten Dichter in einer Person zu vereinen. Seine sinnenfrohe Lyrik verband innige Naturbetrachtung, Liberalität und bürgerlichen Nützlichkeitsgedanken: Noch in den kleinsten Dingen der Natur feierte sie Gottes vernünftig-schönes Werk, dessen Weisheit sich selbst in den Hörnern des Gamsbocks zeige, da diese sich trefflich für Spazierstockkrücken eignen. Ohne jede Ironie verkündete er in einem Gedicht: »Die wahre Weltweisheit fängt bei der Wirtschaft an.« In der Zeitschrift »Der Patriot« vermittelte er Wissenswertes aus allen Gebieten. Nachdrücklich und modern plädierte er für die gleichberechtigte Erziehung von Söhnen und Töchtern, was Anna Elisabeths Sohn Johann Berenberg sich zu Herzen nehmen sollte.

Hagedorn, ein Freund Brockes, stand den Berenbergs schon dadurch nahe, dass er selbst zu den Hamburger Kaufleuten zählte. In seiner Poesie der kleinen Formen gab er sich als behaglich eleganter Weltmann, der die epikureische Lebensweisheit pries und eine verfeinerte Sinnlichkeit zum Ausdruck brachte. Er wurde zum beliebtesten Lyriker seiner Zeit und zum zeitweiligen Idol des größeren Klopstock.

Klopstock schließlich war der Leib- und Seelenliterat vor allem des norddeutschen Raums, so auch der Berenbergs, die ihn persönlich kannten. Gerade im Hinblick auf den Pietismus entfalteten Klopstocks Werke eine Macht der Gefühlslockerung, die dem Inneren dort Worte verlieh, wo es vorher sprachlos und verkrampft-puritanisch war. Die Hamburger liebten diesen Aufklärer des Innenlebens, der kämpferische Rationalismus von Gotthold Ephraim Lessing (1729–1781) blieb ihnen fremd.

Als Lessing im Jahre 1767 an das neu gegründete Hamburger Nationaltheater berufen wurde, war sein Scheitern absehbar. Er verfasste im Laufe der folgenden Jahre die für die deutsche Literaturgeschichte wegweisende *Hamburgische Dramaturgie,* nach der es die Aufgabe der Tragödie sei, die »tugendhaften Fertigkeiten« des Menschen auszubilden. Doch das Publikum zog Unterhaltendes vor und konnte sich für die Schaubühne als moralische Anstalt wenig erwärmen. Theater mussten Geld verdienen und dem Publikumsgeschmack nachgeben. Aus finanziellen Gründen zog Lessing sich aus Hamburg zurück, lobte aber die Kultiviertheit und Liberalität der Stadt: »Wer in dieser Gesellschaft hätte bleiben können!«

Das Geschäft zählt!

Nach dem Tod der Mutter 1748 machten Paul und Johann sich sogleich daran, einen neuen Vertrag aufzusetzen: Gewinn und Verlust sollten geteilt und ein von den Ehefrauen eventuell mitgebrachtes Kapital in die Firma eingebunden werden. Geschäftsabschlüsse auf eigene Rechnung wurden untersagt und Verstöße gegen diesen Passus mit 100 Reichstalern an das Waisenhaus oder eine Stiftung geahndet.

Doch die Ausgangslage der Brüder war dabei sehr unterschiedlich und der Vertrag trat vermutlich niemals in Kraft: Johann konnte durch seine Heirat mit Anna Maria Lastrop (1723–1761) eine Mitgift von 26.500 Mark einbringen, die sich bis 1752 bereits mehr als verdoppelte. Der ältere Bruder Paul dagegen übernahm beim Tod der Mutter das Elternhaus, sodass nach der Auszahlung an die Geschwister kaum noch flüssige Mittel blieben: 1748 stand er mit einem Debet von 900 Mark zu Buche. Offensichtlich konnten sich die Brüder über etliche Geschäfte nicht einig werden und wickelten sie auf eigene Rechnung ab. In den Zolllisten der Admiralität finden sich neben »Paul und Johann Berenberg« bald auch die Firmen »Paul Berenberg« und »Paul Berenberg & Co.«, wobei Paul sich als besonders geschäftstüchtig erwies, denn bis zum Jahre 1760 konnte er die Differenz zu Johanns Eigenkapitalanteil in der gemeinsamen Firma halbieren. Und von nun an arbeiteten die Brüder zusammen: 1760 importierte Paul & Johann Berenberg Waren im Wert von 82.920 Mark Banco, die Firma Paul Berenberg & Co. dagegen machte kaum noch Geschäfte.

Zwischen 1747 und 1768 weitete sich das Warenangebot stark aus und Paul und Johann Berenberg intensivierten den Außenhandel. Mit Russland, vor allem Archangelsk, entstanden neue Handelsbeziehungen. Die Verbindungen mit England, Frankreich, Spanien, Italien, dem Ostseeraum und den Niederlanden bestanden weiter und als der Vetter Johann Peter Berenberg sich in Göteborg niederließ, wurde das von der Firma bis in die Gegenwart besonders gepflegte Skandinaviengeschäft ausgebaut.

Doch gab es auch Einbrüche: Durch die merkantilistische Wirtschaftspolitik Friedrichs des Großen ab 1740 verlor der Warenhandel mit dem wichtigen östlichen Hinterland für die Hamburger Handelsunternehmen an Bedeutung. Die preußischen Wirtschaftsstrategen förderten vor allem die einheimische Textil- und Rüstungsindustrie durch Importzölle und Exportprämien und wickelten die Ausfuhr nun über die eigenen Häfen ab. Die bedeutsame Ausfuhr schlesischen Leinens etwa sank bis Mitte der 50er-Jahre des 18. Jahrhunderts zur Bedeutungslosigkeit herab. So verzeichnete die Bilanz der Firma »Rudolf Berenberg Witwe und Söhne« im Jahre 1747 noch einen Leinenexport im Wert von 28.200 Mark, doch schon 1754 hatte sich dieser Posten auf 5.990 Mark reduziert. Der Export von Metallen und Metallwaren ging in Hamburg ebenfalls merklich zurück. Auch deshalb kümmerten Johann und Paul Berenberg sich verstärkt um andere Geschäftszweige.

Geschäfte mit Versicherungen, Schiffen und Kerzen

Rudolf Berenberg war ins Versicherungsgeschäft noch mit äußerster Vorsicht eingestiegen und seine Witwe hatte auch die Söhne zur Zurückhaltung verpflichtet. Doch bereits ein Jahr nach dem Tod ihrer Mutter belief sich das Versicherungskonto der Brüder auf 11.000 Mark Banco und steigerte sich von Jahr zu Jahr bis auf 35.000 Mark Banco im Jahre 1763. Die Partenreederei zeigte nun ebenfalls eine ständig zunehmende Tendenz: War der Vater lediglich mit 1/8 an einem Schiff beteiligt, so steigerten die risikofreudigeren Söhne ihren Einsatz von 1/8 an drei Schiffen im Jahr 1750 kontinuierlich auf eine Beteiligung von 21.000 Mark Banco an zwölf Schiffen im Jahre 1762.

Ein neuer Geschäftszweig kam hinzu: 1761 starb erst 49-jährig der älteste Bruder Rudolf Berenberg, der in Altona eine Wachsbleiche mit Kerzenproduktion betrieben hatte. Er vererbte sie Paul und 1762 erscheint sie bereits mit 33.219 Mark in der Firmenbilanz. Als Manufakturbetrieb war die Wachsbleiche eine Kombination von Industrie und Handel und damit eine für die damalige Zeit typische Betriebsform. Der Berenbergsche Kundenkreis für Kerzen und andere Wachsprodukte reichte von Lübeck bis Stade und von Stralsund bis Iserlohn; Spanien bezog größere Mengen und auch in Hamburg und Altona wurden etliche private und öffentliche Häuser beliefert.

Ein entscheidender Wandel bahnte sich ab 1750 im Bereich der Geldgeschäfte an: Bis dahin finanzierte man vorwiegend die eigenen Handelsgeschäfte und auf dieser Basis je nach Kapitalkraft auch die anderen Kaufleute.

Finanzierung von Warengeschäften

Ab 1756 aber rückte die Finanzierung des gesamten Außenhandels in allen seinen möglichen Erscheinungsformen in den Vordergrund. Vor allem die Finanzierung von Warengeschäften in verschiedenen Währungen musste beherrscht werden. In London etwa deckte man sich mit englischen Pfund ein, von London gingen Rimessen in Mark Banco nach Hamburg etc. Die Kreditleihen, die bei längeren Darlehensfristen revolvierenden Charakter annahmen, wurden als Einnahmequelle immer wichtiger. Ausgangspunkt dieser Entwicklung war die in Hamburg überaus günstige Konjunktur im Siebenjährigen Krieg (1756–1763) und im Englisch-französischen Kolonialkrieg: Bankgeschäfte, vor allem Wechselgeschäfte, wurden ertragreicher als die reinen Handelsgeschäfte. Doch im Verlauf des nächsten Jahrzehnts wurde auch deutlich, welche Risiken eine Konzentration auf das Geldgeschäft mit sich brachte. Denn auf den Boom während des Siebenjährigen Krieges folgte eine bis dahin beispiellose und überregionale Finanzkrise.

Krieg und Krise

Friedrich II. (1712–1786), ab 1772 König von Preußen

Der Siebenjährige Krieg begann 1756 und wieder ging es zunächst um Schlesien. Bereits im Ersten und im Zweiten Schlesischen Krieg hatte Friedrich II. von Preußen versucht, diese reiche Provinz aus dem Verband der habsburgischen Monarchie herauszulösen und dem eigenen Königreich einzuverleiben. Die Position der österreichischen Kaiserin Maria Theresia war durch zahlreiche Auseinandersetzungen um ihr Thronerbe geschwächt und im Frieden von Aachen fiel Schlesien 1748 an Preußen. Doch die folgenden acht Jahre waren keine wirkliche Friedenszeit, sondern eher eine Erholungs- und Aufrüstungsphase. 1756 brach der Krieg erneut los. Preußen hatte bald das ganze Europa mit Ausnahme von England, Hannover, Dänemark, Holland, der Schweiz, der Türkei und Hessen-Kassel gegen sich, mehr als 700.000 Menschen kamen auf dem Kontinent ums Leben.

Am Ende siegte Preußen dank der Unterstützung seiner englischen Verbündeten. Obwohl die Folgen des Krieges für Preußen zunächst verheerend waren und in territorialer Hinsicht nur der Vorkriegszustand wiederhergestellt war, bedeutete der Friede von Hubertusburg (1763) eine Weichenstellung in der deutschen Geschichte: Die Macht der Habsburger verminderte sich, die der Hohenzollern wuchs.

Doch eine historisch ebenso folgenreiche Auseinandersetzung wurde nicht in Europa ausgetragen, sondern auf dem Atlantik, in Nordamerika und Indien. Denn während Friedrich II. mit englischer Finanzhilfe gegen Frankreich kämpfte und so die französischen Kräfte auf dem Kontinent band, setzte England seine überlegene Flotte im Englisch-französischen Kolonialkrieg ein und entriss Frankreich fast alle Kolonien: Der Aufstieg des britischen Empire hatte begonnen.

Für die Hamburger Wirtschaft brachten diese Kriege zunächst erhebliche Vorteile. Sie förderten den Warenhandel ebenso wie das Kreditgeschäft und fast alle Hamburger Firmen verzeichneten ansehnliche Gewinne. Durch den steigenden Geldbedarf der Krieg führenden Mächte war eine ungeheure Geldzirkulation in Gang gebracht worden und hohe Provisionen verleiteten auch Amsterdamer und Hamburger Handelshäuser zur Beteiligung an spekulativen Geldgeschäften. Die englischen Subsidienzahlungen an Preußen, die

Der Große Grasbrook um 1790: Der Hamburger Hafen wächst

Versorgungsgeschäfte für die Kriegsheere, die Verschlechterung der Münzen und die Ausgabe großer Massen von Papiergeld durch die schwedische Regierung waren die wichtigsten Faktoren, durch die eine kaum überschaubare Wechselreiterei in Gang gesetzt wurde. Diskontsätze von zehn bis 15 Prozent verleiteten zahlreiche Hamburger Bürger dazu, ihre flüssigen Gelder und Ersparnisse in Reitwechseln anzulegen.

Banken-Crash

Am Ende des Krieges ging nicht nur die Warennachfrage abrupt zurück, sondern bald brach auch das Wechselgeldgeschäft zusammen. Friedrich II. ließ neue Münzen prägen und setzte das alte, für die Kriegsfinanzierung immer weiter entwertete Geld schlagartig außer Kraft. Da Preußen und andere Nationen sich im Ausland stark verschuldet hatten, brachen mehrere niederländische Banken zusammen. »A general crash« war die Folge: Allein in Hamburg wurden 63 Firmen insolvent (in den Jahren davor 24–50).

Durch Einrichtung einer Darlehenskasse konnte der Rat kurzfristig 245.000 Mark Banco mobilisieren, die grundsätzlich gesunden Unternehmen gegen Verpfändung von Waren über eine vorübergehende Illiquidität hinweghelfen sollten. Zu diesen 20 Häusern zählte auch das von Paul und Johann Berenberg. Die Firma war besonders stark betroffen, ihr wurden etwa 1/7 der Gesamtsumme zur Verfügung gestellt. Als Sicherheit wurden gegeben: 1.000

Säcke Ingwer, 75 Kisten Seife, Leinen im Werte von 17.700 Mark Banco, Wachs für 5.300 Mark und 20 ¾ Oxhoft Kaffee (das Oxhoft zu 200–240 Liter). Zusätzlich halfen Verwandte und Bekannte mit erheblichen Beträgen. Das Leihkapital von 58.400 im Jahre 1762 stieg daher auf 140.600 Mark Banco im Jahre 1763, aber bereits bis Ende 1764 konnte ein Großteil der Schuld wieder getilgt werden. Dem Ansehen des Hauses war offenbar kein Schaden entstanden, denn vier Jahre später wurde Paul Berenberg in den Rat der Hansestadt gewählt.

Eine neue Ära kündet sich an

Fast 180 Jahre hatten die Nachfahren von Hans Berenberg sen. das Unternehmen in direkter Familienfolge betrieben. Ab 1748 hatte sich mit der Diversifizierung der Geschäfte durch Paul und Johann Berenberg eine neue Phase der geschäftlichen Entwicklung ergeben. Die Firma ruhte nun auf fünf Säulen: Warenhandel, Versicherungsgeschäfte, Partenreederei, Wachsbleiche und die Entwicklung von der Handlung zum Geld- beziehungsweise Bankgeschäft begann sich abzuzeichnen. Doch im Jahr 1768, mit dem nahenden Ende der fünften Generation der Berenbergs in Hamburg, schien der Fortbestand des Unternehmens als Familienunternehmen plötzlich bedroht. Am 3. April »starb der würdige Herr Paul Berenberg in der Catharinen-Kirche in der Mittags-Predigt unter dem Gesang um 12 Uhr. Gott erfreue seine Seele vor Seinem Thron und ersetze Seiner Frau Liebsten diesen höchst schmerzlichen Verlust mit vieler Freude.« So schrieb der Herrenschenk Johann Eibert Gossler der Ältere in sein Tagebuch. Die »Frau Liebste« Margaretha-Elisabeth Berenberg, geb. Geertz, überlebte ihren Gatten noch bis 1804. Ihre Ehe war kinderlos geblieben.

Fünf Säulen: Warenhandel, Versicherungsgeschäfte, Partenreederei, Wachsbleiche, Bankgeschäft

Auch 1768 erlag Rudolf, der einzige Sohn von Johann und Anna-Maria Berenberg, in Suriname einem tropischen Fieber. Als einziges Kind und Erbin blieb ihnen ihre Tochter Elisabeth (1749–1822). Johann Berenberg war jetzt immerhin 50 Jahre alt. Um die Kontinuität des Familienunternehmens und Elisabeths Erbteil zu sichern, musste ein Nachfolger aufgebaut werden, der der Familie verbunden war.

Noch im selben Jahr hielt Johann Hinrich Gossler um die Hand ihrer Tochter an und die Eltern stimmten gern zu. Diese Ehe, aus der zehn Kinder hervorgingen, wurde nicht nur für Elisabeth und Johann Hinrich überaus glücklich, auch das Unternehmen erlebte einen enormen Aufschwung.

JOH. BERENBERG, GOSSLER & CO.
1769–1914

Der Trend zum Geldgeschäft: Johann Hinrich Gossler 1769–1790

Die Familie Gossler ist seit dem 13. Jahrhundert in Hamburg nachweisbar. Ob Johann Hinrichs Großvater Claus Gossler, der am 2. Mai 1656 das Hamburger Bürgerrecht erhielt, ein Nachkomme dieser alten Hamburger Familie ist, lässt sich nicht eindeutig feststellen.

Johann Hinrich Gossler (1738–1790), Partner von 1769 bis 1790

Die alten Gosslers waren »Caffamacher«, sie stellten aus reiner Wolle oder aus Kamelhaar einen samtartigen Stoff namens Caffa her. Johann Eibert Gossler, Johann Hinrichs Vater, erwarb als Buchhalter am 15. Oktober 1739 das Hamburger Bürgerrecht und kaufte am 28. Oktober 1739 für 10.600 Mark den »Raths-Schenken Dienst«, den er aber nur selten selbst ausübte. Er führte das Protokoll bei Ratssitzungen und versah Botendienste für den Rat und das Obergericht.

Sein Sohn Johann Hinrich begann nach dem Besuch des Johanneums 1752 seine Lehre bei einem Hamburger Kaufmann, der jedoch kurze Zeit später in Liquidation gehen musste. Daher schloss der Vater am 28. Mai 1754 für Johann Hinrich einen auf sieben Jahre befristeten Lehrvertrag mit Paul und Johann Berenberg ab. Nach dieser Lehre nahm Johann Hinrich 1761 eine Stellung bei der Handlung »de Somer, van Rechem & Co.« in Cádiz an, für die er in Spanien und Portugal tätig war. 1766 machte auch diese Firma pleite. Gossler, der mit seinem ehemaligen Patron in Hamburg brieflichen Kontakt hielt, blieb noch zwei Jahre in Frankreich, bis er 1768 nach Hamburg zurückkehrte: ein Mann von Welt, der fließend englisch, spanisch und französisch sprach. Er meldete sich sogleich bei seinem ehemaligen Lehrherren und wurde bald zum Schwiegersohn und Teilhaber: Die Firma hieß nun »Joh. Berenberg & Gossler«.

Ein familienfremder Teilhaber

In dem unbefristeten Teilhabervertrag vom 1. Januar 1769 verpflichteten sich Johann Berenberg und Johann Hinrich Gossler ganz im Sinne der Familientradition, keine Geschäfte für eigene Rechnung zu tätigen, Gewinn und Verlust zu teilen, ohne Wissen des anderen kein Geld aus der Firma zu nehmen beziehungsweise Bürgschaften zu leisten und ohne Beratung mit dem Partner keine Geschäftsabschlüsse durchzuführen. Für den Todesfall eines der beiden Teilhaber wurde festgelegt, dass die Erben dessen Kapital »in leidlichen

Das Nicolaiviertel war eines der ersten Altstadtviertel, das vom großen Brand im Mai 1842 fast vollständig zerstört wurde

Die spanische Hafenstadt Cádiz im 17. Jahrhundert

Terminen« herausziehen dürften, »weil es unbillig seyn würde, den nachbleibenden zu überrumpeln«. Eventuelle Differenzen sollten durch den Schiedsspruch »zweener bekannter rechtschaffener guter Männer« beigelegt werden. Bei Vertragsabschluss betrug der Anteil Johann Berenbergs rund 65.000 Mark, der von Johann Hinrich Gossler 5.000 Mark.

Seinen Firmenanteil hatte Johann Hinrich Gossler bereits fast verneunfacht, als Vater Berenberg im Jahre 1772 starb. Elisabeths Erbteil von 85.000 Mark blieb dem Unternehmen erhalten und schon einige Jahre später wies das Kapitalkonto der Firma einen viermal so hohen Betrag wie 1772 auf.

Merchant Banking

Aus den Kaufleuten Berenberg werden Merchant Banker

Unter der Ägide von Johann Hinrich Gossler begann eine neue Ära in der Geschichte des Unternehmens. Die Geschäftstätigkeit wurde erheblich erweitert und der Bankbereich verdrängte den Warenhandel aus seiner bis dahin noch dominierenden Stellung: Aus den Kaufleuten wurden Merchant Banker. Bis zur Mitte des 18. Jahrhunderts war es bei den großen Hamburger Kaufleuten schwierig gewesen, zwischen Kaufmann und Bankier zu unterscheiden, denn die Finanzierung des eigenen Handels stand noch zu sehr im Vordergrund. Gerade jedoch in konjunkturell günstigen Zeiten wie etwa während des Siebenjährigen Krieges waren die Bankgeschäfte oft ertragreicher als der reine Warenhandel: Als Merchant Banker nahmen die Hamburger Kaufleute Geld auf, räumten den Kunden Kredite ein oder vermittelten diese, erlaubten den Kunden, Wechsel auf sie zu ziehen oder versahen diese mit ihrem Akzept. Diese typische Finanzierung des Im- und Exportgeschäfts wurde nun zu einer ihrer Hauptaufgaben.

In Hamburg hatte schon zu Beginn des Siebenjährigen Krieges ab 1756 mit der Eröffnung von »Parish & Co.« eine Gründungswelle von Handelshäusern eingesetzt, deren Haupttätigkeit das Merchant Banking war. Diese Welle setzte sich in drei Intervallen fort, bis sie zum Ende des Jahrhunderts einen Höhepunkt erreichte.

Gründungswesen Hamburger Merchant Banker:

1756	Parish & Co.
1757	Johannes Schuback & Söhne
1767	Christ. Math. Schröder & Co.
1779	Siemssen & Co.
1780	Isaac Hesse, später: Hesse, Newman & Co.
1781	vor 1781: Voght & Co., ab 1788: Voght & Sieveking
1788	Jacques de Chapeaurouge
1790	Martin Josef Haller, später Haller, Söhle & Co.
1791	de Chapeaurouge & Urqullu
1795	J. H. & G. F. Baur, Altona
1797	Heckscher & Co., seit 1818: Salomon Heine
1798	M. M. Warburg & Co., Conrad Hinrich Donner, Altona
1799	H. J. Merck & Co. (bereits 1794: Heiner. Joh. Merck)
1800	L. Behrens & Söhne

Die Bedingungen für diesen Trend waren denkbar gut: Der Siebenjährige Krieg hatte hohe finanzielle Mittel erfordert, der amerikanische Unabhängigkeitskrieg öffnete einen gewaltigen Markt und die Französische Revolution (1789) mit der anschließenden Machtergreifung Napoleons machte Hamburg zum führenden Bank- und Versicherungsplatz Europas.

Eine wichtige Voraussetzung dafür war die Hamburger Bank. Die auf Silber begründete Berechnungswährung, die Mark Banco, besaß gegenüber dem gemünzten Geld den Vorteil, dass ihr Wert nicht schwankte, sondern sich allein nach dem Feingehalt des Silbers richtete. Diese wertbeständige Verrechnungseinheit ermöglichte erst einen krisenfesten Giroverkehr.

Schon seit dem Siebenjährigen Krieg begann die Hamburger Bank, als Clearinghouse nicht nur den hanseatischen Kaufleuten, sondern bald auch den europäischen und britischen Bankiers zu dienen. Die Zahlungen Frankreichs an Amerika und diejenigen Englands an seine Bundesgenossen gingen über Hamburg und zwischen 1772 und 1799 stieg der Bankfonds von 3,5 Millionen auf 38,5 Millionen Mark an: Hamburg war nach den Revolutionskriegen und der Einverleibung Hollands durch die Franzosen 1794/95 endgültig an die Stelle Amsterdams getreten.

Im Wechselkopierbuch von Joh. Berenberg, Gossler & Co. finden sich Abschriften aller damals über die Firma laufenden Wechsel, sei es, dass die Firma sie eingezogen, ihr Akzept gegeben, sie diskontiert oder als Indossaten

Heute erinnert der Straßenname »An der Alten Börse« an die private Börsenhalle in der damaligen Bohnenstraße

eingezogen hatte. Die Beträge lauten auf Mark Courant, Mark Banco, Reichstaler, Sterling, Gulden, Franken und Peso und als Ausstellungsorte der Wechsel, die an der Hamburger Börse als einem der Hauptbankplätze zusammenliefen, erscheinen alle wichtigen Zentren der damaligen Handelswelt.

Neben dem reinen Handelswechsel diente das Akzept als Kreditmittel. Wer, wie Johann Hinrich Gossler, ein Konto bei der Hamburger Bank besaß, konnte Einzahlungen statt in Silber auch in Wechseln leisten und ließ sich die benötigten Beträge in Wechseln wieder ausbezahlen. Das Verfahren der bargeldlosen Zahlung und Kreditgewährung arbeitete reibungslos zu allseitiger Zufriedenheit.

Den Hauptposten in den Bilanzen von Joh. Berenberg, Gossler & Co. stellte das »Provisionskonto« dar. Hier schlugen sich die Gewinne aus Finanzierungs- und Vermittlungsgeschäften nieder. Hiervon gesondert erschien seit 1780 das »Cambiokonto«, das die Ergebnisse von Wechselgeschäften festhielt. Das Konto »Interesse« wies Zinseinnahmen aus gewährten Krediten, Beteiligungen und Hypotheken aus. Ein weiterer Posten waren die »bösen Schulden«, die 1781 allein bei Boedecker in Nürnberg, einem Verwandten von Gosslers Mutter, 4.000 Mark Banco betrugen, doch sehr böse war die Lage offenbar nie, denn in 20 Jahren betrug die Gewinnsumme aus den Geldgeschäften rund 413.000 Mark Banco.

Teilhaber-»caché«

Das Unternehmen wuchs beständig und Johann Hinrich Gossler brauchte Unterstützung. In Franz Friedrich Kruckenberg (1746–1819) fand er einen überaus fähigen Geschäftspartner, der schon seit Jahren für die Firma arbeitete und mit der Familie Gossler außerdem verwandtschaftlich verbunden war.

Johann Hinrich Gossler hatte einen echten Bruder und fünf Halbgeschwister, um die Elisabeth und er sich mit großer Anteilnahme kümmerten. Nach dem Tod von Johann Hinrichs Mutter Catharina Lucretia Boedecker hatte der Vater in zweiter, aber noch nicht letzter Ehe Friederike Natorp geheiratet, eine Tochter des Oberalten Johann Friedrich Natorp. Sie schenkte ihm drei Kinder, von denen Margaretha Catharina in zweiter Ehe den Kaufmann Franz Friedrich Kruckenberg heiratete. Kruckenberg war 1769 anlässlich des Vertragsabschlusses von Johann Hinrich Gossler mit Johann Berenberg als Comptoirdiener in die Firma eingetreten und Gossler lernte ihn in den folgenden Jahren immer mehr zu schätzen.

1774 schrieb Johann Hinrich an seinen Schwager in Diensten: »Fahren Sie ferner fort, sich das Beste meines Hauses und meiner Handlung angelegen seyn zu lassen, und ersetzen Sie dadurch dass jenige, was Ihrem eigenen Geständnis gemäß, Ihnen an den Wissenschaften in fremden Sprachen fehlet, so seyn Sie dagegen versichert, dass ich mich möglichst angelegen seyn lassen will, nach Ablauf einiger Jahre Ihr Glück zu befördern, wenn Sie nicht auf andere Art dazu Mittel finden sollten.« Gossler verspricht für die folgenden zwei Jahre ein steigendes Salär und stellt weitere Möglichkeiten in Aussicht: »… um Ihnen aufs Neue einen Beweiß zu

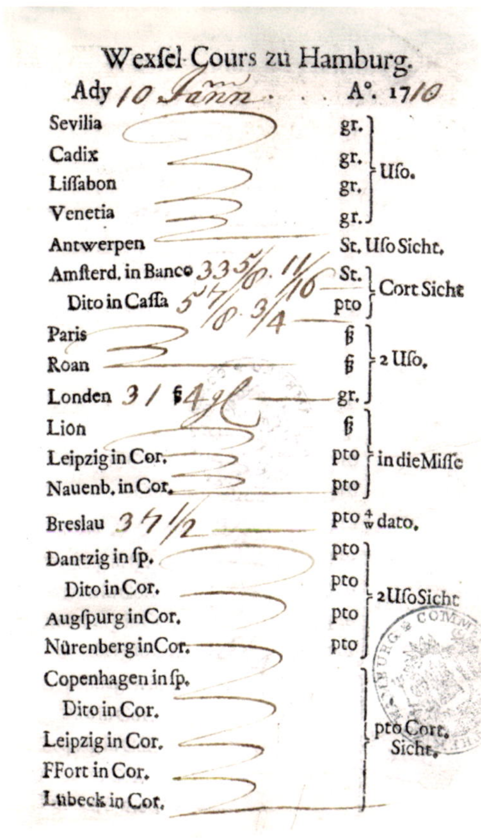

Wexſel-Cours zu Hamburg.
Ady 10 Janu. . . A°. 1710

Sevilia	gr.	Uſo.
Cadix	gr.	
Liſſabon	gr.	
Venetia	gr.	
Antwerpen	St. Uſo Sicht.	
Amſterd. in Banco 33 5/8. 11/16	St.	Cort Sicht
Dito in Caſſa 5 4/8 3/4	pto	
Paris	ß	2 Uſo.
Roan	ß	
Londen 3 / ß 4 gl	gr.	
Lion	ß	in die Miſſe
Leipzig in Cor.	pto	
Nauenb. in Cor.	pto	
Breslau 34 1/2	pto ÷ dato.	
Dantzig in ſp.	pto	2 Uſo Sicht
Dito in Cor.	pto	
Augſpurg in Cor.	pto	
Nürenberg in Cor.	pto	
Copenhagen in ſp.		pto Cort. Sicht.
Dito in Cor.		
Leipzig in Cor.		
FFort in Cor.		
Lübeck in Cor.		

Auszug aus dem Hamburger Wechselbuch von 1710

geben, wie reell ich denke und wie gerne ich mein Wort erfülle, so will ich nach Ablauf obiger zwey Jahre (1776/1777) einen förmlichen Contrakt vor der Hand auf fünf oder sechs Jahre mit Sie machen, dass Sie statt allen Salärs den ⅛ Theil Benefice in allen meinen Geschäften haben sollen … Segnet uns der liebe Gott, so verdienen Sie mehr, widrigenfalls muss man sich behelfen.«

Der Tenor dieses Briefes war wirklich kooperativ, aber Johann Hinrich stellte eine Bedingung: Alles sollte »Cache bleiben, so wie mit Süberkrupp und dem seel. Rowohl, denn es convenirt mir keineswegs, öffentlich einen Compagnion zu haben«. Offenbar hatte Gossler also auch vorher Teilhaber, doch man verstand die Kontinuität des Firmennamens bereits als Zeichen für Solidität und die Pflege alter Geschäftsbeziehungen.

Es war ein Angebot, das Kruckenberg kaum ablehnen konnte, denn Johann Hinrich schrieb weiter: »Ich zweifle sehr, dass sich viele Comptoir Bediente in Hamburg dergleichen werden rühmen können, wenn sie nicht außerordentliche Geschicklichkeit in fremden Sprachen haben, welches bey jetzigen Zeiten die Hauptsache ist; denn fragen Sie sich selbst, würden unsere Geschäfte so ansehnlich seyn, wenn die vielen französischen, spanischen, italienischen und andern Commissionen davon abgingen?«

1777 wurde Kruckenberg Teilhaber von Joh. Berenberg & Gossler, und diese Partnerschaft erwies sich für beide Teile als außerordentlicher Glücksfall. Die Bilanzen der Firma zeigten in den folgenden Jahren kontinuierlich steigende Gewinne, obwohl verschiedene Krisen das Geschäftsleben der Hansestadt erschütterten. Betroffen wurden hauptsächlich Häuser, die inzwischen ausschließlich Geldgeschäfte betrieben, während der Warenhandel bei Joh. Berenberg & Gossler nicht vernachlässigt wurde. Dieser Geschäftszweig blieb noch bis in die zweite Hälfte des folgenden Jahrhunderts ein Standbein der Firma, denn in Krisenzeiten ging das Merchant Banking immer wieder zurück. Erst 1929 verkaufte Joh. Berenberg, Gossler & Co. seinen letzten Speicher im Hafen.

Warenhandel bleibt zweites Standbein

Warenhandel

Johann Hinrich Gossler hat in den gut zwei Jahrzehnten seiner Teilhaberschaft – er starb 1790 – den Umfang des Warenimports mehr als verdoppelt. Dabei kam ihm und den Hamburgern der Umstand zugute, dass Dänemark,

Spanien und Frankreich seit den 1760er-Jahren den Verkehr mit ihren Kolonien schrittweise liberalisierten.

Die Dänen hatten 1764 die Inseln St. Thomas und St. Jean zu Freihäfen erklärt und erlaubten ab 1767, allerdings unter Bevorzugung der dänischen Flagge, allen anderen Nationen die Fahrt dorthin. Dänemark war durch den Nordischen Krieg geschwächt und bei Hamburg hochverschuldet und der dänische Kanzler Johann von Bernstorff hatte daher immer wieder gefordert, den für sein Land nur abträglichen Querelen mit Hamburg ein Ende zu bereiten. Mit dem Gottorper Vergleich von 1768 wurde die mehr als 100-jährige Dauerfehde endlich begraben und eine Ära gutnachbarlicher Beziehungen und reger Handelskontakte begann: Schuldenerlasse seitens der Hamburger Gebietsbereinigungen brachten der Stadt die Anerkennung als kaiserliche Freie Reichsstadt und die Einräumung der Meistbegünstigungsklausel im Handel mit Dänemark und Norwegen.

Vor allem aber der amerikanische Unabhängigkeitskrieg (1775–1783), der ja gleichzeitig ein Krieg zwischen England und Frankreich war, trug zu einer Ausweitung des Handels der Neutralen bei. Die Hamburger Kaufleute nahmen an der Versorgung der kriegführenden Mächte teil und lieferten neben direktem Kriegsmaterial auch Holz, Leder, Kupfer, Manufakturwaren, Pferde, Pferdegeschirre sowie Getreide und andere Versorgungsgüter. Der Handel mit Westindien konnte ebenfalls ausgeweitet werden: 1781 waren es noch fünf Schiffe, die von dort kamen und nach dort gingen, 1782 kamen bereits 35 Schiffe und 26 liefen von Hamburg aus die westindischen Hafenstädte an.

Nach Beendigung des Krieges 1783 öffnete sich der nordamerikanische Kontinent allen handeltreibenden Nationen und mit der Freiheit des Atlantikverkehrs für den Warenhandel wurde ein riesiger Markt zugänglich. Hamburg gehörte zu den ersten Gratulanten der Vereinigten Staaten von Amerika und bot Handelsbeziehungen an, die allerdings erst in den 1790er-Jahren richtig in Schwung kamen.

Die Länge der Schiffsreisen und die ständige Zunahme der importierten und exportierten Güter erhöhte das Risiko. Um diesem zu begegnen, verteilten die Hamburger Kaufleute ihre Waren möglichst auf verschiedene Schiffe und immer häufiger wurde die Ladung versichert. Auch Johann Hinrich Gossler betätigte sich als Partenreeder und im Versicherungsgeschäft.

Partenreederei …

In der Höhe des Kapitals, das Johann Hinrich Gossler in Schiffen anlegte, ging er über das Maß seiner Vorgänger kaum hinaus. Man betrachtete die Anteile an Schiffen entweder als einfache Vermögensanlage oder ließ sich ein Mitspracherecht für die Schiffe einräumen, die eigene Waren beförderten.

Gossler bereederte von 1779 bis 1787 die auf 150 Lasten (etwa 320 Bruttoregistertonnen) vermessene Bark »De fru Agnetha«, an der er zu ⅛ beteiligt war. Dieses Schiff wurde im Handel mit Archangelsk, hauptsächlich aber mit London eingesetzt. Da gerade die Geschäfte mit London in den 1780er-Jahren immer besser gingen, setzte Gossler ab 1782 auch die »Hamburger Commercium«, eine Bark von 110 Lasten, für die Londonfahrt ein. Darüber hinaus besaß er Anteile an *»De Peter«* und an dem Fregattschiff »De bloyende Hoop«, für 9.525 Mark Courant von Hamburg-Altonaer Partenreedern unter Federführung von Willink & Co. gekauft. »De bloyende Hoop« ging mit 40 Mann Besatzung auf Walfang und Robbenschlag.

Johann Hinrich Gossler beteiligte sich an zahlreichen weiteren Schiffen, von denen die meisten als »constant trader« nach London geschickt wurden. Zwischen beiden Häfen bestand jede Woche mindestens eine direkte Verbindung, denn die Hamburger Kaufleute holten aus London die auf dem Kontinent begehrten englischen Kolonialwaren und zunehmend Produkte aus industrieller Fertigung. Hierbei standen sie im freien Wettbewerb mit den britischen Seglern. Das Risiko war hoch, die Schiffsbeteiligungen mussten versichert werden.

… und Versicherungsgeschäfte

Wohl noch unter dem Eindruck der Krise von 1763 hatte der Hamburger Rat 1765 endlich der Einrichtung von Versicherungsgesellschaften auf Aktienbasis zugestimmt. Als »Genossenschaften für gegenseitige Hilfe« wurden auf Grundlage des britischen »Underwriter«-Systems bis 1782 sechs Assekuranz-Kompagnien gegründet. Mehrere Firmen schlossen sich zusammen, brachten zum Beispiel bei der Gründung der »Ersten Assekuranz-Kompagnie« ein Stammkapital von 500.000 Talern auf und gaben bei 20 Prozent barer Einzahlung 500 Aktien aus – nachdem sie sich wohlweislich von der Kapitalkraft der

Weltkarte von 1780

Aktionäre überzeugt hatten. Auf ein und dasselbe Risiko wurden bis zu 30.000 Taler gezeichnet, eine Summe, welche die privaten Versicherer niemals hätten aufbringen können. Gewinn und Verlust wurden dem Aktienanteil entsprechend verteilt. Nach damaligem Recht blieb die Dauer solcher Gesellschaften auf zehn Jahre beschränkt; danach sollten sie liquidiert werden, falls die Aktionäre keine Prolongation für ein weiteres Dezennium beschlossen.

Johann Hinrich Gossler gehörte der 1781 gegründeten »Sechsten Assekuranz-Kompagnie« als ehrenamtlicher Vorsitzender bis 1784 an. Im selben Jahr hatte er die Ehre, »zu einer Menge einsichtsvoller Kaufleute zu reden«, die wussten, »dass Geschäfte nicht nur glückliche, sondern auch unglückliche Epochen haben und dass diese wieder mit jenen abwechseln«. Die Kompagnie

Am 4. Juli 1776 erklärten 13 Kolonien ihre Unabhängigkeit von England und bildeten die Vereinigten Staaten von Amerika

hatte damals gerade eine eher unglückliche Epoche hinter sich gebracht. Der Seekrieg, der den Unabhängigkeitskrieg der Vereinigten Staaten begleitete, hatte nicht nur Impulse, sondern auch Gefahren mit sich gebracht, sodass die Geschäfte mit der Sicherheit recht wechselhaft verlaufen waren.

Der Kontinentalkongress aller nordamerikanischen Kolonien (außer Georgia) hatte seit 1774 den Handel mit dem Mutterland eingestellt, woraus die englandfeindlichen und die neutralen Staaten ihren Nutzen zu ziehen wussten. England reagierte mit Kaperfahrten, um den Nachschub nach Amerika zu unterbinden. Die neutralen Mächte Russland, Dänemark und Schweden riefen daraufhin 1780 eine »Bewaffnete Neutralität« zum Schutz des Handelsverkehrs ins Leben, der 1781 Preußen und Österreich, 1782 Portugal beitraten. Doch als auch die Holländer dem Neutralitätsbund beitreten wollten, erklärte England ihnen postwendend den Krieg und es kam 1781 zur Seeschlacht an der Doggerbank.

Nicht nur diese Unberechenbarkeiten bereiteten den Hamburger Assekurateuren erheblichen Ärger: »Die getäuschte Zuversicht auf die bewaffnete Neutralität, die falschen Neutralisierungen, Betrügereyen bey Reisen auf fremde

Plätze, schlechte Schiffe, die noch dazu schlecht bemannt waren, Insolvenzen, Concurrenz der Bremer und Lübecker Assecuradeure, Abschlag der Frachten, die sogleich größere Havarien nach sich ziehen – Alles dieß … kostet den sämtlichen Assecuranzcompagnien, so folglich auch der Sechsten, viel Geld.« Auch in Bremen, Lübeck, Glückstadt und anderen Orten waren inzwischen entsprechende Gesellschaften gegründet worden und von diesen gingen allein in Bremen im folgenden Jahr drei ein.

Doch im Frieden von Paris hatte England 1783 die Unabhängigkeit der 13 Kolonien als »Vereinigte Staaten von Amerika« anerkannt und daher schätzte Johann Hinrich Gossler in seiner Rede von 1784 die Aussichten des Versicherungsgeschäfts positiv ein. Er versuchte, die Aktionäre von einer vorzeitigen Auflösung der »Sechsten Assekuranz-Kompagnie« abzuhalten: Die Verluste seien nicht so hoch wie das Publikum annehme und gerade jetzt bestehe die Aussicht, bei abnehmender Konkurrenz gute Geschäfte zu machen. Und die »Sechste Assekuranz-Kompagnie« tat gut daran, auf seine Durchhalteparolen zu hören, denn alsbald wurde wieder mit Gewinn gearbeitet.

Von 1769 bis 1778 hatte auch die Wachsbleiche noch gute Gewinne gebracht, zugleich aber erhebliche Mittel gebunden. Dann ließ das Geschäft nach und ab 1788, nachdem Spanien als Hauptabnehmer der Lichter ausfiel, entstanden der Firma Verluste – 1805 wurde der Betrieb verkauft.

Ein neuer Lebensstil …

Nicht nur die Firma Joh. Berenberg & Gossler entwickelte sich prächtig, sondern auch die wachsende Kinderschar von Johann Hinrich und Elisabeth. Beides brauchte Platz. Das Kontor hatte bis 1769 in der Gröninger Straße gelegen, doch hier reichte der Lagerraum nicht mehr aus. Johann Hinrich kaufte für 46.500 Mark ein Haus in der Kleinen Reichenstraße, bar wurden 7.500 Mark bezahlt, während er den Rest über eine Hypothek zwischen drei und vier Prozent finanzierte. Zunächst konnten Böden, Speicher und Keller zum Teil noch vermietet werden, aber bald wurde es auch hier wieder zu eng, obwohl 1778 eine dritte Etage aufgestockt worden war: Johann Hinrich und Elisabeth hatten mittlerweile zehn Kinder. Am 22. September 1788 kauften Gosslers das Haus Alter Wandrahm 21 für 60.000 Mark. Auch diesmal galt die Rechnung, dass eine Hypothek mit einer jährlichen Verzinsung von 3,6 Prozent günstiger

1788 kaufte Johann Hinrich Gossler das Haus Alter Wandrahm 21. Das 1621 gebaute palaisartige Gebäude ist auch als Mortzenhaus bekannt

Die prachtvolle Oper Comédie-Française in Paris

sei als ein entsprechender Kapitalabzug aus der Firma.

Das Haus war 1621 von den Juwelenhändlern Hans und Jacob Moers gebaut worden und hieß daher Moers- oder Mortzenhaus. Es hatte eine herrliche Renaissance-Fassade und war so groß, dass mit zunehmender Anzahl von Bediensteten schließlich 20 Personen darin wohnten. Ein Stallgebäude gehörte ebenso dazu wie ein dahinter zum Fleet gelegener sechsstöckiger Fachwerkbau, der als Speicher genutzt wurde. Von hier aus waren Hafen und Börse schnell zu erreichen. Das Mortzenhaus existiert nicht mehr, denn die Straße Alter Wandrahm fiel 1886 dem Bau des Freihafens zum Opfer.

Als Ausflugsziel und Sommerfrische diente bis zu ihrem Verkauf die Wachsbleiche. Wo heute der Verkehr der Stresemannstraße fließt, konnte die Familie damals frische Luft genießen. Im recht eleganten Gartenhaus, das neben dem Manufakturgebäude lag, gab es ein Klavier und einen Billardtisch. Hier wurden nicht nur Freunde bewirtet, sondern üppige »Herrenmahlzeiten« für Geschäftspartner arrangiert. Diners gaben Gosslers in der Stadt. Die Verköstigung war offenbar gut und reichlich und Johann Hinrich bestellte jährlich große Mengen Bordeaux und Rheinwein.

Johann Hinrich hatte in Paris nicht nur die Sprache, sondern auch das französische Savoir-vivre zu schätzen gelernt und die Oper besucht. Er liebte Musik und im Mortzenhaus gab es ein Cembalo, zwei Klaviere, drei Violinen und ein Violoncello, auf denen die Kinder musizierten. Johann Hinrich und Elisabeth besuchten allein im Jahr 1769 acht öffentliche Konzerte. Im Hause des befreundeten Bankiers Hermann Joachim Stresow, bei dem Gelehrten und ausgezeichneten Pianisten Christoph Daniel Ebeling und bei Johann Georg Büsch, dem Gründer der »Handlungsakademie«, waren sie zu Hauskonzerten geladen. Im Hause Büsch stellte Carl Philipp Emanuel Bach, seit 1768 Kantor und Musikdirektor in Hamburg, seine Werke vor und der englische Klavierspieler Thomas Augustine Arne machte die Hamburger mit der Musik Georg Friedrich Händels bekannt.

… und ein neuer Geist

Elisabeth Gossler, geb. Berenberg, stammte zwar aus einem traditionell pietistischen Haus, aber sie selbst war bereits ganz im neuen Geiste des aufklärerischen Zeitalters erzogen worden. Neben den lateinischen Klassikern las sie auch französische und englische philosophische und poetische Texte in der Originalsprache und dabei lernte sie Ideen kennen, mit denen ihre Großmutter Anna Elisabeth kaum einverstanden gewesen wäre.

Verbürgt ist Elisabeths Lektüre John Lockes (1632–1704), des englischen Aufklärungsphilosophen, der die eigenen Sinne des Menschen zum Ausgangspunkt jeglicher Erkenntnis machte und damit unsinnliche »Gegenstände«, wie die Unsterblichkeit der menschlichen Seele und die Freiheit des Willens, also Eckpfeiler der christlichen Überlieferung, zu einer Sache des individuellen Glaubens erklärt hatte. In seiner Staatslehre stand Locke für Volkssouveränität und Widerstandsrecht, für eine konstitutionelle Regierung, die Freiheit und Recht für alle verbürgt, und für die Teilung der Gewalten.

Auf diesem Wege lernte Elisabeth Berenberg wohl noch vor ihrer Heirat die Ideen der Aufklärung und deren Interpretation des bürgerlich-liberalen Staatsgedankens kennen. Sie muss sich allerdings ein Misstrauen gegen die Überbewertung der Vernunft bewahrt haben, denn Gosslers lasen weniger Lessing und Voltaire als vielmehr Gellert, Klopstock und Rousseau, dessen Werke ab 1782 in einzelnen Lieferungen ins Haus kamen.

Jean-Jacques Rousseaus Kultur- und Zivilisationskritik, seine Betonung der natürlichen Freiheit des Einzelnen lag Elisabeth vermutlich näher als die These von der Volkssouveränität, die die französischen Revolutionäre inspirieren sollte. Mit Klopstock, den Gosslers persönlich kannten und schätzten, teilte man in Hamburg zwar allgemein die Freude über den Ausbruch der Großen Revolution, war von den blutigen Folgen der entfesselten »Souveränität« des Volkes indes ebenso schockiert wie der Dichter des »Messias« und der »Oden«: Klopstock liebte die Vernunft – aber als den Gedanken Gottes, wie er sich offenbart uns in Momenten der persönlichen Ergriffenheit. Hier ist durchaus pietistisches Erbe und das dürfte Elisabeth bei aller Aufgeklärtheit mit der geistigen Tradition ihrer Vorfahren versöhnt haben.

Ideengeber der Aufklärung (v. l. o. n. r. u.):
Gotthold Ephraim Lessing (1729–1781)
Jean-Jacques Rousseau (1712–1778)
Friedrich Gottlieb Klopstock (1724–1803)
Christian Fürchtegott Gellert (1715–1769)

In England, Amerika und Frankreich hatte die Aufklärung dem Bürgertum zum Durchbruch verholfen. Auf dem amerikanischen Kontinent war der Kampf um die Unabhängigkeit von England schon entschieden, in Frankreich bahnte sich die Große Revolution an und das emanzipierte englische Bürgertum brachte die industrielle Revolution ins Rollen.

Hamburgs Hinterland dagegen wurde in den 1770er- und 1780er-Jahren von Monarchen beherrscht, die sich noch dem mehr oder weniger aufgeklärten Absolutismus verpflichtet fühlten. Das neue Denken diente hier nicht der Revolution, sondern stärkte die Macht des Staates.

Friedrich der Große, der »erste Diener seines Staates«, verschaffte der Aufklärung im preußischen Staatsaufbau zwar eine gewisse Geltung: Das »Allgemeine Landrecht für die Preußischen Staaten« etwa definierte einige Grundrechte des Einzelnen unabhängig von Stand oder Religion, die Schulen gingen von kirchlicher in staatliche Hände über und die Universitäten wurden »demokratisiert«. Er hatte Voltaire von 1750 bis 1752 an seinen Hof geholt und gar dem radikalen Materialisten Julien Offray de La Mettrie (1709–1751) Unterschlupf gewährt. Doch es galt weiterhin das Prinzip »Alles für das Volk, nichts durch das Volk«: Der Adel war privilegiert, die Leibeigenschaft wurde beibehalten und das Bürgertum weiter am Gängelband geführt – der ersehnte industrielle Fortschritt blieb zunächst den Engländern vorbehalten.

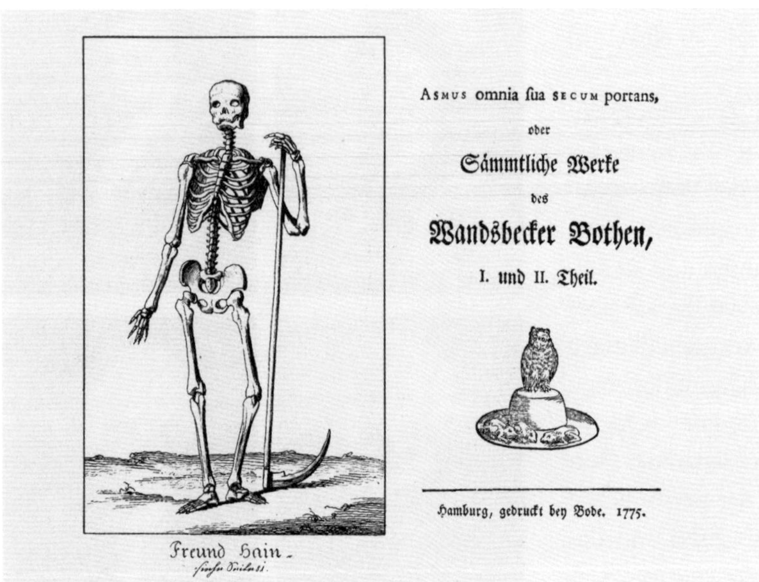

Matthias Claudius war der Mann hinter dem bis 1775 erscheinenden »Wandsbecker Bothen«

Während in Deutschlands Politik und Wirtschaft vieles beim Alten blieb, erlebte das Land eine beispiellose Blüte in den geistigen Wissenschaften, der Dichtung und der Musik.

Im Jahre 1733 soll es 3.000 deutsche Autoren gegeben haben, 1778 waren es schon 6.000. Lessing, der Vater der deutschen Aufklärung, war wohl einer der wenigen, der – mehr schlecht als recht – von seiner Schriftstellerei leben konnte. Der junge Johann Wolfgang von Goethe (1749–1832) war 1771/73 mit seinem »Götz von Berlichingen« und mehr noch mit »Die Leiden des jungen Werthers« 1774 in den Brennpunkt des literarischen Lebens getreten. In der übersteigerten Empfindsamkeit des jungen Werther kommt die Gefühlsseligkeit dieser Jahrzehnte zum Ausdruck, die wir auch in Hamburg finden. Begeistert von Rousseau und Shakespeare, zugleich aber dem Pietismus zugeneigt, bündeln sich im jungen Goethe die geistigen Bewegungen seiner Zeit.

Der deutsche Philosoph Immanuel Kant (1742–1804)

Die zweite Hälfte des 18. Jahrhunderts wurde zum Beginn der klassischen und romantischen Literaturepoche, deren Werke zum nationalen Bildungsgut schlechthin werden sollten. Dasselbe gilt für die Musik mit Händel, Haydn, Mozart, Beethoven und für die Philosophie mit Kant und Fichte. Kant gelang es, die erfahrungsorientierte englische und die vernunftbetonte deutsche Aufklärungsphilosophie zu vereinen. Mit seiner Definition der Aufklärung als »Ausgang des Menschen aus seiner selbstverschuldeten Unmündigkeit« verlieh er 1784 dem Zeitalter nachträglich sein Emblem. Die praktischen Wissenschaften dagegen blieben in Deutschland vergleichsweise unterentwickelt – sie standen noch immer im Bann der Philosophie.

In Hamburg war das geistige und politische Klima angeregt, aber friedlich. Die Unabhängigkeit Amerikas und die Französische Revolution wurden freudig begrüßt, doch der Funke schlug kein Feuer: Das Bürgertum, andernorts Träger der Revolution, bestimmte hier ohnehin die Politik. Die Stadt hatte zu dieser Zeit eine beispielhaft liberale Presse. Blätter wie die »Stats- und Gelehrte Zeitung des Hamburgischen unpartheyischen Correspondenten«, der »Hamburger Relations-Courier« und die »Hamburger Neue Zeitung« erreichten zum Teil Auflagen von bis zu 30.000 Exemplaren. Der schon genannte »Patriot« wurde bis 1765 viermal als Buch nachgedruckt und in der »Hamburgischen Neuen Zeitung« veröffentlichten namhafte Schriftsteller der Zeit. Literarische Berühmtheit erlangte der ab 1771 erscheinende »Wandsbecker Bothe«. Sein einziger Redakteur Matthias Claudius (1740–1815) veröffentlichte hier eigene Schriften und konnte auch Klopstock, Lessing, Herder, Voß und Goethe als Autoren für das Blatt gewinnen. Für die Verbreitung humanistischen Gedankenguts setzten sich außerdem die 1737 gegründete erste deutsche Freimaurerloge und die Patriotische Gesellschaft ein. In Hamburg war 1767 Lessings »Minna von Barnhelm« zur deutschen Erstaufführung gekommen und 1771 erschien des geliebten Klopstocks »Sammlung neuer Oden«. Johann Heinrich Voß errang Berühmtheit im deutschsprachigen Raum durch seine ab 1781 in Hamburg erscheinenden Homer-Übersetzungen.

Johann Heinrich Gossler und seine Frau Elisabeth besuchten häufig die Aufführungen der Hamburger Bühne, nachdem der bekannte Theaterdirektor Friedrich Ludwig Schröder die Direktion übernommen hatte. Mit Vorliebe sah man die großen Dramen Shakespeares, aber auch Goethes »Götz von Berlichingen«, Lessings »Emilia Galotti« und 1787 die deutsche Erstaufführung von Schillers »Don Carlos«.

Elisabeth Gossler und Partner 1790–1800

Wie seine steigenden Apothekerrechnungen und der Konsum Pyrmonter Wassers belegen, war Johann Hinrich Gossler spätestens ab 1788 krank. Er starb am 31. August 1790 »an der Wassersucht in einem Alter von 52 Jahren ... Gott erfreue seine Seele, nachdem er hier fast zwei Jahre kränklich zugebracht. Gott sey gelobet, daß er seines Jammers ein Ende gemacht«, notiert sein Bruder Johann Eibert in sein Tagebuch. Im selben Jahr verlor Elisabeth auch ihre beiden jüngsten Kinder.

Ludwig Erdwin Seyler (1758–1836), Präses der Commerz-Deputation und von 1788 bis 1836 Mitinhaber der Berenberg Bank

Für die Weiterführung der Firma hatte Johann Hinrich Vorsorge getroffen. Im Jahre 1775 hatte das Schauspielerehepaar Seyler seinen 17-jährigen Sohn Ludwig Erdwin bei Joh. Berenberg & Gossler in die Lehre gegeben. In seinem Lehrvertrag wurde er verpflichtet, zunächst für sechs Jahre »treu und redlich und unverdrossen zu dienen« und für jedes nicht abgediente Jahr 1.000 Species an das Waisenhaus zu zahlen. Nach den Lehrjahren verpflichtete sich Seyler als »Comptoirbursche« gegen ein »jährliches Salair von Respektive 200/300/400 und 500 Mark Hamburger Courant«.

Nach weiteren drei Jahren waren Gosslers bereit, ihn in die Familie und in die Firma aufzunehmen: Am 20. Mai 1788 heiratete er die älteste, gerade 16-jährige Tochter Anna Henriette (1771–1836) und unterzeichnete einen zehnjährigen Teilhabervertrag, der rückwirkend zum 1. Januar Gültigkeit hatte. Drei Monate vor seinem Tod, am 29. Mai 1790, schloss Johann Hinrich Gossler mit Kruckenberg und Seyler einen neuen Vertrag, über dessen Inhalt wir nur wissen, dass die Teilhaberschaften weiterhin »caché« blieben.

Mit diesem Usus brach dann seine Witwe Elisabeth anlässlich eines neuen Vertrages vom 1. Januar 1791, in dessen § 2 die Firmierung »Johann Berenberg, Gossler & Co.« festgelegt ist. Bald galt das Kürzel »Joh. Berenberg, Gossler & Co.«. Elisabeth hatte sich verpflichtet, die »gut etablierte Handlung« in ihrem eigenen Namen und dem ihrer Kinder, mit denen sie in Gütergemeinschaft lebte, fortzuführen und das Firmenvermögen »Ihres selligen Eheherrn … zum Nutzen und Besten der Societät in der Handlung roullieren« zu lassen. Mit Seyler und Kruckenberg, die jetzt zunehmend die Leitung der Firma übernahmen, wurde vereinbart, dass sie »nicht nur sich einander sondern auch der Frau Wittwe Gossler, … durch tagtägliche fleißige Arbeitsamkeit im Comptoir die Last der Geschäftsführung einander zu erleichtern« wollten. Seyler hatte die Verantwortung für die Kasse zu tragen, während Kruckenberg »ein wachsames Auge« auf die »fleißige und genaue Beschreibung« der Handlungsbücher zu werfen hatte. Gewinn und Verlust verteilten sich zu 4/6 auf die Witwe Gossler und zu je 1/6 auf die beiden Partner.

Ludwig Erdwin Seyler steigt in der Bank auf

Außerdem sah der Vertrag vor, dass »auch einem der beiden ältesten Söhne, entweder Johann Nicolaus (1774–1848) oder dem Johann Hinrich Gossler (1775–1842) der Zugang in die Compagnie offen gelassen werden mögte«, vorausgesetzt, diese wünschten es und seien in ihrer »Gemüths-Art untadelhaft« und in ihrem Charakter »ernsthaft und gesetzt, zum Fleiße und zur Thätigkeit geneigt«. Lehnten beide Söhne ab oder seien sie nicht geeignet zur Führung einer Firma, »so sollten die Herren Kruckenberg und Seyler nicht verbunden seyn, einen anderen der Gosslerschen Familie zum Mit-Compagnon aufzunehmen.«

Der älteste Sohn Johann Nicolaus lehnte einen Eintritt in die Firma vorerst ab. Nach Beendigung seiner Lehrzeit bei Rücker & Wortmann, einem der angesehensten Häuser in Hamburg zu dieser Zeit, hatte er sich für Joh. Berenberg, Gossler & Co. 1797 »in Geschäften der Societäts-Handlung« nach London begeben, wofür ihm bei seiner Rückkehr 20.000 Mark Banco vergütet werden sollten, »für seine persönlichen Bemühungen und für den aufgeschobenen Eintritt in die Compagnie-Handlung«.

Im Mai des Jahres 1797 verzichtete Elisabeth Gossler zugunsten Seylers auf 1/12 ihres Anteils an Gewinn und Verlust, weil sie »ganz vollkommen einsehe, wie viel ich der Aufmerksamkeit, Sorgfalt und dem täglichen persönlichen unverdrossenen Fleiße und der Einsichtsvollen Leitung der seit ein paar Jahren so sehr ausgebreiteten … Handlung Joh. Berenberg, Gossler & Co. dem Herrn Seyler zu verdanken habe.« Die beiden inzwischen volljährigen Söhne und die drei hinzugekommenen Schwiegersöhne stimmten dieser Regelung zu und auch Teilhaber und Schwager Kruckenberg gab sein Plazet, »mit Entsagung einer Verbesserung für sich.«

1798 schließlich trat der zweitälteste Sohn in die Firma ein: Johann Hinrich II., der seinen Namen seit der Jahrhundertwende hochdeutsch Johann Heinrich schrieb.

Der große Boom …

Johann Hinrich Gossler I. war zu früh gestorben, um die richtungsweisenden Verdienste seiner Geschäftspolitik noch in vollem Umfang erleben zu können. Denn erst die Neunzigerjahre brachten Hamburg einen Boom im Warengeschäft, bedingt durch den jetzt aufblühenden Amerikahandel, die Französische Revolution, die Schließung der Rheinstraße und den ebenso großen Boom im Versicherungs- und Bankgeschäft nach der Besetzung der Niederlande durch die Franzosen und der Flucht der Versicherer und Geldanleger nach Hamburg.

Die Französische Revolution 1789 bescherte Hamburg in den ersten Jahren reichen Gewinn, denn große Weizenmengen gingen nach Frankreich. Doch der Kurssturz der Assignaten und die Kapitalflucht aus Frankreich und Holland nach Hamburg boten dem Hamburger Kaufmann auch die ersten sicheren Anzeichen eines kommenden Sturms. Preußen und das Reich forderten von Hamburg bald die Ausweisung des französischen Gesandten, der glücklicherweise freiwillig die Stadt verließ – andernfalls hätte Leopold II. ein Handelsverbot mit Frankreich verhängt. Die Jahre 1792 bis 1797 waren dann durch den Ersten Koalitionskrieg der europäischen Mächte gegen Frankreich bestimmt, in dessen Folge 1794/95 die Niederlande von Frankreich einverleibt und die Rheinstraße für den Verkehr gesperrt wurde.

Für Hamburg war dies ein doppeltes, wenn auch kurzes Glück: Erstens fiel Holland für die vielfältigsten Handelslinien aus, sodass fast der gesamte Handel des Kontinents mit Kolonialwaren und englischen Manufakturwaren nun über Hamburg lief, und zweitens verlagerte sich auch das holländische Wechsel- und Versicherungsgeschäft in die Hansestadt.

Im Zuge dieser Entwicklung stieg Hamburg zur bedeutendsten Handelsstadt Europas auf: Es beherbergte nicht nur das größte Warenlager, sondern wurde auch zum führenden europäischen Bank- und Wechselplatz und zum

Das Gemälde von Eugène Delacroix »Die Freiheit führt das Volk an« (1830) ist das Symbol für die Französische Revolution (1789–1799)

größten internationalen Versicherungsplatz. Zu Beginn der Neunzigerjahre besaß Joh. Berenberg, Gossler & Co. Aktien in allen sechs hamburgischen Versicherungsgesellschaften und in der Glückstädter Compagnie. Als die »Siebte Assekuranz-Kompagnie« gegründet wurde, war die Firma am neuen Unternehmen führend beteiligt. Trotz enormer Konkurrenz – bis zum Beginn der Napoleonischen Kriege gab es zeitweise 30 Versicherungsgesellschaften in Hamburg – arbeitete die Kompagnie in den ersten zehn Jahren mit erheblichem Gewinn. Hamburg hatte auf dem Versicherungssektor das gewonnen, was Amsterdam verlor.

Beteiligung an Versicherungsgesellschaften

Von 1790 bis 1800 wurden allein sieben namhafte Merchant-Banking-Häuser und zahlreiche Wechselstuben eröffnet und durch die steigende Anzahl von Diskonteuren beschleunigte sich der Warenumsatz beträchtlich. Für diese Entwicklung war hauptsächlich der Amerikahandel ausschlaggebend.

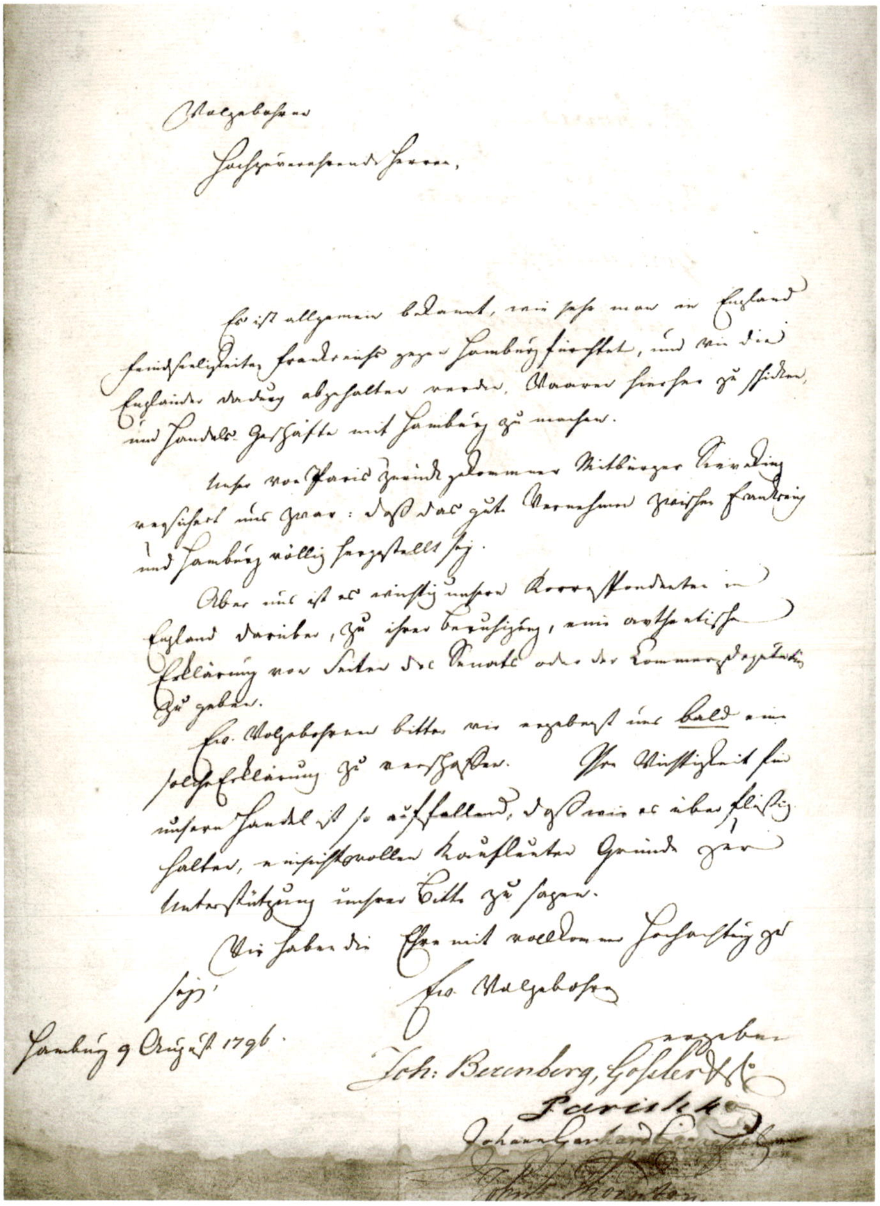
Hamburg 9 August 1796.
Joh: Berenberg, Gossler & Co
Parish

Joh. Berenberg, Gossler & Co. und andere Hamburger Unternehmer beschwerten sich 1796, dass ihre Schiffe in dänischen Häfen festlagen

Im Jahre 1791 erhielt die Firma erstmals eine Warensendung direkt aus den USA – Reis aus Charleston – und 1794 ist der erste Import aus Philadelphia registriert. Außerdem finden sich als Herkunftsorte New York, Boston und Wilmington. Den weitaus größten Anteil des Amerikahandels hatte jedoch bald Philadelphia. Allein im Jahr 1797, dem Jahr des Rekord-Imports für Joh.

Berenberg, Gossler & Co. von 8,5 Millionen Mark, entfallen Waren im Wert von 575.400 Mark auf Philadelphia, davon:

52.500	Mark für Kaffee
38.700	Mark für Zucker
8.900	Mark für Baumwolle
7.300	Mark für Koschenille

Der Export nach Philadelphia dagegen blieb mit 20.220 Mark weit hinter dem Import zurück:

10.500	Mark für Kampfer
5.550	Mark für Hanf
3.420	Mark für Eisen
650	Mark für Flaschen
50	Mark für Kaffeemühlen
50	Mark für Rauchfleisch

Ein Franzose in Amerika: Stephen Girard (1750–1831) war ein wichtiger Handelspartner für Joh. Berenberg, Gossler & Co. in Philadelphia

Einen sehr verlässlichen Handelspartner hatte die Firma hier mit Stephen Girard (1750–1831), einem aus Bordeaux stammenden, leicht abenteuerlichen Selfmademan, der sich in Philadelphia binnen kürzester Zeit ein ansehnliches Handelshaus und eine Handelsflotte aufgebaut hatte. Seine rechte Hand war ein Franzose namens Roberjeot, der seine kaufmännische Ausbildung in Hamburg erhalten hatte. Girard hatte selbst sein Kapitänspatent gemacht und sorgte für die besten Seeleute auf seinen Schiffen. Er versicherte diese nie, wodurch er – bei zehn bis 20 Prozent Versicherungsprämie auf den Wert der Schiffe und geringen Verlusten – beträchtliches Geld sparte. Mit Hamburg war er seit spätestens 1791 im Geschäft, sodass vermutlich noch Johann Hinrich Gossler I. diese Verbindung aufgenommen hat. Joh. Berenberg, Gossler & Co. wurde zu der Korrespondenzfirma Girards in Hamburg. Ab 1795 rechnete sie, wie den »Girard-Papers« zu entnehmen ist, jährlich über fünf bis acht angekommene oder abgegangene Schiffsladungen mit ihm ab, wobei er immer wieder Gelegenheit nahm, den ausgezeichneten Ruf, die außergewöhnliche Zahlungsmoral sowie die Sorgfalt und Korrektheit bei der Abwicklung von Geschäften mit seinem Hamburger Partner zu loben.

Wohl durch die Vermittlung Girards entstand ab 1794 ein umfangreicher Kalkutta-Handel und auch mit Manila machte das Unternehmen Geschäfte.

Im Handel innerhalb Europas war London der wichtigste Bezugspunkt. Englands Flotte beherrschte den Überseeverkehr unangefochten und der Kolonialwarenhandel mit dem Festland wurde über Hamburg abgewickelt.

Joh. Berenberg, Gossler & Co. hatten einen großen Anteil an diesen Warentransaktionen. Allein im Jahre 1797 importierten sie aus England Waren im Wert von 1.933.250 Mark. Traditionsgemäß wurde auch der Iberien- und Italienhandel weitergepflegt, während das Geschäft mit Frankreich wegen der unsicheren politischen Verhältnisse zurückging.

… und die große Krise 1798/99

Der unbeschränkte Bedarf an Geld in den Neunzigerjahren – das Börsentermingeschäft war in Hamburg noch unbekannt – öffnete allen auf Spekulation gekauften Waren Tür und Tor.

Als im Winter 1798/99 die Preise plötzlich erheblich anzogen, kaufte man zumeist auf Wechsel alles an Waren, was zu kriegen war. Doch der erhoffte Absatz stockte, die Preise sanken und das Warten auf bessere Zeiten, bei steigenden Lagermieten und steigendem Diskontsatz, war begleitet von hektischer Wechselreiterei. Als dann im Sommer der europäische Markt plötzlich mit Waren aus Übersee überschwemmt wurde, war die Krise perfekt: Wer nicht rechtzeitig verkauft hatte, geriet in Zahlungsschwierigkeiten – im Herbst 1799 gingen innerhalb von sechs Wochen 136 Hamburger Firmen mit einer Gesamtschuldenlast von 37 Millionen Mark Banco in Konkurs.

Die Geschäftsinhaber von Joh. Berenberg, Gossler & Co. hatten sich in der Krise von 1799 klugerweise nicht an der gängigen Wechselreiterei beteiligt, aber natürlich waren auch sie betroffen. Da im Winter 1798/99 die Elbe zugefroren war, blieben vor allem die Kontanten aus Livorno und London aus. Kaum war dann das Eis geschmolzen, sank der sehnsüchtig aus London erwartete Segler. Die auf Ruben Brothers, A. Goldsmith Sons, D. Eliasson und Louis Sack unter anderem gezogenen Wechsel gingen zu Protest. Darüber hinaus waren in der Bilanz von 1801 nicht eintreibbare Debitoren über insgesamt 190.586 Mark ausgewiesen. Diese Forderungen erschienen bis 1808 in der Bilanz, bis schließlich 105.000 Mark Banco abgeschrieben werden mussten.

Bilanzendsummen per Ende Dezember:

1790	2.820.163	Mark
1799	2.524.638	Mark
1800	2.052.418	Mark
1801	2.452.065	Mark
1802	2.684.259	Mark

Die Verluste aber waren vergleichsweise geringfügig. Der Geschäftsaufschwung geriet zwar kurz ins Stocken, doch 1801/02 ging es wieder aufwärts.

Depression und Internationalisierung: Johann Heinrich Gossler II. (1775–1842)

Johann Heinrich Gossler (1775–1842), Senator, war ab 1798 Mitinhaber von Joh. Berenberg, Gossler & Co., zusammen mit seinem Schwager Ludwig Erdwin Seyler

Der Teilhabervertrag, den Elisabeth Gossler mit Kruckenberg und Seyler abgeschlossen hatte, lief am 31. Dezember 1800 aus. Elisabeth war 51 Jahre alt und beschloss, sich aus der Firma zurückzuziehen, um »den Rest meiner Tage in Ruhe zuzubringen«. Dieser »Rest« belief sich auf weitere 20 Jahre, in denen sie der energische und liebevolle Mittelpunkt ihrer Großfamilie blieb. Auf ihrem Gut in Groß-Borstel fanden Kinder und Enkel in schwierigen Zeiten Unterschlupf.

Am 22. August 1800 wurde ein neuer »Handlungs-Societäts-Kontrakt« abgeschlossen. Elisabeths Kapital blieb der Firma bei einer vierprozentigen Verzinsung erhalten. Nach ihrem Tod sollten die Erben ihre Anteile frühestens ein Jahr später und dann in fünf Terminen, »jeder von zwölf zu zwölf Monaten laufend«, aus der Firma ziehen dürfen. Zu den drei Gesellschaftern kam Johann Heinrichs älterer Bruder Johann Nicolaus hinzu, der aus London zurückgekehrt war. Als ältester Sohn erhielt er wie Seyler ⅓ der Gewinn- und Verlustanteile, Johann Heinrich und Kruckenberg dagegen je ⅙. Johann Nicolaus war der Liebling seiner Mutter, aber auch ihr Sorgenkind. Er galt nicht gerade als Realist und hielt es nur neun Jahre in der Firma aus. 1809 ließ er sich sein Erbteil von 80.000 Mark Banco auszahlen, um sich dann wenig erfolgreich in eigenen Geschäften zu versuchen.

Johann Heinrich II. dagegen gewann immer mehr Einfluss auf die Geschäfte und sollte die Firma 45 Jahre lang leiten. Zum Eintritt in die Firma 1798 hatte er sich mit der schönen Marianne Schramm (1777–1824), Tochter des Oberalten und Teilhaber eines Modegeschäftes Johann Gottfried Schramm (1742–1822), verheiratet und in rascher Folge kamen acht Kinder zur Welt. Auch in der Firma erlebte er anfangs glückliche Zeiten; trotz großer Schwierigkeiten – die Engländer sperrten zeitweise die Elbmündung – verzeichnete die Bilanz bis 1808 weiterhin jeweils um die 2,5 Millionen Mark Banco. Für das Unternehmen bedeuteten diese Zahlen den Höhepunkt in seiner bisherigen Geschichte – und noch ahnte man in Hamburg nichts von den aufziehenden harten Zeiten.

Napoleon rückt näher – die Koalitionskriege

Während Hamburg zufrieden seinen Außenhandel pflegte, versuchte das aristokratische Europa, sich in den Koalitionskriegen der Expansion Frankreichs und einem Export der Revolution zu widersetzen.

Im Ersten Koalitionskrieg 1792–1797 kämpften zunächst Preußen und Österreich, dann auch England, Holland, Italien und das deutsche Reich gegen das republikanische Frankreich. Am Ende hatte jedoch Frankreich in Holland eine Batavische Republik gegründet, das linke Rheinufer annektiert und Oberitalien in eine Cisalpinische und Ligurische Republik nach französischem Vorbild umgewandelt. Die schweizerische Eidgenossenschaft wurde im selben Jahr zur Helvetischen Republik erklärt. Und der Aufstieg Napoleons hatte begonnen: 1793 stieg er innerhalb eines Jahres vom Artilleriehauptmann zum Brigadegeneral der Republikanischen Armee auf, erhielt 1796 den Oberbefehl über die italienische Armee und kehrte vom Italienfeldzug als Volksheld zurück.

Im Zweiten Koalitionskrieg 1799–1802 schlossen sich Engländer, Österreicher, Russen und Türken gegen Frankreich zusammen, Preußen blieb neutral. Napoleon war mittlerweile durch einen Staatsstreich 1799 Erster Konsul geworden. Seine Versöhnung mit der Kirche bildete eine Voraussetzung für den inneren Frieden des Landes und der »Code civil« festigte die neue Gesellschaftsordnung. 1802 wurde Napoleon Konsul auf Lebenszeit mit dem Recht, seinen Nachfolger zu ernennen. Die Bourbonen waren damit ausgeschaltet und 1804 krönte der Bürger Napoleon Bonaparte sich eigenhändig zum Kaiser der Franzosen.

Im Dritten Koalitionskrieg ab 1805 verbündete England sich mit Russland, Österreich, Schweden und Preußen. Wenigstens auf dem Meer konnte Lord Nelson in der Seeschlacht bei Trafalgar die englische Vorherrschaft sichern. Zu Lande aber marschierte der Soldatenkaiser Napoleon unaufhaltsam voran. Im Dezember 1805 erzielten seine Truppen in der »Dreikaiserschlacht« bei Austerlitz einen glänzenden Sieg gegen Franz II. von Österreich und Alexander I. von Russland.

Dieser Sieg bedeutete nach fast 1.000 Jahren das Ende des Heiligen Römischen Reiches Deutscher Nation: 16 südwestdeutsche Kleinstaaten, unter ihnen Bayern und Württemberg, sagten sich vom Reich los und bildeten den Rheinbund unter französischem Protektorat. Bis 1811 kamen weitere 20 hinzu.

Franz II. legte die deutsche Kaiserkrone nieder und nannte sich fortan nur noch Kaiser Franz I. von Österreich. Hamburg wurde damit ein »souveräner« Staat. Mit der »Reichsfreiheit« endete auch der Schutz durch das Reich, Hamburgs Bürger wurden zu »vogelfreien Republikanern«. Allerdings währte dieser Zustand nicht lange, denn die Zukunft der Stadt entschied sich bald, und zwar in Preußen.

Die Niederlagen Preußens und die Besetzung Hamburgs 1806

Preußen hatte unter dem Eindruck der Schlacht von Austerlitz 1805 ein Bündnis mit Frankreich geschlossen, handelte sich damit allerdings nicht nur das an Hamburg grenzende Hannover ein, sondern auch die Kriegserklärung Englands und Schwedens und die Sperrung seiner Häfen.

Die katastrophalen Folgen für Preußens Wirtschaft bewogen Friedrich Wilhelm III. im Jahre 1806, die Fronten zu wechseln. In einer Reihe von Schlachten bereitete Napoleon diesem Taktieren ein Ende: In der Doppelschlacht von Jena und Auerstedt 1806 und bei Eylau und Friedland 1807 wurde Preußen besiegt, 1807 im Frieden von Tilsit demontiert. Französische Truppen zogen in Berlin ein und am 19. November 1806 wurde auch Hamburg besetzt. Friedrich Wilhelm III. und Königin Luise waren nach Memel geflohen, während in ihren Berliner Gemächern nun Napoleon residierte und am 21. November die Kontinentalsperre verkündete: Allen Häfen des französischen Imperiums war die Einfuhr britischer Waren von nun an verboten und der Kontinent von Danzig aus bis Cádiz (mit Ausnahme Portugals und Stralsunds) auf dem Seeweg blockiert.

Hamburg in der Franzosenzeit 1806–1814

Es gelang den französischen Besatzungstruppen nicht gleich, den hamburgischen Englandhandel vollständig zu unterbinden – im Gegenteil: Der französische Gesandte in Hamburg, Bourienne, soll anfangs ein Vermögen mit dem Verkauf von Ausnahmegenehmigungen verdient haben.

Trotz der Kontinentalsperre stiegen die Importe gerade aus England erheblich an, vor allem bei Zucker, Kaffee, Indigo, Reis, Piment und Tee.

Doch 1807 verschärfte sich die Situation: Der allzu geschäftstüchtige Bourienne wurde von Napoleon abberufen und Dänemark, das direkt vor den Toren Hamburgs begann, verbündete sich mit Napoleon. Waren, die von Hamburger Kaufleuten in Altona oder in schleswig-holsteinischen Häfen gelagert waren, wurden daraufhin sogleich beschlagnahmt. So verlor Joh. Berenberg, Gossler & Co. 582 Fässer Zucker. Obwohl die Firma den Wert der Ware mit 114.303 Mark Banco hinterlegte, verweigerte das Obergericht in Gottorf die Herausgabe mit der Begründung, »daß man ohnehin eine so bedeutende Quantität eher für Kommissionsgut als für eine Entreprise auf Gefahr und Rechnung eines einzigen Hauses, zumal während eines so kritischen Zeitpunkts, halten sollte«. Entsprechend reagierte das Obergericht in Glückstadt im Juli 1808, als es 236 Fässer Zucker beschlagnahmen ließ, die für Joh. Berenberg, Gossler & Co. in Brunsbüttel lagerten.

Die Kontinentalsperre

Ab 1808 griff die Kontinentalsperre doch in ganzer Härte. Joh. Berenberg, Gossler & Co. importierte englische Waren im Wert von nur noch 42.000 Mark und für die Jahre 1809 und 1810 ist in den Zolllisten der Admiralität keine Sendung mehr verzeichnet: Die britischen Güter wurden beschlagnahmt, zum Teil sogar verbrannt, und die Firma musste erhebliche Verluste verzeichnen. Dabei hielt sich Joh. Berenberg, Gossler & Co. noch erstaunlich gut, denn schon 1807 hatten über 180 Handelshäuser ihre Zahlungen einstellen müssen. Mehr als 300 Schiffe verfaulten im Hafen, Hafenarbeiter und Seeleute wurden arbeitslos. Das Kapital der Hamburger Bank sank von 42 Millionen auf 6,5 Millionen Mark im Jahre 1808, der Silberbestand verringerte sich von 33 auf neun Millionen Mark. Kontributionszahlungen und der Unterhalt der Besatzungstruppen erschwerten die Lage zusätzlich. Viele Familien verloren in dieser Zeit alles Hab und Gut.

Doch gänzlich ließ der Handel sich auch jetzt nicht lahmlegen: Ein Teil der hamburgischen Flotte war schon vor der Besatzung entwichen und fuhr nun von London und Liverpool für Rechnung ihrer Reeder. Einige hatten neutrale Flaggen besorgt, andere schickten ihre Frachter nach Russland, von wo sie unter russischer Flagge fuhren. Obwohl die Franzosen jeglichen Kontakt mit der Außenwelt unterbinden wollten, richtete man Deckadressen außerhalb

Am 16. November 1810 verbrannten französische Truppen britische Waren auf dem Hamburger Grasbrook

der Stadt ein und schmuggelte trotz hoher Strafen Briefe herein und heraus, sodass auch der Informationsfluss nicht ganz versiegte. Und das war entscheidend, denn solange die Möglichkeit bestand, mit anderen Unternehmen Kontakt zu halten, konnten Sendungen aus einem anderen Hafen direkt an die Kunden geleitet werden. Die Bezahlung erfolgte dann mit Wechseln, die an der noch arbeitenden Börse gehandelt wurden.

Dieser sogenannte Streckenhandel überwog bei Joh. Berenberg, Gossler & Co. ohnehin und dank der breiten Unternehmensbasis überstand das Haus die Besatzungszeit relativ gut: Vor allem die alten Handelsbeziehungen zu Preußen, Russland und Skandinavien erwiesen sich jetzt als wertvoller Ersatz für den ausfallenden Englandhandel. In Lübeck arbeitete »C. Platzmann Söhne« für Joh. Berenberg, Gossler & Co. In Russland knüpfte Johann Heinrichs Bruder Wilhelm Kontakte, anschließend ging er über Berlin nach London, von wo er auf Schmuggelwegen über die Geschehnisse in der freien Welt berichtete.

Da die französischen Behörden Zertifikate für den Handel über Neustadt in Mecklenburg und über Schwerin ausstellten, gelangten auf diesem Wege amerikanische beziehungsweise angeblich amerikanische Waren nach Hamburg – es wird so manche englische Sendung dabei gewesen sein. Auch über Tönning, Altona und Helgoland wurden in Nacht-und-Nebel-Aktionen immer wieder englische Waren in die Stadt geschmuggelt – die französischen Sanktionen wirkten auf den Erfindungsreichtum der Kaufleute äußerst anregend.

Manches lief weiter wie gewohnt. Zwar hatte der »Herr Bruder Gossler« schon Anfang 1808 allgemeine Zustimmung gefunden, als er auf der Versammlung des Kriegskommissariats den Vorschlag machte, »die bei diesem Collegio bis jetzt gebräuchlichen Schmäuse der traurigen Zeiten wegen bis auf weiteres abzustellen und den abgegangenen Praeses, Herrn Schwartze, zu ersuchen, sein Abschiedsessen nicht zu geben«. Aber im Privatleben der Familie Gossler gab es noch keine wirklich gravierenden Einschränkungen: Im großen

1811 hat Johann Marcus David den »Prospect von der Kaiserlich Französischen Stadt Hamburg« gemalt

Haus in der Zuchthausstraße – dort, wo heute Alstertor und Hermannstraße zusammentreffen – lärmten inzwischen fünf Kinder, für deren Pflege und Erziehung – neben den Hausangestellten – Ammen, Kindermädchen und Gouvernanten angestellt wurden. Und noch im Sommer 1810 unternahmen Johann Heinrich und Marianne Gossler eine ausgedehnte Vergnügungsreise durch Deutschland.

»Une bonne Ville de L'Empire Français«

Doch am 10. Dezember 1810 verkündete Napoleon die vollständige Eingliederung der Hansestädte Lauenburg und des Küstenstreifens zwischen Ems und Elbe in das französische Kaiserreich – aus Hamburg wurde »une bonne Ville de L'Empire Français«. Als Gouverneur erschien General Louis-Nicolas Davoût, ein Wegbegleiter Napoleons schon seit dem Ägyptenfeldzug (1798–1801) und inzwischen Herzog von Auerstedt und Fürst von Eckmühl, da er die Schlachten dort für den Kaiser entschieden hatte. Mit seinem Beamtenapparat übernahm er alle wichtigen Funktionen in der Hansestadt. Die Franzosen entfernten das Hamburger Wappen von allen öffentlichen Gebäuden und ersetzten es durch den französischen Adler. Das Stadtmilitär bildete den Stamm des 127. französischen Linienregimentes, dessen Stärke rasch wuchs, da die allgemeine Wehrpflicht eingeführt wurde.

Der Senat, Bürgerschaft und alle städtischen Behörden wurden aufgelöst und nach französischem Vorbild neu organisiert: An die Spitze der Stadt trat ein »Maire« mit mehreren beigeordneten »Maires«. Anstelle der Bürgerschaft entstand ein Munizipalrat, der 30 Mitglieder umfassen sollte, diese Zahl aber nie erreichte. Dem Munizipalrat gehörten im Wesentlichen ehemalige Senatoren, Kämmereibürger und angesehene Bürger an, darunter auch Johann Heinrich Gossler – zuständig für die Gassenpolizei – und Seylers Schwiegersohn Gerhard von Hoßtrup (1771–1851). Hoßtrup betrieb die »Börsenhalle«, eine an die englischen Clubs erinnernde Institution, die sich größter Beliebtheit erfreute. In der Eingangshalle wurden alle wichtigen politischen und kommerziellen Nachrichten angeschlagen, in zwei Lesezimmern lagen Journale und Flugblätter aus, darunter seit 1805 auch die *Liste der Börsenhalle*, die sich wegen ihres literarischen Teils zu einem der führenden Blätter Deutschlands entwickelt hatte. Davoût unterwarf Theater und Presse nun einer strengen

Das Hamburger Wappen 1812, wie es die Franzosen vorschrieben: Hahn, Kaiserkrone und drei Bienen

Armes de la Ville d'Hambourg

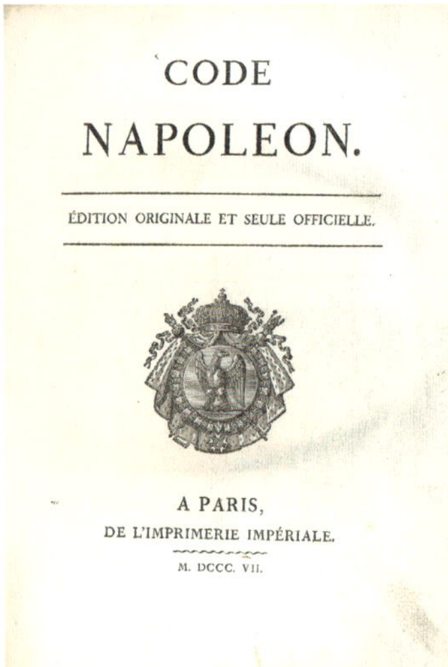

Der »Code Napoléon« versammelte 1804 fünf Gesetzestexte

Zensur. Die Zeitungen mussten zweisprachig erscheinen, sofern sie nicht verboten wurden wie Hoßtrups *Liste der Börsenhalle*.

Auch die Commerz-Deputation wurde der französischen Aufsicht unterstellt. Hier versuchte Seyler, Licht in den Gesetzesdschungel zu bringen, der nach Einführung des »Code Napoléon« noch zusätzliche Schwierigkeiten bereitete. Dass die Kollaboration mit den Franzosen nicht unproblematisch war, empfand man schon damals, hoffte so aber, Schlimmeres verhüten zu können.

Und die Lage war unangenehm genug: Neben den Handelsbeschränkungen ruinierten auch französische Steuern, die im Juli 1811 eingeführt wurden, die Hamburger Wirtschaft. Eine Grundtür- und Fenstersteuer belastete die Hausbesitzer, eine Patentsteuer traf vor allem die Gewerbetreibenden, auf Nahrungsmittel wurde ein »octroi«, auf Tabak, Getränke und Spielkarten die »droits réunis« erhoben. Napoleon war inzwischen so verhasst, dass sich Geheimgesellschaften gründeten, deren einziges Ziel der Sturz oder die Ermordung des Kaisers war.

Der Außenhandel für Joh. Berenberg, Gossler & Co. war erheblich zurückgegangen, aber neben den alten Verbindungen, die nicht über den Englandhandel liefen, hatten sich neue Wege gefunden. Im April 1811 zum Beispiel verzeichneten die Zolllisten für Joh. Berenberg, Gossler & Co. Indigo und Blauholzsendungen aus Altona im Werte von 24.000 Mark.

Im Jahre 1812 siedelte Marianne Gosslers Bruder Johann Gottfried Schramm jr. – er war mit Johann Heinrichs Schwester Johanna Elisabeth verheiratet – nach Göteborg über und über das napoleonfeindliche Schweden konnte wieder eine zuverlässige Verbindung nach Skandinavien aufgebaut werden: Göteborg wurde für die Firma nun zum zentralen Waren- und Informationsumschlagplatz für den gesamten Ostseeraum einschließlich Russland. Durch Vermittlung Göteborger Häuser wurden englische Waren via Stralsund und Wismar nach Hamburg geschleust. Kosten und Risiken waren zwar erheblich – allein 1812 erließ das Hamburger Zollgericht innerhalb von 18 Tagen 127 Strafbefehle, darunter einige Todesurteile –, doch um das Unternehmen über diese schlimmen Zeiten zu retten, musste jeder Weg genutzt werden. Denn wie sehr die Geschäfte von Joh. Berenberg, Gossler & Co. seit 1808 gelitten hatten, zeigen die Endsummen der Bilanzen:

1808	2.560.205	Mark Banco
1809	1.445.939	Mark Banco
1810	1.314.376	Mark Banco

Auch das Eigenkapital erlitt wegen der Verlustausgleiche und der Zahlungen an die Franzosen erhebliche Einbußen: Von 960.000 im Jahre 1798 sank es bis 1810 auf 558.567 Mark Banco.

1810 war Napoleon auf dem Höhepunkt seiner Macht. Preußen hatte 1807 im Frieden von Tilsit 49 Prozent seines früheren Gebietes verloren und schien damit zur Bedeutungslosigkeit verdammt. Im gleichen Frieden hatten Napoleon und Zar Alexander I. einvernehmlich beschlossen, dass eine Hälfte des Kontinents für jeden von ihnen ausreichen sollte, und durch seine Heirat mit der österreichischen Erzherzogin Marie-Luise im Jahre 1810 und die Geburt des Thronfolgers 1811 schien auch Österreich an Napoleon gebunden und die Zukunft der Dynastie Bonaparte gesichert. Der Hauptfeind England schließlich war am Ende seiner Kraft: Die Kontinentalsperre hatte die englische Wirtschaft so gelähmt, dass die Opposition bereits nach einem Frieden um jeden Preis rief. Doch gleichzeitig wuchs der Widerstand gegen die französische Herrschaft in Europa.

Preußen, wie es sich zwischen 1801 und 1807 verändert hat

Preußen: ein Phoenix aus der Asche

Preußen nutzte die Zeit der Demütigung durch Napoleon zu Reformen. Nach dem Frieden von Tilsit 1807 setzten Freiherr vom Stein mit dem Edikt vom 9. Oktober 1807 und dann Fürst Karl August von Hardenberg mit dem »Regulierungsedikt« von 1811 die Bauernbefreiung durch. Damit erfüllten sie eine Bedingung für technischen Fortschritt und den Zuwachs der Produktivität: Die Landwirtschaft wurde zum jedermann zugänglichen Gewerbe und setzte in der Folge Arbeitskräfte frei, die der Industrie zugute kamen.

Per Dekret vom 19. November 1808 wurde die beispielhafte Selbstverwaltung der Städte eingeführt: die »Magna Charta der preußischen und deutschen Städtefreiheit«. Die Staatsverwaltung konnte mit der Einführung eines einheitlichen Staatsministeriums mit fünf verantwortlichen Ressortministern effektiviert werden.

Im Kriegsministerium planten Wilhelm von Scharnhorst und August Neidhardt von Gneisenau die Neuorganisation und Wiederaufrüstung des preußischen Heeres. Das Adelsvorrecht auf Offizierspatente wurde abgeschafft und die allgemeine Wehrpflicht eingeführt. Napoleon hatte Preußen ein stehendes Heer von maximal 42.000 Soldaten zugestanden. Im Zuge der Reformen erfolgte nun eine Aufrüstung im Geheimen: Die offizielle Dienstzeit wurde auf jeweils einen Monat verkürzt, die entlassenen Rekruten danach aber am Heimatort weitergedrillt – das stehende Heer hielt sich so in erlaubten Grenzen, doch daneben entstand eine gewaltige Reservearmee aus bestens ausgebildeten Soldaten. Man wartete auf eine Niederlage Napoleons.

Die Judenemanzipation von 1812, die Ordnung der Steuern und Finanzen, die Säkularisierung der geistlichen Güter und die Einführung der Gewerbefreiheit waren weitere Voraussetzungen für das Erstarken Preußens. Die Gründung der Universität Berlin 1809 durch Wilhelm von Humboldt schuf die Voraussetzung auch für einen geistigen Aufschwung und ein neues Selbstbewusstsein: Hier wirkten Friedrich Schleiermacher, Friedrich Carl von Savigny und Ernst Moritz Arndt und hier hielt Johann Gottlieb Fichte seine berühmten »Reden an die deutsche Nation«.

Durch diese Bündel an Reformen wurde nicht nur der Befreiungskampf gegen Napoleon vorbereitet, sondern gleichzeitig entstanden schon damals wesentliche Voraussetzungen für den späteren Zollverein und die Einheit Deutschlands unter Preußens Führung.

Napoleons Russlandfeldzug

Ab 1810 ging Russland auf Distanz zu Napoleon. Dem Zaren missfiel nicht nur die Einrichtung eines Großherzogtums Warschau durch Napoleon 1807, sondern auch dessen Heirat mit Marie-Louise von Österreich – Napoleon schien allen Abmachungen zum Trotz ganz Europa unter seine Kontrolle bringen zu wollen. Die Allianz zerbrach. Alexander I. verbündete sich mit Schweden gegen die napoleontreuen Dänen und schloss im Mai 1812 einen ungünstigen Frieden mit der Türkei, um seine Truppen von der Südfront abziehen zu können – die diplomatischen Vorbereitungen waren damit abgeschlossen, der Kampf konnte beginnen: Die russische Aufhebung der Kontinentalsperre am 29. Mai kam einer Kriegserklärung an Frankreich gleich.

Napoleon sicherte sich für seinen Krieg gegen Russland die Unterstützung der von ihm abhängigen Staaten in Italien und Deutschland. Zudem

Die 1809 von Wilhelm von Humboldt gegründete Berliner Universität mit dem Reiterstandbild Friedrichs des Großen

Am 7. September 1812 kam es zur blutigen Schlacht bei Borodino zwischen Napoleons Grande Armée und russischen Truppen

gelang es ihm, auch Österreich und Preußen auf seine Seite zu ziehen. Für die zum selbstständigen Handeln kaum noch fähigen deutschen Staaten war ein Bündnis so schlecht wie das andere: Bei einem Zusammenstoß Napoleons und Alexanders mussten sie um ihre Existenz fürchten, ganz gleich, wem sie sich anschlossen. Doch weder Hardenbergs noch Klemens Wenzel Lothar von Metternichs diplomatischen Interventionen gelang es, den Russlandfeldzug Napoleons zu verhindern.

Im Frühjahr 1812 standen mehr als eine halbe Million Soldaten zum Angriff auf Russland bereit – weniger als die Hälfte davon waren Franzosen. Diese »Grande Armée« überschritt im Juni die Grenzen des Zarenreiches und folgte den hinhaltend kämpfenden Russen bis nach Moskau, wo man auf ein Winterquartier rechnete. Doch der Brand Moskaus vom 14.–20. September 1812 machte diese Hoffnung zunichte und Napoleons Truppen sahen sich mit leeren Händen zum Rückzug gezwungen. Mehr als 400.000 Soldaten der Grande Armée fanden den Tod in Schlachten, Eis und Schnee. Zu den Gefallenen oder Verschollenen gehörte Oberst Johann Jacob Gossler (1758–1812) – ein Halbbruder von Johann Hinrich –, sein Sohn Friedrich Ferdinand und

Eine Woche lang wütete 1812 in Moskau der Großbrand

zahlreiche andere Angehörige des 127. französischen Linienregimentes, das aus Hamburgern rekrutiert worden war.

Alexander I. begnügte sich nicht damit, die französische Armee zurückzuschlagen: Er verfolgte sie über die Grenzen Russlands hinaus und setzte – gemeinsam mit Schweden und Preußen – zur »Befreiung« Europas an. Am 18. März 1813 marschierten rund 1.400 Kosaken in Hamburg ein.

Hamburg freut sich – zu früh

Für die Hamburger schien das französische Trauma damit endlich ein Ende zu finden. Mit ungeahntem Enthusiasmus begrüßten sie den russischen »General« Friedrich Karl von Tettenborn (eigentlich Oberst) und seine Truppen, die verhassten »Aasvögel« wurden von den öffentlichen Gebäuden gerissen und das Hamburger Wappen wieder angebracht. Senat und Bürgerschaft konstituierten sich neu. In Hoßtrups Börsenhalle feierten Hamburgs Kaufleute ein rauschendes Fest zu Ehren des Krönungstages von Zar Alexander.

Im Winter 1812/13 traten die französischen Truppen den Rückzug an

Die Geschäfte von Joh. Berenberg, Gossler & Co. waren nach dem Abzug der Franzosen sogleich gut angelaufen, doch das Unternehmen behielt sich die Option vor, im Falle der Gefahr alle Geschäfte über Stralsund abzuwickeln. Und das war gut so, denn schon Ende April stand Davoût, der von Holland aus eine Entlastungsoffensive nach Nordwestdeutschland gestartet hatte, in Harburg und wenig später erreichten französische Granaten von der Veddel aus die Umgebung der Nikolaikirche.

»C. Platzmann Söhne« in Lübeck teilte am 29. Mai 1813, einen Tag, bevor Hamburg wieder von den Franzosen besetzt wurde, mit, dass für das Unternehmen Holz eingetroffen sei. Das Schiff sei gelöscht, doch halte man sich bereit, die Ladung im Falle der Gefahr nach Stralsund weiter zu verfrachten. Am selben Tag kündete ein Brief von Johann Gottfried Schramm aus Göteborg an, dass eine Ladung Zucker unterwegs sei und außerdem zehn Ballen mit englischem Twist im Wert von 1.100 Pfund in Helgoland lägen. Zudem habe die 86 Last große Brigg »Der Adler« am 22. April eine Partie Ziegelsteine im Wert von 2.350 Pfund von »Garrique, Girard & Co.« gelöscht. Dasselbe Schiff habe daneben eine beschädigte Partie von 17 Kisten mit 7.636

Pfund Rohzucker »aus dem Ausland«, 10 Gebinde mit 10.000 Pfund Zucker aus einer schwedischen Raffinerie und die aus Stückgut bestehende Beiladung an Bord gehabt. Da diese Ladung nicht nach Hamburg weitergeleitet werden konnte, wurde sie wieder nach Stralsund verschifft und von dort über See oder den Landweg weiterbefördert.

Am 30. Mai hielt Davoût wieder Einzug in Hamburg. Mit äußerster Härte wurde der Status quo ante wieder hergestellt, doch Massenhinrichtungen und übermäßig Grausamkeiten, mit denen die Franzosen in anderen Gebieten Vergeltung geübt hatten, blieben der Stadt erspart: »Ich ziehe vor, die Hamburger zahlen zu lassen; das ist die beste Art, Kaufleute zu bestrafen«, soll Napoleon gesagt haben. Davoût forderte eine Strafkontribution von 48 Millionen Francs und ließ 30 angesehene Kaufleute, darunter auch Seyler, in Harburg internieren, um wenigstens einen Teil dieser Summe einzutreiben. Eine Kommission setzte Beträge auf schätzungsweise zehn Prozent des Vermögens fest, Johann Heinrich Gossler entrichtete für die ersten beiden Raten je 4.500, seine Mutter je 15.750 Francs. Als das erste Sechstel der Kontribution gezahlt war, kehrten die Inhaftierten zurück.

Marschall Davoût regierte Hamburg von 1813 bis 1814 mit harter Hand

Die Befreiung 1813–1814

Im August 1813 erhielten die alliierten Russen, Preußen und Schweden endlich Unterstützung durch Österreich und brachten in der Völkerschlacht bei Leipzig im Oktober 1813 – in der zahlreiche Rheinbundtruppen die Front wechselten – Napoleon die entscheidende Niederlage bei.

Kurze Zeit später schrieb Johann Heinrichs Bruder Wilhelm aus London:

> »… Wir können itzt beinahe mit Gewissheit den Tag der Erlösung voraussehen, und wenn ich mich nicht sehr trüge, so ist er nahe; denn nachdem die Franzosen sich bis nah den Rhein haben zurückziehen müssen, bleibt Hamburg selbst bei einer Fortdauer des Bundes mit Dänemark für sie nicht haltbar …«

Doch Hamburg standen die schlimmsten Monate noch bevor: Davoût, einer der fähigsten und hartnäckigsten Generäle Napoleons, dachte nicht an eine Räumung, sondern versuchte mit allen Mitteln, Hamburg, Harburg und die dazwischenliegenden Elbinseln zu halten. Unter Heranziehung von Frauen, Greisen und Kindern hatte er Hamburg neu befestigen und verschanzen lassen. Mehrere Vororte, darunter die Vorstadt St. Pauli, wurden dem Erdboden gleichgemacht, um vor den Wällen ein freies Schussfeld zu schaffen und dem Gegner jede Deckung zu nehmen. Diese Arbeiten mussten die Hamburger selbst bezahlen und nachdem die Kaufleute sich geweigert hatten, innerhalb 24 Stunden eine Garantie auf 6 bis 7 Millionen Francs und für den laufenden Dienst eine Monatszahlung von einer Million Francs zu beschaffen, beschlagnahmte Davoût die Hamburger Bank mit allem gemünzten Geld und sämtlichen Silberbarren im Werte von 7,5 Millionen Mark. Kirchen, Hospitale und Privathäuser, unter ihnen das Mortzenhaus am Alten Wandrahm und das Seylersche Haus, wurden beschlagnahmt und zu Lazaretten umfunktioniert. Das Kontor von Joh. Berenberg, Gossler & Co. wurde Anfang Dezember 1813 »nach Hoßtrup seinen vorigen Hause«, also nach Neue Burg 28 verlegt.

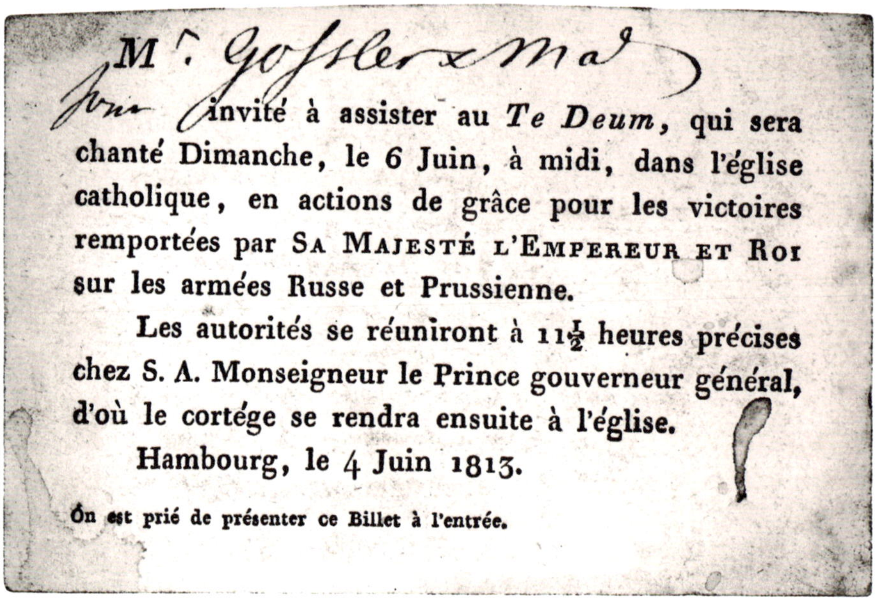

Mr. Gossler & Mad

sont invité à assister au *Te Deum*, qui sera chanté Dimanche, le 6 Juin, à midi, dans l'église catholique, en actions de grâce pour les victoires remportées par SA MAJESTÉ L'EMPEREUR ET ROI sur les armées Russe et Prussienne.

Les autorités se réuniront à 11½ heures précises chez S. A. Monseigneur le Prince gouverneur général, d'où le cortége se rendra ensuite à l'église.

Hambourg, le 4 Juin 1813.

On est prié de présenter ce Billet à l'entrée.

Einladung beziehungsweise »Teilnahmebefehl« für Johann Heinrich Gossler zu einem Dankgottesdienst für die Siege Napoleons 1813

Monsieur Gossler et Madame

sind eingeladen, am Te Deum teilzunehmen, das am Sonntag, dem 6. Juni mittags in der katholischen Kirche zu Ehren der von Seiner Königlichen und Kaiserlichen Majestät errungenen Siege über die russische und preußische Armee abgehalten wird.
Die Geladenen versammeln sich um Punkt 11.30 Uhr bei S. A. Monseigneur le Prince, dem Generalgouverneur, von wo aus der Zug sich umgehend zur Kirche begeben wird.
Hamburg, am 4. Juni 1813. (Man möge bitte diese Karte am Eingang vorzeigen.)

Zum Weihnachtsfest 1813 ließ Davoût mehr als 20.000 Menschen bei eisiger Kälte aus der Stadt treiben. In Erwartung einer längeren Belagerung war die Bevölkerung vorher aufgefordert worden, sich mit Nahrungsmitteln einzudecken. Wer diesem Befehl nun nicht nachkommen konnte – und nach den Kriegsjahren lebten große Teile der Bevölkerung im Elend –, drohte den Verteidigern zur Last zu fallen und wurde deshalb vertrieben. Diese unmenschliche Logik erwies sich zwar als militärisch richtig, denn es kam in der über den Winter belagerten Stadt weder zur Hungersnot noch zu Seuchen – doch unter den Vertriebenen forderte sie weit mehr als 1.000 Opfer.

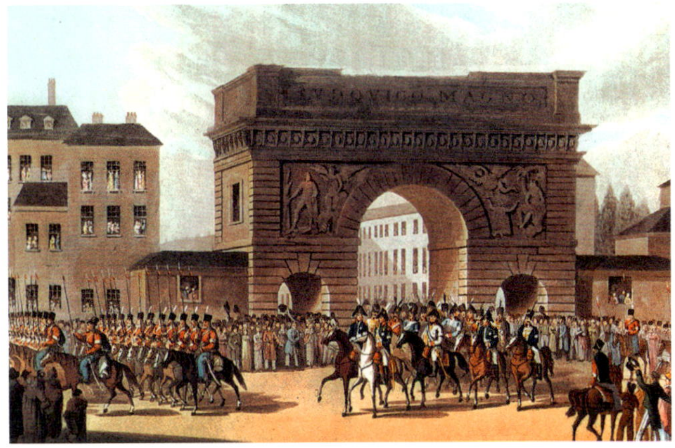

Am 31. März 1814 zogen die russischen Truppen in Paris ein

Johann Heinrich Gossler war schon im Sommer 1813 auf den Landsitz der Schwiegereltern Schramm nach Eppendorf gezogen, doch allmählich wurden auch hier die Nahrungsmittel knapp. Am 4. Januar 1814 eroberten die Russen Eppendorf, Kosaken wurden im Schrammschen Haus einquartiert und die Enge unerträglich. Johann Heinrich brachte seine Familie daraufhin auf das Gut seiner Mutter in Borstel, wo Elisabeth Gossler neben einquartierten Russen bereits Mengen von Kindern, Schwiegerkindern, Enkeln und anderen Verwandten versorgte. Im März ging Gossler mit seiner Familie schließlich nach Lübeck ins Exil.

Am 31. März 1814 marschierten die Alliierten in Paris ein. Doch Hamburg blieb uneinnehmbar: Erst am 30. Mai – nach der Thronentsagung Napoleons, nach der Verabschiedung von seinen Grenadieren und nach seinem Eintreffen auf Elba – rückte Davoût mit den letzten 29.000 Mann in aller Heimlichkeit aus Hamburg ab. Am folgenden Tag marschierten die Russen ein, der Senat, die Bürgerschaft und das Kollegium der Oberalten erhielten ihre verfassungsmäßigen Rechte zurück.

Eine Schadensbilanz

Man hat die Verluste, die der Stadt Hamburg durch Kontributionen, Warenkonfiskationen, zerstörte Gebäude und andere Belastungen entstanden sind, auf 184.308.625 Mark Courant geschätzt, wobei die zahlreichen privaten Vermögen nicht eingerechnet waren.

Die Bilanzsummen von Joh. Berenberg, Gossler & Co. spiegeln den wirtschaftlichen Verfall wider. 1813, im letzten Jahr der Franzosenzeit, lagen sie wieder unter der Millionengrenze:

1810	1.314.476	Mark Banco
1811	1.117.056	Mark Banco
1812	1.031.624	Mark Banco
1813	609.780	Mark Banco

Erst 1835 sollte die Firma in ihren Bilanzsummen die Millionengrenze wieder überschreiten und erst nach 1845 erreichte sie den Stand von 1808.

Die Sorge der Hamburger Kaufmannschaft galt nach der Befreiung sogleich der Wiedererlangung des Fonds zur Deckung der Banco-Währung. Schon mit Wirkung vom 31. Mai, dem Tag des Abzugs der Franzosen, stellten die wiedereingesetzten Bankbürger August Schwalb und Christian Nicolaus Pehmöller im Einvernehmen mit den verantwortlichen Senatoren allen Interessenten frei, durch Einlagen neue Konten zu eröffnen. Als Erste lagerten Joh. Berenberg, Gossler & Co. acht Silberbarren ein, für die sie 27.350 Mark 3 Schilling Banco gutgeschrieben bekamen. Und am 14. Juli um 16 Uhr, nach der Börse, lud Georg Hillert per Inserat in den »Hamburger Nachrichten« zur Aalsuppe in die »Alte Stadt London« ein – es war endlich wirklich Frieden.

Nach dem Wiener Kongress

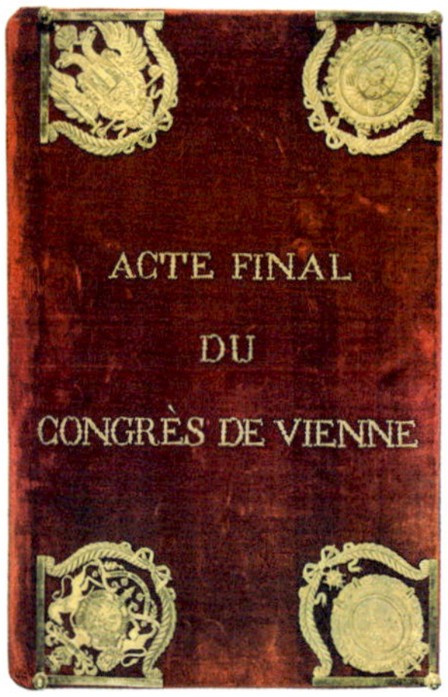

Die Schlussakte des Wiener Kongresses 1815

Im Wiener Kongress 1814/15, auf dem sich Souveräne, Staatsmänner und Interessenvertreter von rund 200 Staaten, Städten, Herrschaften und Körperschaften Europas versammelt hatten, wurde das europäische Staatensystem in seinen vornapoleonischen Grundstrukturen weitgehend wiederhergestellt: Die Fürstenhäuser kehrten auf ihre verlorenen Throne zurück, zahlreiche von Napoleon verfügte Verfassungs- und Verwaltungsreformen wurden aufgehoben und damit auch manche politische, staatsrechtliche oder wirtschaftliche Entwicklungsmöglichkeiten aufgegeben.

Im deutschen Raum führten die Entschließungen des Kongresses zu einer erheblichen Vergrößerung Preußens und – da das Wahlkaisertum des Heiligen Römischen Reiches Deutscher Nation nicht wiederhergestellt wurde – zur Gründung des Deutschen Bundes. In diesem schlossen sich 36 souveräne

Die Delegierten des Wiener Kongresses (18.09.1814 – 09.06.1815) ordneten Europa neu:

1. Arthur Wellesley, Herzog von Wellington 2. Joaquim Lobo Silveira, Graf von Oriola 3. António de Saldanha da Gama, Graf von Porto Santo 4. Graf Carl Löwenhielm 5. Jean-Louis-Paul-François, Graf von Noailles 6. Klemens Wenzel, Prinz von Metternich 7. André Dupin 8. Graf Karl Robert Nesselrode 9. Pedro de Sousa Holstein, Graf von Palmela 10. Robert Stewart, Vicomte Castlereagh 11. Emmerich Joseph, Graf von Dalberg 12. Baron Johann von Wessenberg 13. Prinz Andrey Kirillovich Razumovsky 14. Charles Stewart, Baron 15. Pedro Gómez Labrador, Marquis von Labrador 16. Richard Le Poer Trench, Graf von Clancarty 17. Nikolaus von Wacken 18. Friedrich von Gentz 19. Baron Wilhelm von Humboldt 20. Graf William Cathcart 21. Prinz Karl August von Hardenberg 22. Charles Maurice de Talleyrand-Périgord 23. Graf Gustav Ernst von Stackelberg

Bundesstaaten auf Grundlage eines Bundesgesetzes – der Bundesakte vom 8. Juni 1815 – zusammen. Im Bundestag in Frankfurt am Main, der Versammlung der Bundestagsgesandten, führte Österreich den Vorsitz bei der Verhandlung der Bundesangelegenheiten. Der Deutsche Bund stellte ein 300.000 Mann starkes Bundesheer auf, doch die »nationale« Unabhängigkeit des Deutschen Bundes, dieses staatsrechtlich wie innenwirtschaftlich und sozialpolitisch höchst eigenartigen Gebildes, blieb durch fremde Könige beeinträchtigt: England entschied für Hannover, die Niederlande für Luxemburg und Dänemark für Schleswig-Holstein.

Die unwirtschaftliche Entwicklung in Europa …

Mit den Beschlüssen des Wiener Kongresses wurden die Weichen auch für die wirtschaftliche Entwicklung Europas gestellt: Führend war weiterhin England, gefolgt von Frankreich und dem Deutschen Bund beziehungsweise Preußen. Alle anderen Staaten Europas blieben hinter diesen Ländern weit zurück.

England hatte seit der Mitte des 18. Jahrhunderts mit der landwirtschaftlichen und industriellen Revolution ein ökonomisches und militärisches Potenzial hervorgebracht, das seine wirtschaftlich beherrschende Stellung in Europa begründete. Mit seiner Flotte beherrschte es die Ozeane, mit seinen Truppen die Kolonien und damit die Absatzmärkte und Rohstofflieferanten für die heimische Industrie.

Der entstehenden Industrie- und Welthandelsdemokratie England stand eine – seit dem Verkauf der Nationalgüter sogenannte – »bäuerliche Demokratie« in Frankreich gegenüber. Frankreich hatte zwar trotz seiner Niederlage wirtschaftlichen und politischen Einfluss auf dem Kontinent wahren können, konzentrierte sich aber nach der Wiederherstellung der Monarchie auf die eigene Landwirtschaft und die vorwiegend agrarisch bestimmten Kolonien. Auch in Zukunft sollten nicht die Ozeane und die überseeischen Räume, sondern eher der heimische Markt und der Kontinent das wirtschaftliche und politische Leben Frankreichs bestimmen. Entsprechend blieb die wirtschaftliche und machtpolitische Zuwachsrate hinter der englischen zurück.

… im Deutschen Bund …

Der heterogene Deutsche Bund hatte diesen Nationen und Märkten gegenüber einen schlechten Stand. Es gab weder eine natürliche oder politisch geschlossene Volkswirtschaft noch eine gewachsene einheitliche Gesellschaft. 1816/17 herrschte in deutschen Landen eine Hungersnot, obwohl jahrelang gestapelte billige englische Waren den Kontinent überschwemmten: Niemand konnte sie bezahlen.

Lediglich Preußen mit seinen beachtlichen industriewirtschaftlichen Ansätzen in Berlin und Schlesien ließ eine bedeutende politische und wirtschaftliche Entwicklung erahnen. Neben dem rivalisierenden Bremen galt Hamburg als einzige international bemerkenswerte Handelsmacht auf deutschem Boden. Aber Preußen und die Hansestädte waren durch Napoleons Plünderungen verarmt und hatten der britischen Industrie- und Handelsexpansion nichts entgegenzusetzen.

Nach der Hungersnot ein besonderes Fest: Einzug der Erntewagen 1817

War man sich schon politisch kaum einig – der Bundestag war eher Diplomatenkongress denn Parlament –, so führte die wirtschaftliche Uneinigkeit zu einem Zollchaos ohnegleichen und zu einer Abhängigkeit von äußeren Entwicklungen und Mächten, die auch dem überzeugtesten Partikularisten Sorgen bereiten musste. Gleichzeitig zwang die langsam einsetzende Industrialisierung zur Vernetzung des wirtschaftlichen Raums, zum Bau von Eisenbahnen, zu einem Abbau der Zollschranken und schließlich zu einem einheitlichen »nationalen System«, das vom Freiherrn vom Stein und Wilhelm von Humboldt schon lange in Ansätzen gefordert worden war. In Friedrich List sollte es schließlich seinen engagiertesten Fürsprecher finden, doch bis dahin war es noch ein weiter Weg.

Einen Anfang machte Preußen 1818 mit dem Erlass des Zollgesetzes. Es schützte die entstehende Industrie durch Einfuhrzölle von zehn Prozent auf Industriewaren und 20 bis 30 Prozent auf Luxusgüter. Rohstoffe dagegen blieben zollfrei. Vor allem die »preußischen Manufacturisten« konnten aufatmen, denn ohne diese Einführung eines Freihandels mit gemäßigten Schutzzöllen wäre es in Deutschland wohl zu keinem nennenswerten industriellen Fortschritt gekommen. Vor allem die englische Industrie hatte sich nämlich zum Ziel gesetzt, »daß man die Continentalfabriken in den Windeln ersticke«.

Ursprünglich war das Zollgesetz nicht als Ausgangspunkt der deutschen Wirtschaftseinheit gedacht, doch nach vielen Phasen einzelstaatlicher und staatenbündlerischer Auseinandersetzungen um die wirtschaftliche und politische Vormachtstellung, insbesondere mit den von Österreich gestützten Mittelstaaten, gelangte man schließlich 1828 zu einer bayerisch-württembergischen und einer preußisch-hessischen Einigung. Es folgten 1833 Verträge mit Sachsen und Thüringen und schließlich konnte 1834 – unter Ausschluss Österreichs – der Deutsche Zollverein errichtet werden. 1836 folgten Baden und Nassau, 1854 das Königreich Hannover, 1867 Schleswig-Holstein und Mecklenburg, 1872 Elsass-Lothringen und schließlich 1888 auch Hamburg und Bremen.

Am 1. Januar 1834 trat der Deutsche Zollverein in Kraft, mitgewirkt haben (v.l.) Friedrich von Motz, Karl Georg Maaßen, Wilhelm Anton von Klewitz und Johann Albrecht Friedrich von Eichhorn

… in Hamburg …

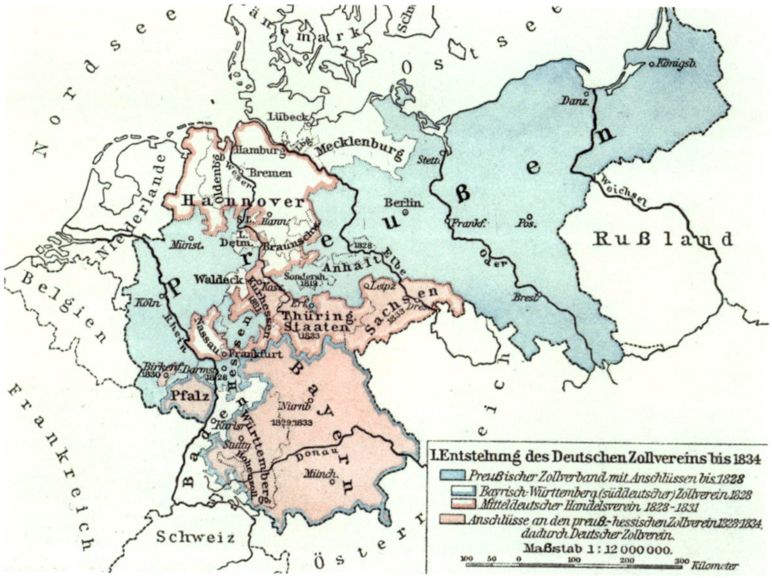

Es dauerte einige Jahre, bis sich die verschiedenen Staaten auf einen Zollverein einigen konnten

Hamburg hatte im Wiener Kongress seine Selbstständigkeit innerhalb des Deutschen Bundes bewahren können. Diese Anerkennung durch die Großmächte war für die Hamburger Kaufleute eine entscheidende Bestätigung und trug bis 1866 dazu bei, dass die Stadt sich selbst regieren und verwalten konnte. Die Kaufmannschaft kümmerte sich wenig um politische Formen, solange diese sie nicht störten. Mit einer Mischung aus ehrlichem Konservatismus, Bürgerstolz und stiller Ironie über die eigene Kleinstaaterei ließen die weltweit denkenden Kaufleute in ihrer Stadtpolitik das meiste beim Alten. In der Frage der Zollpolitik standen sie eindeutig auf der Seite der Freihändler: Man sah sich durch den Zollverein eher umzingelt, als dass man die Vorteile für das eigene Hinterland begrüßte, von denen man doch auch profitierte. Als Kurhessen den Anschluss an den Zollverein vollzog, klagte die Commerz-Deputation, »es sei kein Fußbreit Landes mehr zu ungehindertem Durchgang nach Süddeutschland frei«. Die Auseinandersetzungen zwischen Preußen und Hamburg dauerten ab 1818 über 60 Jahre und konzentrierten sich im Wesentlichen auf den Freihafen und den Freihandel. Hierdurch wurde Hamburg für Jahrzehnte in Deutschland in eine isolierte Stellung gedrängt.

Zu den Friedensverhandlungen in Paris entsandten die Hamburger neben der Senatskommission eigene Bevollmächtigte, um eine Wiedergutmachung einzuklagen. In der Konvention von Paris vom 20. November 1815 erhielt die Stadt die definitive Zusage, angemessen entschädigt zu werden. Eine vom Hamburger Rat eingesetzte Kommission übernahm treuhänderisch für die französische Regierung die Regulierung der gemeldeten Schäden, nach 1827 erfolgten endlich sporadisch Zahlungen. Die meisten Anwärter auf Entschädigung erhielten Liquiditionsabschnitte als Teilanspruch auf die französische Rente und diese Papiere warfen so gute Erträge ab, dass im Laufe von 50 Jahren das Doppelte der ursprünglichen Forderung hereinkam. Joh. Berenberg, Gossler & Co.

erhielt 1816 das Mortzenhaus zurück und bekam, allerdings erst ab 1842, dänische Ersatzzahlungen für den bei Tönning beschlagnahmten Zucker.

Doch der Wiederaufschwung der hamburgischen Geschäfte ging nur langsam voran. Die Franzosen hatten eine ausgeplünderte Stadt hinterlassen, es fehlte an Kapital und erst 1840 hatte Hamburg wieder annähernd denselben Schiffsraum wie 1798. Das deutsche Hinterland war wirtschaftlich schwach, der Handel entsprechend bescheiden. Und vom internationalen Markt war die Stadt durch die Kontinentalsperre nachhaltig isoliert worden: »Eure alten Connectionen hier sind gänzlich abgebrochen; … London ist mehr als jemahls das Centrum aller Geschäfte« hatte Wilhelm Gossler im November 1813 an seinen Bruder Johann Heinrich geschrieben – dieser Erfolg von Seeblockade und Kontinentalsperre machte nicht nur der Hamburger Kaufmannschaft, sondern dem ganzen deutschen Außenhandel lange zu schaffen.

… und bei Joh. Berenberg, Gossler & Co.

Auch Joh. Berenberg, Gossler & Co. brauchte Jahrzehnte, um das verlorene Kapital und die abgerissenen Geschäftsbeziehungen wieder aufzubauen: Die Bilanzendsummen nach 1815 pendelten um die Eine-Million-Marke mit langsam steigender Tendenz, bis endlich 1835 – ein Jahr nach Errichtung des »Deutschen Zollvereins« – die Millionenmarke wieder überschritten wurde.

1819 war Kruckenberg gestorben, Johann Heinrich Gossler II. und Seyler führten das Geschäft seitdem weiter. Als 1822 Elisabeth Gossler, geb. Berenberg, 73-jährig starb, wurde die Firma für die folgenden Jahre durch die Auszahlung ihres Kapitals an sieben Erben mit jeweils 81.577 Mark Banco noch zusätzlich belastet.

Doch trotz des Kapitalmangels arbeitete das Unternehmen ohne Verlust und machte gelegentlich gute Nettogewinne, wie im Jahr 1820, in dem, bei einer Bilanzsumme von 566.059 Mark Banco, Seyler und Gossler einen Gewinn von 41.034 Mark Banco verzeichnen konnten.

Der Schwerpunkt der Firmentätigkeit lag in den Jahren nach 1815 auf dem Warenhandel und den Handelsfinanzierungen. Gleich nach dem Abzug der Franzosen unternahm man alle Anstrengungen, um den Handel wieder zu beleben. Alte Verbindungen, vor allem mit Skandinavien, Russland, England, Westindien und Ostasien, wurden wieder aufgenommen, neue kamen hinzu.

Joh. Berenberg, Gossler & Co. hatte nach 1815 wieder Kontakte zu den USA aufgebaut. Die Beziehungen zu Stephen Girard in Philadelphia waren inzwischen zwar abgerissen, dafür entstanden neue Geschäftsverbindungen mit New York, Boston, Baltimore, Richmond und New Orleans. Die Firma führte Pelze, Baumwolle, Tabak, Zucker, Kaffee, Walöl, Seide, Farbhölzer und vieles andere mehr ein und exportierte im Gegenzug Qualitätsprodukte der deutschen Industrie und Landwirtschaft: Klaviere und Bücher aus Leipzig, Spielwaren aus Nürnberg, Rheinwein, Rauchfleisch und Schinken.

Neue Geschäftsverbindungen

Das Unternehmen hatte die Wachsbleiche schon 1805 verkauft und die Partenreederei eingestellt. Diese hatte sich durch das verbesserte Versicherungswesen erübrigt und wurde von der Kaufmannsreederei, an der die Firma sich nicht beteiligte, und dann von den Schifffahrtsgesellschaften auf Akzisen abgelöst.

Das Haus war weiterhin an verschiedenen Assekuranz-Kompagnien mit bis zu 15.000 Mark Banco beteiligt; bei der Dritten Hamburger Versicherungs-Gesellschaft von 1804, die nach der Befreiung auf breiterer Basis wieder aufgebaut wurde, stellte die Firma Direktionsmitglieder.

Klugheit und Entscheidungsfreude

Johann Heinrich Gossler II. war ein von seinen Mitbürgern sehr geschätzter Mann und seine wirtschaftlichen Kenntnisse, sein historischer Weitblick und seine Tatkraft machten ihn in zahlreichen politischen und wirtschaftlichen Institutionen unentbehrlich – im Jahre 1821 wurde er Senator, weitere Ämter folgten. Zudem gehörte Johann Heinrich nicht zu den Kaufleuten, denen, wie Jacob Gallois 1835 spottete, ein geistvolles Buch ein so heiliger Gegenstand war, dass sie es nicht anrührten, und die peinlichst jeden mieden, der sich mit Kunst und Wissenschaft beschäftigte, weil sie selbst nicht in diesen Artikeln »machten«. Gossler war wie sein Vater sehr musikalisch. Er hatte ein ausgeprägtes Interesse für historische Fragen, vor allem für solche, die die Vergangenheit seiner Vaterstadt betrafen. Als 1839 der Verein für Hamburgische Geschichte gegründet wurde, zählte er zu den ersten Mitgliedern.

Johann Heinrich Gossler II. wird Senator …

Bei aller Liebe zur Vergangenheit stellte er die Weichen für die Zukunft seines Unternehmens. Am 9. Oktober 1828 hielt er eine vielbeachtete Rede als »Zoll- und Akzise-Herr«.

… und stellt die Weichen für die Zukunft

Ein Volksheld in Südamerika: Simón Bolívar (1783–1830)

Handel mit Nord-, Mittel- und Südamerika

»Unsere directen Verbindungen mit den anderen Weltteilen haben sich [seit 1824] mehr wie verdoppelt, dergestalt, daß das Gros unserer Bedürfnisse von außereuropäischen Producten uns directe von den Productionsländern zugeführt wird; da diese Zufuhren nicht mit den Kosten eines europäischen Zwischenplatzes belastet sind, so setzt uns das in den Stand, selbst mit England im Export solcher Waren zu concurrieren; Hamburgs Handel hat dadurch ungemein an Gewicht und Umfang gewonnen; durch diese directen transatlantischen Verbindungen ist nicht nur den teutschen Erzeugnissen ein erleichterter Abzug eröffnet, es haben sich auch ganz neue Geschäftsbranchen dadurch hierher gezogen.«

Und Johann Heinrich Gossler war bereits dabei, diese »directen transatlantischen Verbindungen« für sein Unternehmen zu nutzen: Während er in Hamburg vor den Kaufleuten sprach, befand sich sein Sohn Johann Heinrich III. schon in oder auf dem Wege nach Boston und gleichzeitig arbeitete der Neffe Adolph Schramm (1805–1887), vom Onkel Gossler mit dem nötigen Anfangskapital versehen, am Aufbau eines Handelshauses in Brasilien – der Handel mit dem gesamten amerikanischen Kontinent sollte Joh. Berenberg, Gossler & Co. bald glänzende Geschäfte bringen.

Süd- und Mittelamerikahandel

Diese Entwicklung war begünstigt durch die Unabhängigkeitsbewegungen auf dem süd- und mittelamerikanischen Kontinent. Aufständen in Mexiko 1808 und 1810 folgte 1813 die Unabhängigkeit Venezuelas von Spanien unter Simón Bolívar. Auf dem Kongress von Tucumán wurde 1816 die Unabhängigkeit der Vereinigten Provinzen des Rio de la Plata (Argentinien) erklärt, 1818 folgte die Selbstständigkeit Chiles. 1821 errang Peru nach langen Kämpfen gegen die Spanier seine Unabhängigkeit (endgültig 1824) und auch die brasilianische Nationalversammlung erklärte 1821 ihre Unabhängigkeit vom Mutterland Portugal.

»Alle die seit Jahrhunderten von uns verschlossenen, fast verborgen gewesenen Länder und Weltteile sind uns offen geworden, und wir können auch sagen: Hamburg hat Kolonien erhalten.« So feierte Martin Joseph Haller schon 1822 die Tatsache, dass nach Nordamerika nun auch Mittel- und Südamerika dem freien Welthandel zugänglich geworden waren. Während vom Kaffee, so führte Johann Heinrich Gossler II. in der zitierten Rede weiter aus, 1815 noch 22,5 Millionen Pfund aus England und nur sechs Millionen aus den transatlantischen Ländern gekommen seien, habe Hamburg 1827 etwa 40 Millionen Pfund aus diesen direkt und nur noch sieben Millionen aus England bezogen.

Hamburg hatte 1827 mit Brasilien einen »Freundschafts-, Handels- und Schifffahrtsvertrag« abgeschlossen, dem bald ähnliche Vereinbarungen mit Argentinien, Uruguay, Venezuela, Chile, Bolivien, Peru, Ecuador, Kolumbien und Mexiko folgten.

Adolph Schramm hatte an den Verhandlungen über einen deutsch-brasilianischen Handelsvertrag in Rio de Janeiro als Dolmetscher in der Stellung eines Legationssekretärs teilgenommen. So kannte er Sprache und Gegebenheiten genau, als er – mit der erwähnten finanziellen Unterstützung Gosslers – 1828 daran ging, in Maroim und Pernambuco das Handelshaus zu errichten. Dieses brasilianische Unternehmen, dessen Leitung nach einigen Jahren auf Adolphs Bruder Ernst Schramm (1812–1882) überging, sicherte Joh. Berenberg, Gossler & Co. die Geschäftsverbindungen nach Südamerika. Die Firma ging nun zum Massengüterverkehr über und erzielte beträchtliche

1821 feierte Brasilien die Unabhängigkeit von Portugal

1893 begannen die USA, die Einwanderung aus Europa zu beschränken

Gewinne. Die Güter – in erster Linie Kaffee, Zucker, Baumwolle und Tabak – wurden »schwimmend im Termingeschäft am Platze oder auf Lieferung mit A. Schramm, Pernambuco-Maroim à meta« abgeschlossen. Exportiert wurden weiterhin vor allem Produkte der deutschen Industrie wie Eisenwaren, Textilien, Musikinstrumente – der Export in die lateinamerikanischen Länder sollte sich in der Zukunft vervielfachen.

Nordamerika lockt

1827 hatte Hamburg auch mit den Vereinigten Staaten von Amerika ein Handelsabkommen unterzeichnet und der Handel der Hansestadt mit Nordamerika sollte sich daraufhin zwischen 1830 und 1840 verfünffachen. Und auch hier reagierte Joh. Berenberg, Gossler & Co. sehr schnell: 1828 wurde Johann Heinrich Gosslers gleichnamiger Sohn nach Nordamerika geschickt, um bestehende Beziehungen zu pflegen und neue Kontakte zu suchen.

Die USA waren eine Reise wert. Sie besaßen neben England, Frankreich und Preußen die größte Wirtschaftsdynamik der damaligen Zeit. Die Bevölkerung betrug um die Jahrhundertwende etwa vier Millionen Einwohner, nahm aber dann rasant zu: 1828 waren es noch etwa 20.000 Europäer jährlich, die dem alten Kontinent den Rücken kehrten und in die Neue Welt zogen, doch zwischen 1847 und 1854 erhöhte sich die nordamerikanische Ein-

1817 begannen die Bauarbeiten am Eriekanal, der die großen Seen in Amerika miteinander verbindet und 584 Kilometer lang ist

wandererquote von 250.000 auf 900.000 Menschen pro Jahr. Im Jahrzehnt von 1847 bis 1856 wanderten allein drei Millionen Deutsche in die USA aus.

Die Landwirtschaft blieb in Amerika zwar bis weit ins 19. Jahrhundert das Hauptgewerbe, aber schon 1793 hatte die industrielle Revolution mit Eli Whitneys Baumwollentkörnungsmaschine begonnen: Mit 57 Prozent Anteil am Gesamtexport wurde die Baumwolle zum Exportschlager der Amerikaner und versorgte die heimische und die britische Baumwollindustrie mit Rohstoffen.

Die Beschleunigung des Transports für die teils verderblichen Massengüter war ein Hauptmotor für die Produktivität der amerikanischen Industrie und Landwirtschaft. Mit neuesten Techniken, wie dem Dampfschiff von »Boulton & Watt«, das seit 1807 auf dem Hudson zwischen New York und Albany verkehrte, setzte die Erschließung des Raumes ein: Ab 1817 begann der Bau des 584 Kilometer langen Eriekanals und ab 1828/30 setzte ein lebhaftes Interesse am Eisenbahnbau ein. Beim Ausbruch des Sezessionskrieges (1861–1865) war der gesamte Osten des Kontinents von der Küste bis zum Mississippi bereits mit einem Netz von Verbindungen überzogen. Die erforderlichen Eisenvorkommen wurden vor allem in Pennsylvania erschlossen. Durch die Verbesserung der Wasserstraßen verlagerte sich der Schwerpunkt der amerikanischen Baumwollkultur von Süd-Carolina und Georgia nach Alabama und Mississippi. Aber auch die Getreide- und Fleischproduktion wurde mit zunehmender Mechanisierung der Landwirtschaft und der Fleischverarbeitung und durch die verbesserten Transportwege bald erheblich gesteigert.

Auf dem Weg in die Moderne: Johann Heinrich Gossler III. (1805–1879)

Eroberungen und Unannehmlichkeiten

Mit einem Empfehlungsschreiben von »Baring Brothers and Company« in London und wohl versehen mit Briefen an Geschäftsfreunde und Bankverbindungen in den Neu-England-Staaten verließ der 23-jährige Johann Heinrich III. 1828 Hamburg in Richtung Boston. Er sprach fließend Englisch, hatte gute Umgangsformen und wenig Vorurteile.

In Boston angekommen, nahm er sogleich Kontakt zu »Perkins & Sons« auf, deren Kontokorrent mit Joh. Berenberg, Gossler & Co. sich seit 1822 auf rund 100.000 Mark Banco belief. Es folgten die Firmen »Guild« und »Bryant & Sturgis«, mit denen die jetzt geknüpften Beziehungen über Jahrzehnte erhalten bleiben sollten.

Doch seine Erfolge beschränkten sich nicht nur auf den geschäftlichen Bereich, auch die 19-jährige Mary Elizabeth Bray (1810–1886) konnte er für sich einnehmen. Sie stammte aus einer angesehenen und äußerst kultivierten Bostoner Familie: Ihr Großvater Samuel Eliot war 1798 bis 1803 Präsident der National Bank of Massachusetts, der späteren First National Bank of Boston, einer der wichtigsten Banken der USA, ihr Vater Joseph Bray war ein aus London gebürtiger erfolgreicher Geschäftsmann. Mary Elizabeth hatte ihre Eltern früh verloren, Eltern und Großmutter hinterließen ihr ein beträchtliches Erbe.

Am 25. August 1829 wurde in Boston geheiratet und eine anschließende Hochzeits- und Geschäftsreise führte das junge Paar über New York, Philadelphia und Albany wieder nach Boston, wo man sich nach Liverpool einschiffte, dem Hauptumschlagsplatz für amerikanische Baumwolle. Hier knüpfte Johann Heinrich III. neue Kontakte. Von dort ging es weiter nach London, wo

Johann Heinrich Gossler III. (1805–1879) war von 1830 bis zu seinem Tod Mitinhaber der Bank und mit der Amerikanerin Mary Elizabeth Gossler (1810–1886) verheiratet

die Beziehungen zu »Baring Brothers and Company« und »Fruhling & Göschen« gepflegt wurden. Letztere wiederum hatten gute Kontakte zu Häusern in Amsterdam – Gosslers reisten auch nach Brüssel und Antwerpen.

Am 22. Dezember 1829 kam das Paar in Hamburg an – gerade rechtzeitig, um der Familie die Weihnachtsstimmung zu verderben. Denn Mary Elizabeth war zwar außerordentlich schön, intelligent, kultiviert und reich – für hamburgisches Denken hatte sie einen entscheidenden Fehler: Sie stammte nicht nur von auswärts, was an sich schon schlimm genug war, sondern sie war »Amerikanerin« und da spielte es keine Rolle, ob aus Neu-England oder dem Wilden Westen. So wurde sie in Hamburg äußerst reserviert, teilweise frostig aufgenommen – jedenfalls unfreundlich genug, um einer intelligenten jungen Frau mit ohnehin aufbrausendem Temperament die Anpassungsbereitschaft auszutreiben. So ist es nur zu verständlich, dass das junge Paar sich nicht im Mortzenhaus niederließ, sondern 1833 ein eigenes und recht luxuriöses Haus in der Esplanade bezog, deren einheitlich klassizistischer Stil damals nicht nur als sehr elegant, sondern vor allem als »modern« galt. Mary Elizabeth Gossler lebte über 50 Jahre in Hamburg, doch sie blieb »die Amerikanerin«.

Größeren Beifall aber fanden die geschäftlichen Ergebnisse der Amerikareise: Zum Beginn des Jahres 1830 wurde Johann Heinrich Gossler III. Teilhaber der Firma Joh. Berenberg, Gossler & Co.

»Gossler & Knorre« in Boston

Geschäfte in Boston

Wie wichtig das Nordamerikageschäft wurde, zeigt die Tatsache, dass Johann Heinrich III. schon im April 1833 ein zweites Mal in die USA aufbrach, diesmal mit seinem jüngeren Bruder Gustav (1813–1844), der in England seine kaufmännische Ausbildung weitergeführt hatte und sich ihm in Liverpool anschloss.

Am 23. Mai 1833 landeten sie in New York und nach einer etwa vierwöchigen Reise mit Stationen in Hereford und Philadelphia trafen sie in Boston ein. Hier erwartete sie Carl (Charles) Knorre, ein Sohn des Oberalten Georg Knorre, der bisher die Interessen von Joh. Berenberg, Gossler & Co. in Amerika wahrgenommen hatte. Mit ihm zusammen gründeten sie die Firma Gossler & Knorre. In einem Zirkular vom 1. Juli 1833 gaben sie bekannt: »... that with the particular support of our friends and near relatives Messrs. John

In der amerikanischen Hafenstadt Boston wurde 1833 »Gossler & Knorre« gegründet

Berenberg, Gossler & Co. of Hamburg we have formed a Commercial establishment in this place, under the firm of ›Gossler & Knorre‹ partly with a view of facilitating the intercourses of the above house with their friends and this country, also for purposes of General Commission Business.« Als Referenzen wurden angegeben: »Perkins & Co.« sowie »Bryant, Sturgis & Co.« (Boston), »Fish, Grinnel & Co.« (New York), »Baring Brothers and Company« (London) und »D. Crommelin & Sons« (Amsterdam).

Johann Heinrich Gossler III., der kurz darauf nach Hamburg zurückfuhr, war an »Gossler & Knorre« beteiligt. Charles Knorre und Gustav Gossler sollten in Boston die amerikanischen Verbindungen des Stammhauses pflegen, neue hinzuerwerben, den Ankauf von Waren für Joh. Berenberg, Gossler & Co. übernehmen und sich an Finanzierungen beteiligen. Sie vermittelten Handelswechsel und Akzepte und arbeiteten mit einem neuen Zahlungsmittel, dem Kreditbrief. Diese Verrechnungsweise, von Londoner Kaufleuten ab 1820 gehandhabt, setzte sich schnell durch, da man mit dem »London Change« die Zahlung im Vorwege sicherstellen konnte.

Bis 1836 liefen die Geschäfte bei »Gossler & Knorre« gut, doch in diesem Jahr erlebten die USA eine Wirtschaftskrise, die auch England in Mitleidenschaft zog. Selbst erstklassige Wechsel fanden keine Käufer mehr. Als die Bank of England die Edelmetalldeckung vorübergehend nicht aufrechterhalten konnte, mussten Banken aus Paris, Amsterdam und Hamburg zur Stützung 2,5 Millionen Pfund Sterling aufbringen.

Joh. Berenberg, Gossler & Co. reagierte bereits bei den ersten Anzeichen mit der Einrichtung eines Fonds zur Deckung möglicher Verluste: Vater und Sohn stellten den größten Teil ihrer Gewinne von 1838 zur Verfügung und Johann Heinrich III. verzichtete während der nächsten drei Jahre auf die Gewinne von Gossler & Knorre – 1838 immerhin 21.299 und 1839 sogar 31.394 Mark Banco. Obwohl auf dem Londoner Geldmarkt bald eine Beruhigung eintrat, blieb die Lage von Gossler & Knorre schwierig. 1841 schied Charles Knorre aus gesundheitlichen Gründen aus und Albert Kingman, der seit vier Jahren in der Firma arbeitete, erhielt Prokura des nun Gossler & Co. firmierenden Unternehmens.

Es geht aufwärts

Doch zurück nach Hamburg: Die Teilhaber von Joh. Berenberg, Gossler & Co. konnten zufrieden sein, denn Vater Gosslers Aufbau der »Transatlantischen Verbindungen« zahlte sich aus – man machte gute Gewinne:

Nettogewinne von 1831–1842

1831	69.326	Mark Banco	1837	94.946	Mark Banco
1832	35.831	Mark Banco	1838	85.996	Mark Banco
1833	65.665	Mark Banco	1839	84.720	Mark Banco
1834	120.000	Mark Banco	1840	111.960	Mark Banco
1835	82.744	Mark Banco	1841	56.520	Mark Banco
1836	53.482	Mark Banco	1842	46.845	Mark Banco

Die teilweise erheblichen Schwankungen kommentierte man in zeitgenössischen Handelsberichten mit Worten wie: Kaffee blieb manchmal »flau«, Zucker »still« und Tabak »träge«. Indische Produkte gerieten zeitweilig sogar ganz »unter die Füße«.

1832 mussten bei Joh. Berenberg, Gossler & Co. 25.000 Mark Banco auf Zucker »weggeschrieben« werden, »theilweise schwimmend in London, theilweise auf dem Platz gekauft«. Doch schon im folgenden Jahr schrieb Johann Heinrich III.: »Durch die Besserung der Zuckerpreise realisierte sich unser Zuckerlager noch mit einem kleinen Vortheil auf den vorjährigen Abschluß; auch ward an Caffee-Spekulationen auf dem Platze ca. 4.000 Mark verdient, und wir behielten kein Lager für eigene Rechnung nach.« Der Rekordgewinn von 1834 war vor allem einer Bankenkrise in Nordamerika zu verdanken, die man geschickt ausgenutzt hatte. 1836 hatte es Verluste in Zucker und Baumwolle gegeben, 1840 dagegen zog man erheblichen Gewinn aus einer Expedition nach Mazatlán und dem Import von Tabak aus New Orleans. Das Kapital der Firma konnte ständig erhöht werden.

Johann Heinrich III. erwies sich zur Freude der Familie als äußerst geschäftstüchtig: Nach fünf Jahren hatte er seinen Eigenkapitalanteil fast vervierfacht und den Vater überflügelt.

Trauer und Glück

Teilhaberverhältnisse:
5/12 Johann Heinrich Gossler II.
5/12 Johann Heinrich Gossler III.
2/12 Wilhelm Gossler

Am 26. Oktober 1836 starb Ludwig Erdwin Seyler hochverehrt im Alter von 78 Jahren. 61 Jahre lang hatte er im Dienst der Firma gestanden. Nach dem frühen Tod von Johann Hinrich Gossler I. 1790 hatte die Firmenleitung zunächst wesentlich in seinen Händen gelegen, danach war er an der Seite von Johann Heinrich II. verantwortlich für den Gang der Geschäfte. Seyler galt allgemein als »sehr verständiger«, ja als »sehr seltener Kaufmann«. Sein Kapital wurde unter seine sieben Kinder aufgeteilt.

Nach Seylers Tod wurde Johann Heinrichs II. vierter Sohn, Wilhelm Gossler, als Teilhaber aufgenommen – er bekam 2/12, während Johann Heinrich II. und III. mit je 5/12 beteiligt waren.

Fortan überließ der Ratsherr Johann Heinrich Gossler II. die Führung der Firma weitgehend seinen Söhnen. Er selbst kümmerte sich nun mehr um seine hanseatischen Ämter und Pflichten. Auch hier erlebte er Erfreuliches: 1841, als er »Ratsherr der Börse« war, wurde das neue Börsengebäude seiner Bestimmung übergeben.

1842 ereignete sich nach den Worten von Johann Heinrich III. ein »unerwarteter Glücksfall«, denn die dänische Regierung zahlte in einer ersten Rate endlich 67.000 Mark für den 1807 in Tönning beschlagnahmten Zucker und in den folgenden zwei Jahren noch weitere Raten von jeweils 60.000 Mark.

Wilhelm Gossler (1811–1895) war von 1836 bis 1858 Mitinhaber der Berenberg Bank, bis er 1860 seine eigene Firma gründete

Dieses Geld kam den damaligen Inhabern gemäß ihrem Anteil an Gewinn und Verlust zugute: ⅓ ging an die Erben Seylers und ⅙ an Johann Heinrich II. Der ⅙-Anteil Kruckenbergs, der längst verstorben war, wurde ebenfalls an Gossler und die Seyler-Erben ausgezahlt, da Kruckenberg bei beiden erhebliche Steuerschulden gehabt hatte. Das letzte Drittel schließlich ging an Johann Nicolaus Gossler. Für ihn war dieser unerwartete Geldsegen ein besonderes Glück: Er lebte inzwischen recht bescheiden in New York und konnte nun nach Hamburg zurückkehren, um in der Heimat seinen Lebensabend zu verbringen.

Doch auf die Freude folgte alsbald ein weiterer Verlust: Am 3. April 1842 starb der von seinen Kindern innig geliebte Johann Heinrich Gossler II. im Alter von 67 Jahren. »Nach einem Krankenlager von acht Tagen«, berichtete ein gedruckter Nachruf, »führte ein sanfter Tod den rastlos thätigen und wahrhaft frommen Mann in die ewige Heimath.«

Johann Heinrich Gossler II. hinterließ ein Vermögen, das ebenso hoch war wie der Nachlass seines Vaters 1790. Das Konto seines Sohnes schloss 1842 mit fast 600.000 Mark Banco ab, wobei das private beziehungsweise nicht in der Firma angelegte Kapital unberücksichtigt blieb. Der alte Stand war also mehr als wiederhergestellt, die geschäftliche Orientierung aber hatte sich entscheidend gewandelt: Man hatte von der ersten Stunde an am Süd- und Nordamerikahandel teilgenommen, man befasste sich längst nicht mehr mit kleinen Partien der verschiedensten Artikel, sondern handelte in großen Partien, unter anderem in Zucker, Kaffee, Baumwolle und Tabak, und gleichzeitig waren die Wechselgeschäfte immer umfangreicher geworden. So stand Joh. Berenberg, Gossler & Co. um die Mitte des 19. Jahrhunderts gefestigt und mit einem erheblichen Wachstum da – es zählte zu den bedeutendsten Merchant-Banking-Häusern in Hamburg.

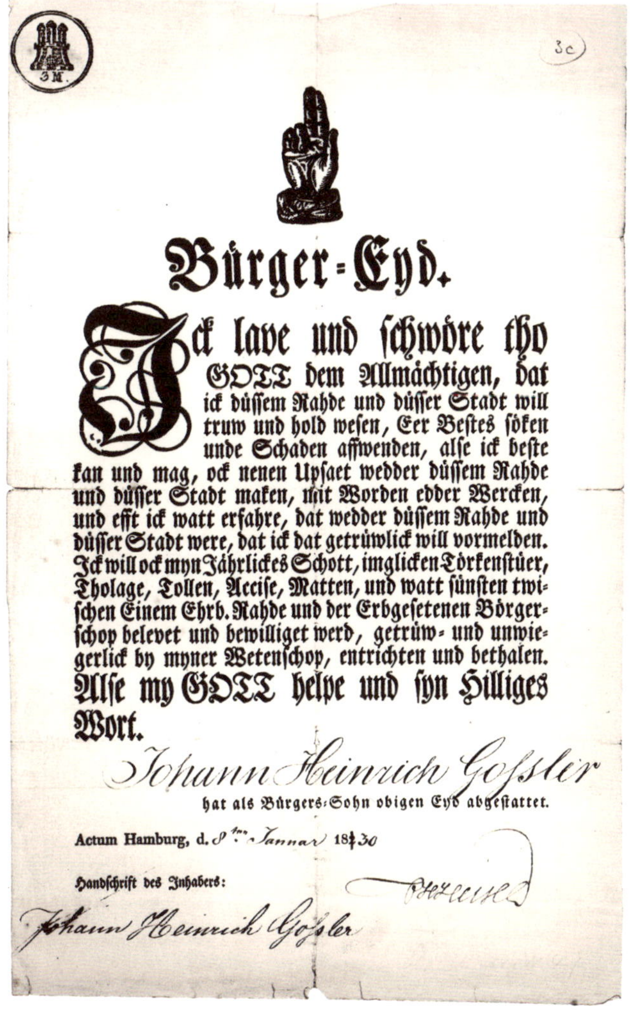
3 M.

3c

Bürger-Eyd.

Ick lave und schwöre tho GOTT dem Allmächtigen, dat ick düssem Rahde und düsser Stadt will truw und hold wesen, Eer Bestes söken unde Schaden affwenden, alse ick beste kan und mag, ock nenen Upsaet wedder düssem Rahde und düsser Stadt maken, mit Worden edder Wercken, und efft ick watt erfahre, dat wedder düssem Rahde und düsser Stadt were, dat ick dat getrüwlick will vormelden. Ick will ock myn Jährlickes Schott, imglicken Törkenstüer, Tholage, Tollen, Accise, Matten, und watt sünsten twischen Einem Ehrb. Rahde und der Erbgesetenen Börgerschop belevet und bewilliget werd, getrüw- und unwiegerlick by myner Wetenschop, entrichten und bethalen. Alse my GOTT helpe und syn Hilliges Wort.

Johann Heinrich Goßler
hat als Bürgers-Sohn obigen Eyd abgestattet.

Actum Hamburg, d. 8ten Januar 1830

Handschrift des Inhabers:

Johann Heinrich Goßler

1830 leistete Johann Heinrich Gossler den Bürgereid

Einzig die Geschäftslage in Boston blieb schwierig. Gustav Gossler hoffte auf das Ende des Opiumkrieges in China, von dem er sich eine Erleichterung für den Handel versprach. Aber er plante auch die Rückkehr nach Hamburg, denn im Gegensatz zu seinem älteren Bruder Johann Heinrich III. fühlte er sich in Amerika nicht wohl. Doch kurz vor der geplanten Abreise, am 2. Juli 1844, starb er an den Folgen eines Unfalls auf einer Geschäftsreise nach Havanna. Albert Kingman, der seit Januar 1844 Teilhaber von Gossler & Co. war, führte gemeinsam mit Carl Heinrich Ferdinand Möring (1816–1858) die Firma in Boston weiter. Johann Heinrich III. und sein Bruder Wilhelm richteten in Hamburg ein Liquidationskonto ein, um sich so gegen eventuelle Verluste in Boston abzusichern.

Das Jahr 1847 wurde für Joh. Berenberg, Gossler & Co. besonders erfolgreich: Nach der Liquidation des Hauses Parish & Co. übernahm das Haus die Agenturen verschiedener englischer Übersee-Banken. Hierzu gehörten die Bank of London and The River Plate – später Bank of London & South America – und die Mercantile Bank of India.

Das Firmenvermögen übersteigt eine Million Mark Banco

Als das Firmenvermögen von Joh. Berenberg, Gossler & Co. in diesem Jahr die erste Million überschritten hatte, beschlossen die Brüder Gossler, sich wieder an der Schifffahrt zu beteiligen. Der Handel mit den Vereinigten Staaten von Amerika hatte bei allen Hamburger Firmen zugenommen. Gleichzeitig stieg die Zahl der Auswanderer in schwindelnde Höhen, doch die vorhandenen Verschiffungsmöglichkeiten waren in jeder Beziehung unzureichend. Daher taten sich Hamburger Kaufleute unter Führung von Adolph Godeffroy (1818–1893) zur Gründung einer Aktienreederei zusammen: Das Gründungskapital der »Hamburg-Amerikanische Packetfahrt-Actien-Gesellschaft« (Hapag) betrug 300.000 Mark Banco, eingeteilt in 60 Aktien zu je 5.000 Mark Banco. Joh. Berenberg, Gossler & Co. übernahmen zwei Aktien und traten in das Direktorium des neuen Unternehmens ein. Die Schiffe der Hapag – ab 1855 wurden auch Schraubendampfschiffe eingesetzt – verkehrten regelmäßig zwischen Hamburg und Amerika.

Gründung der Hapag

Der Große Brand

Wenige Wochen nach Vater Gosslers Tod wurde Hamburg von einer Katastrophe heimgesucht: Am 5. Mai 1842 brach der Große Brand aus, der bis zum 8. Mai wütete und fast ein Drittel des engbebauten inneren Stadtgebietes in Schutt und Asche legte. Die Häuser der Familie Gossler am Alten Wandrahm und in der Esplanade blieben glücklicherweise verschont, doch 71 Straßenzüge mit 1.749 Häusern und 102 Speichern wurden vernichtet, mehr als 50 Menschen kamen ums Leben und 20.000 wurden obdachlos. Die Nikolai- und die Petrikirche fielen den Flammen zum Opfer, die Gertrudenkapelle, das Rathaus, die Alte Börse, die Bank, das Niedergericht, das Eimbecksche Haus mit dem Ratskeller und das Gebäude der »Patriotischen Gesellschaft« wurden ebenfalls

In der Deichstraße 44 brach der Große Brand in Hamburg am 5. Mai 1842 aus

zerstört. Die Stadt verlor vieles, was den alten Hamburgern lieb und teuer war: Der alte Kran, die Stadtwaage, Ober- und Niedermühle und die Alsterküste verbrannten, außerdem die beliebte Börsenhalle. Die neue Börse dagegen wurde gerettet. Auf 90 bis 95 Millionen Mark Banco schätzten Sachverständige den entstandenen Schaden und in diesen Betrag waren 25 Millionen für verbrannte Kaufmannsgüter eingerechnet. Eine ungeahnte internationale Hilfsbereitschaft linderte die unmittelbarsten Folgen.

Der Hamburger Brand veränderte das Bild der Stadt nachhaltig, denn beim Wiederaufbau berücksichtigte man konsequent die gewandelten Verkehrs- und Wirtschaftsbedürfnisse der Stadt, denen schon vorher einige der schönsten alten Gebäude geopfert worden waren.

Nach dem Großen Brand 1842: Abgebrannte und eingerissene Bebauung ist in der Karte dunkel gezeichnet

Im Vormärz

Der Brand entfachte auch politische Diskussionen, vor allem um die einst als Fortschritt gefeierte Verfassung von 1712. Den Kaufleuten wurde nun unangenehm, dass jüdische Mitbürger zwar für das Wohl der Stadt zahlen, nicht aber das Bürgerrecht erwerben durften. Dieser Anachronismus wurde nach dem Brand besonders peinlich, denn der Bankier Salomon Heine (1767–1844) unterstützte den Wiederaufbau der Stadt in großzügigster Weise: Er war bereit, von jedem in Not geratenen Kaufmann einen Wechsel über bis zu 15.000 Mark Banco anzunehmen – aber ein Sitz etwa in der Commerz-Deputation blieb ihm verwehrt. Die während der Löscharbeiten offenbar gewordenen Kompetenz- und Kopflosigkeiten der Verwaltung zogen weitere Kritik nach sich und überhaupt wuchs der Wunsch nach politischer Mündigkeit. Die Gedanken der Französischen Revolution und der Pariser Julirevolution von 1830 waren auch in Hamburg nicht folgenlos geblieben.

Der Verleger Julius Campe (links); und der Hamburger Bankier Salomon Heine

Reformvorschläge wurden vom Rat zwar regelmäßig abgelehnt, doch konnte Kritik in der Stadt wenigstens deutlich geäußert werden und das war nicht selbstverständlich. Die politische Restauration nach dem Wiener Kongress hatte für Europa unter der Federführung Metternichs eine »Heilige Allianz« aller christlichen Monarchen (außer England) hervorgebracht, der es um die Unterdrückung liberal-nationaler Bestrebungen und die Erhaltung des auf »göttlichem Recht« beruhenden christlichen Staates ging. Hamburg war der Heiligen Allianz 1819 zwar beigetreten, doch die berüchtigten Karlsbader Beschlüsse mit ihrer Pressezensur und der folgenden Demagogenverfolgung wurden in der Hansestadt wenig beachtet – sehr zum Ärger des Deutschen Bundes. Mit dem Verleger Julius Campe (1792–1867) wurde Hamburg zu einem Zentrum des »Jungen Deutschland«, einer Gruppe von Autoren, die seit der Julirevolution versuchten, durch ihre literarischen Werke politischen Einfluss zu gewinnen. Die Schriften beispielsweise von Heinrich Heine, Karl Gutzkow und Heinrich Laubes waren seit dem Frankfurter Bundestag von 1835 in allen Staaten des Deutschen Bundes verboten – einzig Hamburg kümmerte sich nicht um dieses Verbot. In der Politik aber blieb vorerst alles beim Alten.

Von 1848 bis zum Kaiserreich 1871

Das Scheitern der bürgerlichen Revolution

Entgegen allen Bemühungen der Restauration griff die Pariser Revolution vom Februar 1848 rasch auf Österreich und Deutschland über. Schon im März war Metternich gestürzt und Friedrich Wilhelm IV. (1795–1861) von Preußen versprach eine Verfassung. Am 18. Mai trat die Deutsche Nationalversammlung mit 600 bürgerlichen Abgeordneten in der Frankfurter Paulskirche zusammen und bemühte sich um eine Verfassung für ganz Deutschland.

Am 18. Mai 1848 trat die Deutsche Nationalversammlung in der Frankfurter Paulskirche zusammen

Doch der Versuch, einen deutschen Gesamtstaat zu schaffen, scheiterte. Die monarchischen Hauptmächte Österreich und Preußen blieben erhalten. In der Nationalversammlung spaltete sich eine »kleindeutsche« Gruppe, die ein Reich unter Preußens Führung und ohne Österreich wollte, von einer »großdeutschen« Fraktion ab, die den Einschluss Deutsch-Österreichs oder gar der gesamten Donaumonarchie befürwortete. Zudem standen föderalistische Bestrebungen gegen unitarische und bürgerlich-liberale Gruppen strebten eine konstitutionelle Monarchie an, während radikalere Abgeordnete die Republik forderten. Da die Einzelstaaten weiter bestehen blieben, verfügte die Paulskirche über keine tatsächlichen Machtmittel wie etwa Polizei oder Heer.

Nach dem Sieg der Reaktion in Wien vom 31. Oktober 1848 wurde in Preußen unter militärischem Druck eine Verfassung oktroyiert, die dem liberalen Gedankengut, allerdings unter streng monarchischer Führung, etwas entgegenkam und so trug die Frankfurter Nationalversammlung zur Rettung des deutschen Einheitsgedankens im April 1849 schließlich König Friedrich Wilhelm IV. von Preußen die Kaiserkrone an. Doch dieser lehnte ab, weil ihr »der Ludergeruch der Revolution« anhaftete. Im Mai 1849 wurden in Baden und in der Pfalz die letzten Aufstände von preußischen und Bundestruppen niedergeschlagen und so begann abermals eine Epoche der Restauration. Der Versuch des preußischen Königs, die sogenannte »kleindeutsche Reichseinheit« durch eine Deutsche Union mit Sachsen und Hannover herzustellen, scheiterte an außenpolitischen Widerständen. Russland und Österreich drohten mit Krieg und in der Punktation von Olmütz musste Preußen auf jeden Alleingang verzichten: der Deutsche Bund von 1815 war wiederhergestellt.

Damit waren nach den liberalen nun auch die nationalen Ziele der Revolution von 1848 endgültig gescheitert. Es sollte später dem politischen Geschick Bismarcks vorbehalten bleiben, nach dem endgültigen Ausschluss Österreichs und dem Krieg gegen Frankreich 1871 die politische Einigung Deutschlands von oben durchzusetzen – gestützt auf Adel und Militär.

Industrielle und landwirtschaftliche Revolution

Mit der Einrichtung des Deutschen Zollvereins 1834 war die wirtschaftliche Einigung Deutschlands der politischen vorausgeeilt. Die industrielle und landwirtschaftliche Revolution führte in der Folge zur Bildung eines wirtschaftlichen Großraums, der sich anschickte, den industriellen Führungsmächten England und Frankreich Konkurrenz zu machen.

Zwischen 1835 und 1839 wurden die ersten deutschen Eisenbahnen eröffnet: zunächst zwischen Nürnberg und Fürth, dann zwischen Berlin und Potsdam und schließlich zwischen Leipzig und Dresden. Doch war dies erst der Auftakt zur Verbindung der wichtigsten deutschen Wirtschaftszentren. August Borsig gründete 1837 in Berlin eine Eisengießerei und Maschinenbauanstalt und lieferte 1841 bereits die erste deutsche Lokomotive. Gleichzeitig entstanden zahlreiche neue Techniken und neue Industrien, etwa im Montanbereich – durch den Eisenbahnbau erhöhte sich die Nachfrage nach Eisen

Am Potsdamer Bahnhof in Berlin war 1838 Endstation

und Kohle –, in der Chemie und in der Elektrizität. Mit der Industrialisierung wuchsen die Städte vor allem an Ruhr, Saar und in Schlesien. 1850 hatte sich die deutsche Industrieproduktion etwa versechsfacht.

Dieses gewaltige Wachstum ist ohne die gleichzeitige landwirtschaftliche Revolution nicht zu denken: Die Landwirtschaft musste die Ernährung der vor allem in den Industriebezirken zunehmenden Bevölkerung sicherstellen. Vor allem Justus von Liebig mit seinem Buch »Die organische Chemie in ihrer Anwendung auf Agrikultur und Physiologie« (1840) schuf Möglichkeiten der künstlichen Düngung, die einen Produktivitätszuwachs ohnegleichen einleitete. Für die verbesserte Bodenbearbeitung wurden neue Pflüge gebaut, in den USA sogar die ersten Erntemaschinen entwickelt.

Doch die sich nun auch in Deutschland bahnbrechende industrielle Revolution hatte ihre Schattenseiten. Die sprunghaft wachsende (Schwer-)Industrie brauchte Arbeitskräfte – Zehntausende von Menschen zogen aus den ländlichen Regionen in die entstehenden industriellen Ballungsräume und arbeiteten zumeist unter großen Nöten: Die »soziale Frage« entstand. Die »Innere Mission«, die sich um die Besserung der sozialen Lage der entwurzelten Arbeiter und ihrer Familien bemühte, wurde 1848 gegründet – jenem Jahr, in dem auch das »Kommunistische Manifest« von Karl Marx und Friedrich Engels erschien. »An die Stelle der alten bürgerlichen Gesellschaft mit ihren Klassen und Klassengegensätzen tritt eine Assoziation, worin die freie Entwicklung eines jeden die Bedingung für die freie Entwicklung aller ist«, beschrieben sie das Ziel ihres »Kommunismus«.

Doch erst im Mai 1863 kam es durch Ferdinand Lassalle zur Gründung des »Allgemeinen Deutschen Arbeitervereins«, dem sich 1869 die Gründung der »Sozialdemokratischen Arbeiterpartei« durch August Bebel und Wilhelm Liebknecht anschloss und die wesentliche Teile der Marx/Engelschen Thesen in ihr Programm aufnahm – der »Klassenkampf« war geboren.

Manifest

der

Kommunistischen Partei.

Veröffentlicht im Februar 1848.

Proletarier aller Länder vereinigt Euch!

London.

Gedruckt in der Office der „Bildungs-Gesellschaft für Arbeiter"
von J. E. Burghard.
46, Liverpool Street, Bishopsgate.

Karl Marx (1818–1883, sitzend) und Friedrich Engels (1820–1895) waren die Väter des Marxismus. Gemeinsam verfassten sie das »Manifest der Kommunistischen Partei«

Aktiengesellschaften und Privatbankiers

Der »A. Schaaffhausen'sche Bankverein« in Köln geriet 1848 in eine Krise

Die Nutzung neuer Erfindungen und Techniken, die Expansion in Handel und Gewerbe, der Ausbau der Infrastruktur durch Eisenbahnen und Chausseen und die industriellen Investitionen zum Aufbau der hierfür erforderlichen Großunternehmen verlangten ein so großes Kapital, dass eine neue Unternehmensform notwendig wurde: die Aktiengesellschaft und die Aktienbank.

Vorreiter waren in Deutschland vor allem die Eisenbahnunternehmen: Die erste auf Aktienbasis errichtete Eisenbahn in Norddeutschland wurde im Jahr 1842 zwischen Hamburg und Bergedorf eröffnet, 1843 folgte die Rheinische Eisenbahn, bei der das Bankhaus Oppenheim federführend war. Doch der Kapitalbedarf der Eisenbahngesellschaften erwies sich als unersättlich und die Aktienkurse blieben unbeständig. 1848 gerieten das private Bankhaus Schaaffhausen und indirekt auch das Bankhaus Oppenheim in die Krise. Es bestand die Gefahr, dass sie einen Großteil der rheinischen Handelshäuser und Industrieunternehmungen mit sich reißen. In dieser Situation erklärte der preußische Staat sich erstmals bereit, der Umwandlung einer Privatbank in eine Aktiengesellschaft zuzustimmen: Der so entstandene »A. Schaaffhausen'scher Bankverein« war zwar eher einer staatlichen Sanierungsmaßnahme zu verdanken, dokumentierte aber, dass die absolute Macht in Berlin Zugeständnissen gegenüber dem Großbürgertum nicht mehr grundsätzlich aus dem Wege gehen konnte.

Diese Entwicklung wurde ab 1850 durch äußere Faktoren beschleunigt: Nachdem 1848 die kalifornischen Goldfelder entdeckt worden waren, setzte ein neuer Schub in der gewerblich-wirtschaftlichen Erschließung Nordamerikas ein; England, das in seiner Kolonie Australien gleichzeitig »eigene« Goldvorkommen erschließen konnte und seine industriellen Investitionen steigerte, war nun weniger auf den kontinentalen Absatzmarkt angewiesen, sondern exportierte vornehmlich in die USA. Damit war von der kontinentalen Industrie ein erheblicher Konkurrenzdruck genommen und zugleich brachte der Goldrausch auch in Europa die nötigen Edelmetallreserven zur Finanzierung der Großindustrie und zur Stimulierung der allgemeinen Nachfrage. In Deutsch-

Goldwäscher in Kalifornien

land begann der »Take-off« der industriellen Revolution. Da die Kapitalkraft der Privatbankiers diesem gewaltigen Finanzierungsbedarf nicht gewachsen war, galt es nun, flexiblere Instrumente für eine umfangreichere Kapitalbildung zu finden.

Die Initiative für die Lösung dieser übergreifenden volkswirtschaftlichen Aufgabe ging von den Privatbankiers aus. Bei Schaaffhausen waren es Abraham Oppenheim, Ludolf Camphausen, Gustav von Mevissen und David Hansemann.

Die ebenfalls von Hansemann 1851 gegründete Disconto-Gesellschaft wurde 1856 in eine Kommanditgesellschaft auf Aktien (KGaA) umgewandelt. Mit dieser neuen Rechtsform – der Ausgabe von Anteilen aus einem festen Kommanditkapital und der Aufteilung der Mitglieder in Komplementäre und Kommanditisten – musste die Disconto-Gesellschaft nicht vom Staat konzessioniert werden, konnte aber trotzdem alle banküblichen Geschäfte einschließlich des Wertpapierhandels betreiben.

In derselben Rechtsform gründeten Berliner Bankiers 1856 die Berliner Handelsgesellschaft. Als Zweck wurde der Betrieb aller Bank-, Handels- und Industriegeschäfte angegeben, darunter auch die Begründung, Vereinigung und Konsolidierung von Aktiengesellschaften und die Emission von Aktien und Obligationen.

Während man sich in Preußen aus politischen Gründen noch mit der Mischform KGaA begnügen musste, wurde in Hessen bereits 1853 eine typische, am Vorbild der Brüsseler »Société générale des Pays Bas« von 1822 (ab 1830 »Société générale pour favoriser l'industrie nationale«) oder des »Credit Mobilier« in Paris orientierte Aktienbank zugelassen: Nachdem eine Konzessionierung in Berlin gescheitert war, gründeten Oppenheim, von Mevissen und der Karlsruher Privatbankier Moritz von Haber die »Bank für Handel und Industrie« in Darmstadt, die sogenannte »Darmstädter Bank«. Diverse andere Aktienbanken folgten in dieser ersten Gründungswelle.

Der große Vorteil der Aktienbanken lag in der Möglichkeit, durch die Emission kleiner Aktien anlagewilliges Kapital breiter Schichten, etwa die Spargelder von Handwerkern, Kaufleuten und Fabrikanten, zu mobilisieren, um sie der entstehenden Großindustrie zuzuführen. Gleichzeitig zeichnete sich eine neue Rolle des modernen Bankiers ab: Er organisierte die Gründung der Aktiengesellschaften, kaufte und verkaufte die Aktien, machte dabei Gewinn, durfte Kredite gegen Effekten als Sicherheit gewähren, verwaltete die Kasse der Gesellschaften und drängte zunehmend in die Aufsichtsräte der Aktiengesellschaften.

In Hamburg bremst der Senat

Die wirtschaftliche Notwendigkeit von neuen Banken war auch in Hamburg offensichtlich, denn der Warenumsatz stieg inzwischen gewaltig. Durch die rapide fortschreitende Industrialisierung war die Nachfrage nach Rohstoffen gewachsen, die Erschließung neuer Absatzmärkte drängte sich auf. Im- und Export profitierten gleichermaßen und neben Süd- und Nordamerika kamen neue Wirtschaftsräume hinzu. Die Eroberung Algiers durch die Franzosen im Sommer 1830 rückte das Mittelmeer und die Levante wieder in den Blickpunkt der Hamburger Kaufleute. In China praktizierten die Briten ihre Ansichten vom freien Handel schon 1842, als sie China im Opiumkrieg zwangen, seine Häfen für den Welthandel zu

Der Opiumkrieg zwischen China und Großbritannien 1840–1842 machte die Menschen erfinderisch: Sie schmuggelten

Das britische Weltreich im 19. Jahrhundert

öffnen. Und als England 1846 schließlich allgemein zum Freihandel überging, bot sich den Hamburgern die Möglichkeit, in allen Teilen des britischen Empire tätig zu werden.

Von 1845 bis 1856 gab es in der Hamburger Kaufmannschaft immer wieder Versuche, eine Aktienbank ins Leben zu rufen. Ein großer Befürworter der neuen Kreditinstitute war Adolf Soetbeer, ein überzeugter Freihändler und prominenter Vertreter des deutschen Wirtschaftsliberalismus. Aber auch im »Hamburgischen Correspondent« hieß es: »Die Geldverhältnisse drängen mehr und mehr … die großartigen Anlagen, die in allen Teilen des Vaterlandes hervorgerufen werden, erheischen täglich mehr Zahlungsmittel; wir eilen mit Eisenbahnen, fabricieren mit Dampf und bleiben mit dem Vehikel dafür, mit unserem Geldverhältniß beim Alten, sowie es uns vor zwei Jahrhunderten ausreichte.« Diese Kritik zielte auf die 1619 eingeführte Bankvaluta der Hamburger Bank, deren hartnäckig verteidigte Volldeckung dazu führte, dass zwischen 20 und 30 Millionen Mark Banco in Form von Silberbarren in der Bank lagen und somit dem Geldverkehr entzogen blieben. Die Geldzirkulation, die auch durch andere banktechnische und bürokratische Regelungen gehemmt wurde, war dem steigenden Warenumsatz immer weniger gewachsen.

Wegen dieser Geldknappheit planten Hamburger Kaufleute bereits im September 1845 die Gründung einer »Disconto-Bank«: Sie sollte mit einem Grundkapital von zwei Millionen Mark Banco, aufgeteilt in Inhaberaktien zu je 1.000 Mark, ausgestattet werden. Bis Mitte Januar 1846 hatten rund 70 Aktionäre ca. 1,3 Millionen Mark Banco gezeichnet. Auswärtige Interessenten subskribierten 0,8 Millionen, Hamburger Häuser 0,5 Millionen. Auch Joh. Berenberg, Gossler & Co. waren vertreten; ihre Reservierungen lagen aber nicht über 25.000 Mark Banco.

Doch aus den eigenen Reihen kam auch der Widerstand gegen dieses Projekt: Die »Altadjungierten«, ein Beirat aus sieben ehemaligen Deputierten, meist »Praesides des Commerciums«, reichten ein Promemoria direkt beim Senat ein. Ihre Bedenken richteten sich gegen die zwei entscheidenden Punkte, nämlich die Errichtung einer Bank auf Aktienbasis sowie die Emission unfundierter Banknoten: Zum einen werde die Anonymität der Aktionäre eine wirtschaftliche Überfremdung im hamburgischen Bankwesen begünstigen, zum anderen werde das Papiergeld auf längere Sicht das Banco-Geld ersetzen.

Der Senat beschied daraufhin besonders die Frage der Notenemission abschlägig, sodass die Commerz-Deputation in ihrer Sitzung vom 9. Februar 1846 beschloss, von der Disconto-Bank abzusehen. Angst vor Überfremdung und ein gediegenes Sicherheitsdenken verhinderten auch noch zehn Jahre später die Gründung einer Aktienbank mit dem Recht der Notenemission und bis zum Erlass des Banknotengesetzes durch den Norddeutschen Bund 1870 sind tatsächlich in Hamburg keine Banknoten herausgegeben worden – Traditionsbewusstsein und der Stolz auf die Hamburger Bank verzögerten einen zeitgemäßen Ausbau des Geld- und Kreditwesens. Johann Heinrich Gossler III. hatte nach einigem Zögern eine Aktienbank ohne das Recht auf eigene Notenemission befürwortet.

Der steigende Geldbedarf musste also weiterhin durch die Merchant Banker gedeckt werden, deren Geschäfte nun eine gewaltige Ausdehnung erfuhren. Die Bilanzsummen aus den Jahren 1849 bis 1856 geben einen guten Eindruck von dem Ausmaß dieses Zuwachses.

Endsumme der Bilanz		Nettogewinn
1849	3.052.887	213.492 Mark Banco
1850	3.474.981	142.225 Mark Banco
1851	4.118.607	150.750 Mark Banco
1852	5.593.733	176.354 Mark Banco
1853	5.593.350	225.536 Mark Banco
1854	8.084.329	238.054 Mark Banco
1855	8.709.477	319.722 Mark Banco
1856	9.309.562	375.782 Mark Banco

Die ersten Aktienbanken in Hamburg

Von 1854 bis 1856 zogen Frankreich und England im Krimkrieg gemeinsam gegen Russland ins Feld. Frankreich wurde dadurch wieder zur vorherrschenden Macht auf dem Kontinent, der antifranzösische Block, gegen den Napoleon I. angetreten war, war erstmals seit 1815 gesprengt. Während dieses Krieges wurde besonders im neutralen Hamburg außerordentlich gut verdient, weil viele sonst über London laufende Transaktionen nun hier abgewickelt wurden.

Während dieses Booms kam es in Hamburg 1855 zum zweiten Versuch, eine Aktienbank zu gründen. Dem »Comité für die in Hamburg zu gründende Norddeutsche Bank« gehörten an: J. C. Godeffroy & Sohn, Salomon Heine, H. J. Merck & Co., Paul Mendelssohn-Bartholdy, Ferdinand Jacobsen, Robert Kayser, F. J. Tesdorpf & Sohn sowie Roß, Vidal & Co. Es waren für die neue Bank neben dem Recht auf Notenemission die üblichen Bankgeschäfte vorgesehen: Wechselhandel, Edelmetallkäufe und -verkäufe, Depositen-, Kontokorrent- und Inkassogeschäfte, Gewährung von Darlehen auf Wertpapiere, Edelmetalle und Waren sowie die Befugnis, Staatspapiere, Obligationen und mit Aktien zu handeln.

Nach langwierigen Verhandlungen konnte die Norddeutsche Bank am 15. Oktober 1856 zwar ihren Geschäftsbetrieb eröffnen, doch die Notenemission wurde wieder untersagt. Das Aktienkapital war auf 20 Millionen Mark Banco festgesetzt worden, aufgeteilt in 40.000 Aktien à 500 Mark Banco. Mit 8 Millionen Mark waren nur 40 Prozent zur öffentlichen Zeichnung vorgesehen. Innerhalb von nur drei Tagen wurden für fast 1,6 Milliarden Mark Banco Aktien gezeichnet.

Gründung der Vereinsbank

In aller Stille hatte sich zur gleichen Zeit eine Gruppe Hamburger Merchant Banker zusammengefunden, um die »Vereinsbank in Hamburg« ins Leben zu rufen, und da man von vornherein auf die Emission von Noten verzichtet hatte, gab es bei dieser Gründung keine Schwierigkeiten. Neben Johann Heinrich Gossler III. gehörten zu dieser Gruppe Johann Christian Söhle, Wilhelm Amsinck, Rudolph Schröder und Georg Heinrich Kaemmerer jr. Auch hier betrug das Gründungskapital 20 Millionen Mark Banco in 100.000 Aktien à 200 Mark. Davon wurden 15 Millionen der Subskription durch das Publikum freigegeben, die innerhalb einer Woche mit 578,5 Millionen Mark Banco fast 40-fach überzeichnet waren.

Johann Heinrich Gossler III. trat zusammen mit anderen Merchant Bankern – unter anderem Johannes Baur, Eduard L. Behrens, Martin M. Fränckel und Theodor Reincke – in die Direktion ein und erwarb von den Aktien allein 6.452 Stück, im Wert von immerhin 1.290.400 Mark Banco.

Der Vereinsbank kam die enge Verbindung ihrer Gründer zu englischen Banken zugute – es verbanden sich die individuellen Kenntnisse der Auslandsmärkte mit der Kapitalkraft einer Aktienbank.

Für den Hamburger Merchant Banker ergab sich durch die Gründung dieser beiden Aktienbanken eine schwierige Situation: Wollte er trotz der Übermacht der Großen das Bankgeschäft nicht aufgeben und sich auf den angestammten Warenhandel zurückziehen, dann musste er das Geschäft um vieles flexibler und auch risikofreudiger als früher gestalten, denn nach herkömmlichen Maßstäben konnte sein Eigenkapital mit der Höhe der notwendigen Engagements nicht mehr mithalten. Und einen Eindruck dieser Herausforderung hielt der Lauf der Geschichte gleich nach Gründung der ersten Hamburger Aktienbanken bereit.

Die Krise von 1857

Der Boom während des Krimkrieges zeigte nämlich seine Kehrseite. Die Stadt war eine Drehscheibe der Welthandelsströme und da der Geldumlauf mit dem Warenverkehr nicht mehr Schritt halten konnte, flüchtete sich ein Teil der Kaufmannschaft in immer riskantere Zahlungsversprechen – die Wechselreiterei nahm bedrohliche Formen an.

Nach dem Friedensschluss am 30. März 1856 in Paris fiel im Februar 1857 der Diskont, was aufmerksame Beobachter als erstes Warnzeichen deuteten. Im April wurde die führende englische Wirtschaft durch den Sepoy-Aufstand (»Sepoy« waren die indischen Eingeborenen im britischen Kolonialheer) in Indien erneut belastet, in Amerika führte wenig später der Zusammenbruch der Ohio Life Insurance & Trust Company zur Zahlungseinstellung von 150 Häusern und löste einen allgemeinen Vertrauensschwund aus. Die Krise sprang von den USA und England auf deren kontinentale Handelspartner, vor allem Skandinavien, über. Anfang Dezember brach das Verhängnis über Hamburg herein.

Von einem Tag auf den anderen fielen kleinere, dann größere Häuser. Binnen kürzester Zeit konnten zwar elf Millionen Mark Banco zur Einrichtung eines Garantie-Disconto-Vereins mobilisiert werden, aber auch das half nicht mehr, Panik erfasste die Börse und verschlimmerte das Unheil. Hilfegesuche an Leipzig und Berlin wurden abgelehnt, Rettung kam schließlich aus dem entfernten Österreich: Der österreichische Finanzminister Karl Ludwig von Bruck schickte am 12. Dezember zehn Millionen Mark Banco in 2.825 Barren Silber auf dem Schienenweg von Wien nach Hamburg. Als Sicherheit stellte der Rat das staatseigene Wertpapierdepot zur Verfügung und bewilligte die Beleihung von Waren und einheimischen wie fremden Wertpapieren bei der Hamburger Bank bis zu einem Höchstbetrag von zwölf Millionen Mark Banco. Man wollte einen Zusammenbruch der großen Häuser verhindern, um den Schaden für die gesamte Hamburger Wirtschaft zu begrenzen.

In Johann Heinrich Gosslers Aufzeichnungen heißt es: »… schon am 17. Dezember war der Hauptbetrag in hiesiger Bank deponirt. Häuser, die sich als unzweifelhaft ausweisen konnten oder Sicherzeit zu geben vermogten, unternahmen bei der zu dem Behuf niedergesetzten Vertrauens-Commission die näthigen Schritte.« Johann Heinrich III., der zunächst optimistisch war und noch Anfang Dezember an Baring Brothers and Company in London geschrieben hatte: »Merck ruined, you may draw on us«, sah sein Haus schließlich »leider stark berührt« und musste am 14. Dezember 1857 mit der »Vertrauens-Commission« des Senats einen Darlehensvertrag über 1,5 Millionen Mark Banco zur Überbrückung der entstandenen Illiquidität abschließen.

1,5 Millionen Mark Banco zur Überbrückung der Liquiditätsknappheit

Dank der österreichischen Gelder endete die Krise rasch: »Der Effect war immediat: Dem Suspendiren war ein Damm gesetzt, die erwartete und schadenfroh in die Welt posaunte Tabula rasa war in das Reich der Märchen

Am 31. Oktober 1857 veranlasste eine Panik die Menschen, die Seamen's Savings' Bank in Nordamerika zu stürmen

versetzt, Wechsel fingen wieder an, Credit zu bekommen, und wie der Neujahrsmorgen anbrach, fand er die Bilanzen der meisten Häuser Hamburgs allerdings einigermaßen reduciert, der Discont war aber plötzlich auf zwei Prozent gefallen und das Geschäft im Begriff, wieder seinen gewöhnlichen Gang zu nehmen.«

Die Erinnerungen Johann Heinrichs sind natürlich eine elegante Untertreibung, denn immerhin musste sein Unternehmen nun staatliche Auflagen erfüllen: »Der den Heren Joh. Berenberg, Gossler & Co. geleistete Vorschuss ist am 1. Juny 1858 samt Zinsen à sieben Prozent pro anno vom 16. Decembris bis zum Rückzahlungstage der Vertrauens-Commission zurückzuerstatten.« Als Sicherheit blieben der Commission »alle Habe und Güter« der Inhaber und ihr Portefeuille verpfändet. Die Firma hatte ihre Bilanz vom 31. Dezember 1856 vorzulegen und sich zu verpflichten, »alle acht Tage einen förmlichen Status über die jeweilige Geschäftslage einzuliefern«, sowie den Deputierten der Commission Einsicht in ihre Papiere und Bücher zu gestatten. Vorhandene Ware konnte »am Platze gegen constante Zahlung und durch Versand an auswärtige Kunden unter den gebräuchlichen Krediten« abgesetzt werden. Neue Verbindlichkeiten aber durften nur nach Absprache mit der Commission eingegangen und Aufträge nur gegen Vorauskasse angenommen werden. Glücklicherweise konnte die Firma in ihrem wöchentlich eingesandten Status bald nachweisen, dass es sich tatsächlich nur um eine vorübergehende Liquiditätsknappheit gehandelt hatte: Den Abschreibungen für Verluste, den nicht bezahlten Wechseln, den laufenden Tratten, den Ausständen in Schweden und dem Verzug zahlreicher Schuldner in der Höhe von 7.641.196 Mark Banco standen ein Inhabervermögen und Aktiva von zusammen 8.946.127 Mark Banco gegenüber, der Aktivsaldo machte also 1.304.931 Mark Banco aus. Am 5. Februar 1858 reichten Joh. Berenberg, Gossler & Co. den letzten Status ein und fast gleichzeitig begann die Tilgung der Vorschüsse.

In seinem Tagebuch vermerkte Johann Heinrich Gossler III., dass die Verluste nicht im Warenhandel entstanden waren – man hatte dem Treiben der Preise nicht getraut –, »wohl aber durch auswärtige Fallissements und schlecht gewordene Wechsel. New York, Buenos Aires, London, Stockholm, Calcutta, Santo Domingo und Guayaquil sind die Hauptplätze die uns Geld kosten«. Er entschloss sich im privaten Bereich zu einigen Sparmaßnahmen. So strich er seiner Frau die Kutsche, was ihm außer häuslichem Ärger wenig einbrachte, denn fortan mietete Mary Elizabeth sich eine öffentliche Droschke – das höfliche »Guten Tag, Madame Gossler« beantwortete sie wütend mit den Worten: »Nennen sie mich fortan Mme. Droschke.«

Zur endgültigen Regulierung der Schulden wurden Liquidationskonten eingerichtet, worauf ein Teil der Gewinne, der Saldo eines Reservekontos und auch Beträge aus dem Privatvermögen übertragen wurden. In den folgenden Jahren gab es wiederholt Verluste, etwa in Stockholm oder New York, und der amerikanische Bürgerkrieg führte ab 1861 zu einer Entwertung des Dollars, sodass vorübergehend wieder Gelder auf Boston abgebucht werden mussten.

Eine schmerzhafte Trennung …

Die Krise von 1857 demonstrierte, welche Risiken die internationale Verflechtung mit sich brachte. Die Kapitalbasis eines privaten Unternehmens reichte oft nicht aus, um eine internationale Wirtschaftskrise durchzustehen, Gesellschaften hingegen behaupteten sich besser. Die Vereinsbank etwa schüttete fünf Prozent oder zwei Schillinge Dividende auf jede Aktie aus und schloss ihr Liquidationskonto ähnlich wie die Norddeutsche Bank schon 1860 wieder mit einem Aktivsaldo.

Johann Heinrich III. hatte mit seiner massiven Beteiligung bei Gründung der Vereinsbank bewiesen, dass er die notwendigen Modernisierungen des Bank- und Geschäftswesens unterstützte. Die Krise hatte deutlich für die Aktienbanken gesprochen, andererseits aber gezeigt, dass auch eine kleinere Firma überleben konnte, wenn die Teilhaber flexibel und risikobewusst handelten. Johann Heinrich war bereit zu Risiken und aufgeschlossen für alles Neue. Sein Wagemut brachte ihm manchmal Verluste ein, die Aufregungen und Ängste zehrten an seinen Kräften, doch die Zukunft gab ihm Recht.

Sein Bruder Wilhelm dagegen war in allem konservativer und sicherheitsbedürftiger. Unter dem Eindruck der Krise mit ihren Verlusten und Strapazen kündigte er zum 31. Dezember 1859 den Vertrag von 1836, schied aus dem Unternehmen aus und gründete eine eigene Firma, die sich ausschließlich dem Warenhandel widmen sollte. Auch seine Beteiligung am Bostoner Haus erlosch zum Jahr 1862. Johann Heinrich III. hatte diese Trennung weder erwartet noch gewollt. Er war verletzt und schließlich auch verärgert, denn Wilhelm Gossler zog diverse Geschäfte mit in die neue Firma.

Ab 1860 wurde der Hamburger Hafen umfassend ausgebaut, um den Anforderungen der Zeit – wachsender Welthandel, Erschließung neuer Rohstoffe in Übersee, erhebliche Zunahme der Schiffsgrößen – gerecht zu werden

Für Joh. Berenberg, Gossler & Co. verlagerten sich von nun an die Gewichte mehr und mehr zum Bankgeschäft. In den 1870er-Jahren dürfte das Warengeschäft nur noch etwa 20 Prozent aller Transaktionen ausgemacht haben und am Ende des Jahrhunderts kann Joh. Berenberg, Gossler & Co. als eine Privatbank bezeichnet werden, die Warengeschäfte nur noch nebenher betrieb.

Die Nachwirkungen der Krise von 1857 sind in den Bilanzsummen leicht zu erkennen: Der rasche Aufschwung von 1848 bis 1856 stagnierte zunächst und setzte sich erst ab 1869 wieder fort. Anfang der 1860er-Jahre musste Wilhelm Gossler ausbezahlt werden, dessen Anteil sich auf etwa eine Millionen Mark Banco belief.

Endsummen der Bilanzen 1860–1870

1860	7.569.725	Mark Banco	1866	8.701.249	Mark Banco
1861	8.075.401	Mark Banco	1867	11.293.278	Mark Banco
1862	8.418.944	Mark Banco	1868	10.466.508	Mark Banco
1863	8.708.783	Mark Banco	1869	11.766.656	Mark Banco
1864	10.167.863	Mark Banco	1870	12.186.463	Mark Banco
1865	9.875.153	Mark Banco			

Die Nettogewinne betrugen im selben Zeitraum im Schnitt 237.000 Mark Banco, lediglich 1864 gab es einen Einbruch: Nach »Fallissements« in London und vor allem Schweden konnte man nur etwas über 50.000 Mark Banco verzeichnen, was Johann Heinrich III. so belastete, dass ein schweres Nervenleiden ihn für Monate ans Bett fesselte. 1871 stiegen die Nettogewinne dann jedoch auf fast 0,6 Millionen, 1872 auf 0,7 Millionen Mark Banco.

In der Firma galt die Regelung, dass Angestellte, die seit mehr als fünf Jahren im Dienst der Firma standen, mit insgesamt fünf Prozent am Gewinn beteiligt wurden. J. Otto Ahrens etwa kam neben seinem Jahresgehalt – 1.200 bis 1.800 Mark Courant – zwischen 1860 und 1872 zu einer Gewinnbeteiligung von 69.195 Mark Banco und was davon in der Firma stehen gelassen wurde, verzinste sich mit vier Prozent.

Das Gesamtkapital der Firma konnte in diesem Zeitraum immer auf einem Stand von ca. 50 Prozent der Bilanzsumme gehalten werden. Das Fremdkapital von Firmenangestellten und Familienangehörigen – insbesondere von Johann Heinrichs Brüdern, dem Senator Dr. Hermann Gossler (1802–1877) und dem Niedergerichtspräsidenten Dr. Ernst Gossler (1806–1889) – fiel dabei kaum ins Gewicht.

Gewinnbringend war mittlerweile auch die Beteiligung an Gossler & Co. in Boston. Dort hatte man unter der Krise von 1857 nicht gelitten, im Gegenteil: Gerade Ende 1857 war, da nur wenige Engagements eingegangen waren, die Liquidation hoch. Das Bostoner Haus nutzte, wie Johann Heinrich III. schrieb, »die unter pari gedrückten Course zur möglichsten Abremittierung seiner Europäischen Verbindlichkeiten«. Der amerikanische Bürgerkrieg von 1861–1865 brachte zwar eine vorübergehende Stockung der Geschäfte mit sich, aber nach dem Ende des Krieges stiegen die Gewinne kontinuierlich an und man hatte von Boston aus inzwischen ein Zweighaus in New York gegründet, das ebenfalls mit Gewinn arbeitete.

Ein Büro in New York

… und eine neue Generation

Nach dem Ausscheiden von Wilhelm Gossler hatte Johann Heinrich III. rund 60 Prozent Anteil am Gewinn, während er die Verluste als alleiniger Inhaber voll zu tragen hatte. Den Gewinnanteil seines Schwiegersohns Friedrich Wilhelm Burchard (1824–1892) erhöhte er von 1/6 auf 1/4. Seinem Neffen Johann Heinrich Gossler IV., einem Sohn seines Bruders Senator Hermann Gossler, erteilte er Prokura und beteiligte ihn mit 1/8, doch die Vollmacht für Johann Heinrich IV. erlosch zum 1. März 1863 wieder, da er als Associé in das Bostoner Haus eintrat. Für ihn kam Ernst Gossler (1838–1893), ein weiterer Neffe, mit einem Anteil von 10 Prozent.

Zum 1. Juli 1864 schließlich wurde Johann Heinrichs Sohn Johann (John) Berenberg Gossler (1839–1913) mit einer Beteiligung von 20 Prozent als Juniorpartner in die Firma aufgenommen. Friedrich Wilhelm Burchard schied zum gleichen Zeitpunkt aus und betrieb fortan mit großem Erfolg eine eigene Firma.

Johann Berenberg, genannt John B., sollte von 1864 bis 1913 die prägende Gestalt des Unternehmens werden. Dabei hatte er anfangs wenig Begeisterung für das Bankgeschäft gezeigt, sein Interesse galt eher der Literatur, der Malerei und der Geschichte. Das war nicht erstaunlich, denn im Elternhaus wurden diese Neigungen geteilt: Sein Vater spielte vorzüglich Klavier und liebte die Literatur. Der jüngere Bruder John Henry war ein ausgezeichneter Geiger, man ging häufig ins Konzert und unterstützte das Hamburgische Musikleben durch Stipendien. Doch bei aller Begeisterung blieben diese Beschäftigungen beschränkt auf abendliche Mußestunden, das Geschäft ging vor. John B. hingegen wollte studieren, womit er in einer Hamburger Kaufmannsfamilie – die Hamburger Universität wurde erst 1919 gegründet – auf erbitterten Widerstand stieß.

Der Vater schickte ihn in gestrenger Manier immer wieder ins Ausland, wo er in den Kontoren befreundeter Handelshäuser merkantile Erfahrungen machen sollte. Der Erfolg der väterlichen Bemühungen ließ zunächst auf sich warten: In Le Havre langweilte John B. sich im Comptoir, hatte dafür aber umso größere Erfolge beim Deklarieren von Schillertexten anlässlich der Schillerjahrfeier. In London, wo er dagegen hart arbeiten musste, konnte er aus gesundheitlichen Gründen nicht bleiben und in Südspanien bewunderte er vor allem die Literatur und Malerei des Landes. Doch dann ging es nach Boston.

Im Hafen von Buenos Aires, Argentinien

Hier durfte er erstmals einigermaßen unabhängig arbeiten und nun – er war inzwischen 23 Jahre alt – begann das Geschäft ihn zu reizen. In Rio de Janeiro, Montevideo und Buenos Aires arbeitete er dann so erfolgreich, dass der Vater versöhnt und bereit war, ihn 1864 zum Teilhaber zu machen. Im gleichen Jahr heiratete John B. das »niedliche Fräulein Julie Donner« aus Altona, Juliane Amalie Donner (1843–1916), die Tochter des dänischen Finanzrats und sizilianischen Generalkonsuls Johann Julius Donner.

Während der langen Jahre im Ausland hatte John Berenberg Gossler mit größtem Interesse die Entwicklung der deutschen Politik verfolgt. Der Hamburgische Partikularismus war ihm fremd und wie viele seiner Altersgenossen begeisterte er sich für Bismarcks zielstrebige Einigungspolitik.

Der Norddeutsche Bund und die Reichsgründung

1862 wurde Otto von Bismarck (1815–1898) von Wilhelm I. zum preußischen Ministerpräsidenten ernannt

Im Oktober 1862 wurde Otto von Bismarck von Wilhelm I. zum preußischen Ministerpräsidenten ernannt. Bismarck war ein hartnäckiger Verfechter der Rechte der Krone gegenüber den liberalen und sozialen Strömungen seiner Zeit und initiierte eine Reihe außenpolitischer Aktionen, mit denen er schließlich den Deutschen Bund zerstörte, Österreich als Teil einer »großdeutschen Lösung« verdrängte und zum Ausbruch des deutsch-französischen Krieges 1870/71 beitrug.

Doch zunächst kämpften 1864 Preußen und Österreich gemeinsam gegen Dänemark, das sich das Herzogtum Schleswig einverleiben wollte. Nach der dänischen Niederlage wurden Schleswig-Holstein und Lauenburg zunächst unter preußisch-österreichische Hoheit gestellt; und ein anschließender Konflikt zwischen Preußen und Österreich um Schleswig-Holstein wurde von Bismarck bald genutzt, um eine Entscheidung gegen die österreichische Vormachtstellung in Deutschland herbeizuführen: Auf dem unbedingten Gehorsam der preußischen Armee aufbauend, führte Preußen 1866 – gegen die öffentliche Meinung in Deutschland und Preußen – einen Krieg gegen Österreich und den Deutschen Bund. Der Sieg in der Schlacht von Königgrätz im Juli 1866 brachte die endgültige Dominanz Preußens in Deutschland.

John B. hatte diesen Krieg als Schritt zur deutschen Einheit begrüßt. Am 10. September schrieb er an seinen Freund Gustav Schramm: »… ich hoffe, daß bei der nächsten günstigen Gelegenheit Preußen uns alle in sich aufnimmt und auf diese Weise uns zum einigen Deutschland umgestaltet. Ich kann es nur billigen und wünschen, wenn auch in der Staatsmaschine Preußens sich noch so manches als zu konservativ und von Gottes Gnaden kund gibt.«

Preußen nutzte die Gunst der Stunde: Der Deutsche Bund wurde aufgelöst, Preußen annektierte Schleswig-Holstein, Hannover, Kurhessen, Nassau und Frankfurt am Main, die restlichen Länder nördlich der Mainlinie wurden mit Preußen im Norddeutschen Bund zusammengeschlossen.

Napoleon III. hatte sich für die Gebietserweiterungen Preußens Kompensationen ausgebeten und die Selbstständigkeit der süddeutschen Staaten gefordert. Doch Bismarck reagierte hinhaltend. Er stellte an die unterlegenen süddeutschen Staaten keine Gebietsansprüche, sondern verpflichtete sie in geheimen Schutz- und Trutzbündnissen, die veröffentlicht wurden, als Frankreich das unter preußischem Besatzungsrecht stehende Luxemburg erwerben wollte.

Preußische Truppen in der Schlacht bei Königgrätz am 3. Juli 1866

Die Konfrontation mit Frankreich war programmiert: Napoleon III. suchte ein Bündnis mit Österreich und Italien, Preußen legte eine Gegenmine mit dem Anspruch eines Hohenzollern auf den spanischen Thron. Dieser Anspruch wurde zwar auf französischen Protest bald wieder zurückgenommen, hatte aber so starke diplomatische und nationale Aufwallungen in Frankreich und Deutschland zur Folge, dass es am 19. Juli 1870 zur Kriegserklärung Kaiser Napoleon III. an den Norddeutschen Bund kam. Frankreich war isoliert, ganz Deutschland (außer Österreich, das neutral blieb) beteiligte sich an diesem Krieg. Am Ende des nur zehnmonatigen Krieges stand die Besetzung von Paris – und am 18. Januar 1871 die Ausrufung von Wilhelm I. als deutschen Kaiser im Spiegelsaal von Schloss Versailles.

Im Kaiserreich

Mit der Angliederung Hamburgs an das Deutsche Reich hielten die Methoden und der Aufbau des preußischen Beamtentums nach und nach Einzug in die Hamburger Verwaltung. Die Verfassung der Hansestadt aber blieb bestehen.

Am 18. Januar 1871 wurde König Wilhelm I. von Preußen im Spiegelsaal des Schlosses von Versailles zum deutschen Kaiser ausgerufen

Bis Ende der 1880er Jahre behielt Hamburg sein innerstädtisches Gepräge, und jeder Versuch, das hamburgische Parteiwesen nach dem Muster der Parteien des Reichstags zu politisieren, schlug fehl. Die Hamburger behielten also das Gefühl, zu Hause unter sich zu sein: Politische Fragen, die über die Stadtgrenzen hinaus die Gemüter in Deutschland bewegten, wurden im städtischen Parlament nicht diskutiert.

Das Ende einer hamburgischen Institution

Doch die finanz- und währungspolitischen Reformen im Deutschen Reich bewirkten, dass Hamburg – ähnlich wie Frankfurt am Main – ab 1871 seine eigenständige Position nach und nach verlor und sich den Interessen der Bismarckschen Politik unterordnen musste.

Bereits 1872 zeichnete sich das Ende der Hamburger Bankvaluta ab, als es führenden Bankhäusern der Hansestadt nicht gelang, genügend Silber für Wechsel zu beschaffen, die Frankreich mit ihrem Einverständnis zur Begleichung seiner Kriegsschulden auf diese Häuser gezogen hatte. Am 11. November 1872 wurde mit dem »Gesetz betreffend Umwandlung der Hamburgischen Bankvaluta« die über 250 Jahre alte Mark Banco durch die »Mark Reichsmünze« ersetzt.

1873 wurde schließlich in Deutschland, auch in Hamburg, die Reichsgoldwährung eingeführt. Für das Deutsche Reich war diese Umstellung vom Silber- auf den Goldstandard eine Notwendigkeit, um im Inneren ein einheitliches verkehrsgerechtes Zahlungsmittel zu schaffen und sich im Außenhandel nicht zu isolieren. Vor allem gegenüber der damals führenden Welthandels- und Industriemacht England musste Deutschland endlich zu einem festen Wechselpari kommen – England hatte die Goldwährung bereits 1816 eingeführt.

Die Hamburger Bank wurde 1875 als solche aufgelöst und ging in der »Reichshauptbankstelle Hamburg« auf. Dass Hamburg als Kapitalmarkt zugunsten der Reichshauptstadt Berlin in den Hintergrund treten würde, war abzusehen, doch zunächst genoss man die »Segnungen« der Gründerzeit.

Die Gründerzeit

Schon vor der Reichsgründung hatten aufgeschlossene hamburgische Kaufleute die Zusammenarbeit mit preußischen Partnern gesucht: In Berlin bemühte sich eine Gruppe von Privatbankiers 1869 um die Errichtung einer deutsch-überseeischen Bank – der späteren Deutschen Bank (1870) – zur Finanzierung des Außenhandels. Diese Aufgabe war bislang hauptsächlich von den Hamburger Merchant Bankern übernommen worden und die Berliner Gruppe stand daher in Verbindung mit Hamburger Häusern, zu denen unter anderem auch G. Godeffroy, L. Maas, C. Eggert, J. A. Schön, P. Siemssen, W. Pustau und H. C. Bock & Co. gehörten.

Da sich die Verhandlungen zur Gründung der »Deutschen Bank« lange hinzogen, trennte sich im Januar 1870 die Hamburger von der Berliner Gruppe und gründete zusammen mit der Norddeutschen Bank und der Vereinsbank die »Internationale Bank« in Hamburg, mit einem Kapital von 7,5 Millionen Talern. Neben Joh. Berenberg, Gossler & Co. beteiligten sich L. Behrens & Söhne, H. J. Merck & Co. und Schröder Gebr. & Co. Johann Heinrich Gossler III. wurde stellvertretender Vorsitzender im Verwaltungsrat. Dieses Gremium hatte damals nicht nur eine Kontrollfunktion, sondern bestimmte die Geschäftspolitik über ein Exekutivgremium, in dem meist fünf Privatbankiers saßen. Im selben Jahr wurde auf Anraten von Johann Heinrich Gossler III. eine Filiale in London eröffnet.

Die Internationale Bank konnte ihre Anfangsschwierigkeiten nie überwinden und wurde 1879 wieder liquidiert. Doch mit der – ebenfalls 1870, ohne Beteiligung von Joh. Berenberg, Gossler & Co., gegründeten – »Commerz- und Disconto-Bank« in Hamburg, der »Deutschen Bank« in Berlin (1870) und der »Dresdner Bank« (1872) entstanden neben den zwischen 1848 bis 1856 errichteten Aktienbanken weitere bedeutende Bankinstitute.

Die Einsicht der deutschen Bankiers, Kaufleute und Unternehmer in die Notwendigkeit neuer Wirtschaftsstrukturen, die Aufhebung des Konzessionszwangs für Aktiengesellschaften in Preußen und nicht zuletzt die fünf Milliarden Goldfrancs französischer Kriegskontributionen ließen den Gründungsboom bis 1873 anhalten. Zwischen 1871 und 1874 wurden in Deutschland allein 857 Aktiengesellschaften mit einem Kapital von über vier Milliarden Mark gegründet.

Beteiligungen

Joh. Berenberg, Gossler & Co. beteiligte sich an diversen Neugründungen, allerdings – mit einer Ausnahme – nicht in der Industrie, sondern mit Schwerpunkt auf dem Ausbau der internationalen Beziehungen des Hauses.

Beteiligt war die Firma an der »Hamburg-Südamerikanische Dampfschifffahrts-Gesellschaft«, der »Hamburg-Süd«, die 1871 von elf angesehenen Hamburger Firmen gegründet worden war. Den Vorsitz im Verwaltungsrat übernahm Heinrich Amsinck, ein Neffe Johann Heinrichs III. und Teilhaber von Johannes Schuback & Söhne. Die Hauptlinien der Gesellschaft führten nach Brasilien, Argentinien und Uruguay und das Unternehmen unterhielt in Buenos Aires, in Patagonien und an der brasilianischen Küste Leichterei- und Stauereibetriebe, die für eine schnelle Abfertigung der Schiffe sorgten.

Die traditionellen Verbindungen nach Skandinavien wurden durch verschiedene Beteiligungen in Dänemark und Schweden ausgebaut. 1871 trat Johann Heinrich III. als Ver-

Plakat der Hamburg-Südamerikanischen Dampfschifffahrts-Gesellschaft von 1914

Weitere Gründungsbeteiligungen: Hamburg-Süd, Stockholmer Handelsbanken, Dansk Landmansbank, Rigaer Kommerzbank, Petersburger Int. Handelsbank, Norddeutsche Versicherungsgesellschaft

treter seiner Firma dem Gründungskonsortium der A. B. Stockholmer Handelsbanken (seit 1919: Svenska Handelsbanken) bei und übernahm etwa gleichzeitig die deutsche Vertretung der Sveriges Riksbank. Als Gründer beteiligt waren Joh. Berenberg, Gossler & Co. außerdem an der Dansk Landmansbank in Kopenhagen, wo 3.333 der 29.851 Gründungsaktien erworben wurden, jede im Wert von 200 dänischen Rigsdalern oder etwa 300 Mark Banco.

Die Kontakte nach Russland wurden über die Mitgründung der Rigaer Kommerzbank gefestigt, an der – neben Rigaer Häusern – Banken aus Sankt Petersburg, Moskau, Warschau, Berlin und Königsberg teilnahmen. Mit den Frankfurter Häusern Gebrüder Bethmann und Erlanger & Söhne beteiligten sich Joh. Berenberg, Gossler & Co. außerdem an der Gründung der Petersburger Internationalen Handelsbank. Und 1873 wurde das russische Engagement über einen Kredit ausgeweitet, den man den Kaufleuten Gustav Albers und Gustav Kunst zum Aufbau eines Handelshauses in Wladiwostok gewährte. Kunst & Albers erhielten damit nicht nur die Möglichkeit zum direkten Warenbezug aus Europa, sondern auch, und vor allem dank der Verbindungen ihrer Geldgeber, den Zugang zum Londoner Geldmarkt. 1877 konnten sie ein Firmenvermögen von 100.000 Rubel aufweisen.

Weniger erfolgreich verlief eine von Joh. Berenberg, Gossler & Co. gemeinsam mit der Internationalen Bank und der Norddeutschen Bank eingegangene Beteiligung an der Deutsch-Brasilianischen Bank in Rio de Janeiro. Sie war als erste deutsche Bank dort gegründet worden und stand unter der Leitung eines Bremer Kaufmanns, der sich in Rio de Janeiro als Wechselmakler beteiligt hatte. Die Bank erhielt in Brasilien das Recht auf Notenemission und betrieb ein lebhaftes Wechselgeschäft. Die Hamburger Verwaltungsräte hatten zunächst »ihre helle Freude an den Millionen Pfund Sterling Prima-London-Wechseln, die sie als Deckung für ihre Trassierungen auf Deutschland nach Hamburg remittiert hatten«. So drückte sich Max von Schinckel (1849–1938), ein führendes Mitglied der Norddeutschen Bank, in seinen Lebenserinnerungen aus. Diese Freude und eine Dividende von 13 Prozent im ersten Jahr verführten offenbar zu Sorglosigkeiten, man ließ der Niederlassung in Rio allzu viele Freiheiten. Jedenfalls gingen die Geschäfte in den folgenden Jahren zurück und im Mai 1875 musste die Deutsch-Brasilianische Bank Konkurs anmelden. Fast das gesamte Kapital war verloren. Johann Heinrich III. heftete der Bilanz von 1875 den bedauerlichen Vermerk an: »Laut Vereinbarung trage ich den Kapitalverlust der Firma, eventuell die zu vier Prozent zu berechnenden Zinsen bis zur endgültigen Liquidation des Kontos.«

Erfreulicher war die Beteiligung an der »Norddeutschen Versicherungsgesellschaft«. Sie wurde Nachfolgerin der Dritten Hamburger Versicherungsgesellschaft von 1804 und neben Gosslers engagierten sich die Norddeutsche Bank, J. C. Godeffroy & Sohn, H. J. Merck & Co., August Sanders & Co. und C. M. Schröder & Co.

1871 wurde Johann Heinrich III. – nach dem Tod von Johann Christian Söhle – Vorsitzender des Verwaltungsrates der Vereinsbank.

Ein »Zufallskind«

Die einzige Industriebeteiligung: Ilseder Hütte

Einen kuriosen Start hatte die einzig nennenswerte Investition im industriellen Bereich – die Beteiligung an der Ilseder Hütte.

Mitte 1850 hatten Landwirte und Bewohner der Umgebung von Celle beim dortigen Bankier Carl Hostmann etwa eine Million Taler auf die Errichtung einer Bergwerks- und Hüttengesellschaft im Harzvorland gezeichnet. ⅓ der Summe war bereits eingezahlt und der Attaché der österreichisch-ungarischen Botschaft, Max Graf Fugger, hatte außerdem zwei Millionen Taler zugesagt, von denen 270.000 Taler eingegangen waren. Als Hostmann 1857 zusätzliche Gelder benötigte, räumten Joh. Berenberg, Gossler & Co. ihm gegen diese Fugger-Aktien Kredit ein, denn die Sache schien vielversprechend; Hostmann war davon ausgegangen, dass der Eisenbedarf in Deutschland weiter zunehmen werde, und Gutachten, darunter eines von Justus von Liebig, bestätigten gute Qualität und ausreichende Menge der Peiner Eisenerze. Als Hostmann 1857 jedoch bankrott machte und am 21. Januar 1858 Selbstmord beging, hatten Gosslers angenommen, dass es sich um Schwindelpapiere handele und sie als nicht einbringbare Forderungen beiseite gelegt.

Die Papiere waren schon allmählich in Vergessenheit geraten, als plötzlich Hostmanns Schwiegersohn Carl Haarmann erschien, der inzwischen die »Ilseder Hütte« gegründet hatte. Er bot gegen die alten Aktien neue an, unter der Voraussetzung, dass man weitere Aktien kaufte, für die eine Dividende garantiert wurde. Haarmann sowie die übrigen Verwaltungsratsmitglieder schienen Vertrauen zu verdienen und die Liste der Aktionäre wies neben L. Königswarter, O. L. Eichmann und J. C. Haller die Namen weiterer gut beleumundeter Hamburger Kaufleute aus. Obwohl es sich um »wertlose Papiere mit nur sechs Prozent handelte«, nahm Johann Heinrich Gossler III. das Angebot an und übernahm auch noch die Papiere von Conrad Hinrich Donner,

Joh. Berenberg, Gossler & Co. gehörte zu den Mitbegründern der Ilseder Hütte

deren Inhaber sich nicht mit industriellen Unternehmungen befassen wollten. Er trat dem Verwaltungsrat bei und widmete diesem »Zufallskind« in den 1870er-Jahren große Aufmerksamkeit. Carl Haarmann hatte für den einwandfreien juristischen Aufbau der neugegründeten Hütte gesorgt und die kaufmännisch-technische Leitung organisierte der Ingenieur Gerhard Lucas Meyer (1830–1916). Diesem brachte Johann Heinrich III. bald väterliche Freundschaft entgegen und begründete damit eine langjährige Verbindung der Familien.

Der Wiener Börsenkrach und die Krise von 1873

Die Bilanzen der »Gründerjahre« zeigten einen erfreulichen Zuwachs: Von 1870 bis 1872 stiegen sie von 12.186.463 Mark Banco auf 15.930.925 Mark Banco. Nach der Reichsgründung trat die Mark an die Stelle der Mark Banco. Gerechnet wurde 1 Mark Banco = 1,50 Mark, was für die Bilanz 1872 bedeutete: 15.930.925 Mark Banco = 23.896.388 Mark.

Doch 1873 kam es, nach der Euphorie der »Gründerjahre«, zum Wiener Börsenkrach, der die große Depression bis 1879 einleitete. Mit ihrer Unzahl von Konkursen in ganz Europa, die vor allem zu einer Konzentrationsbewegung auf die großen Banken und Unternehmen führte, erschütterte diese Krise das Vertrauen in die Aktiengesellschaften und ihre verantwortlichen Gründer. Der ohnehin verbreitete Antisemitismus verstärkte sich. Darüber hinaus wurde das Ansehen des Wirtschaftsliberalismus in Deutschland geschwächt und ein allmählicher Übergang zu einer Schutzzollpolitik eingeleitet, die 1879 beschlossen wurde. Österreich, Italien, Nordamerika, England, Frankreich, Skandinavien und Russland erholten sich von dieser Krise nur langsam, Deutschland etwas schneller.

Die Wirtschaft Hamburgs war demgegenüber recht stabil, sodass die internationale Krise sich nicht verheerend auswirkte. Obwohl die erste Phase der Depression auch die Firma Joh. Berenberg, Gossler & Co. berührte, wiesen die Bilanzen der 1870er-Jahre Nettogewinne aus.

Nettogewinne der 1870er-Jahre:

1873	290.610	Mark
1874	483.088	Mark
1875	192.068	Mark
1876	297.070	Mark
1877	113.910	Mark
1878	300.890	Mark
1879	419.561	Mark

Die Firma hatte sich bewährt, doch 1877 gab es »hausgemachten« Ärger.

Der Flop in Boston

Nach dem Ausscheiden Albert Kingmans 1862 hatte zunächst Johann Heinrich IV., der Neffe von Johann Heinrich Gossler III., die Leitung des Bostoner Hauses übernommen, Thomas M. Devens hatte Prokura. Johann Heinrich IV. war Hamburgs Konsul in Boston, danach wurde ihm die Vertretung des Deutschen Bundes und schließlich 1871 die des Deutschen Reiches übertagen. Zum 31. Dezember 1872 jedoch schied er bei Gossler & Co. aus und kehrte 1873 in die Heimat zurück.

Die Leitung in Boston übernahm fortan allein Thomas M. Devens, während die Zuständigkeit für New York auf den bisherigen Prokuristen Georg Gravenhorst überging. Prokura für beide Etablissements erhielten John Henry Gossler (1849–1914), der zweite Sohn von Johann Heinrich III., und Guido Wolff, der spätere

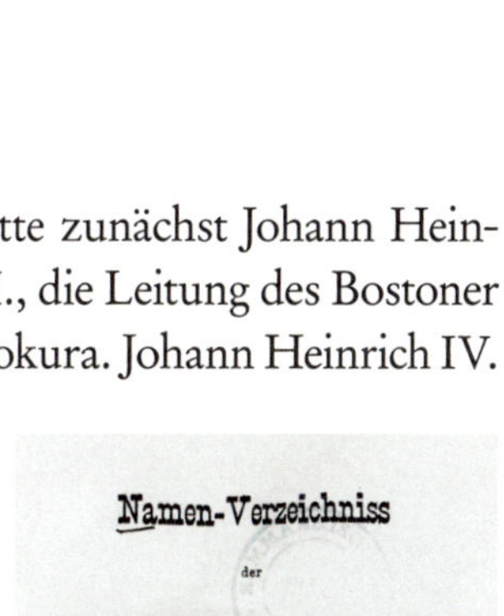
Namen-Verzeichniss
der
Herren Börsenbesucher
und deren
STANDPLÄTZE
in der
BÖRSE ZU HAMBURG,
nebst einem Börsenplane.
1877.
Zu haben beim Kastellan in der Börse.
Druck von Grefe & Tiedemann.

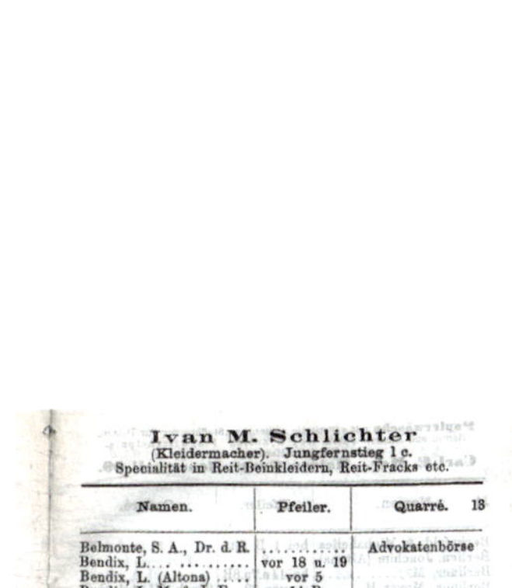
Ivan M. Schlichter
(Kleidermacher). Jungfernstieg 1 c.
Specialität in Reit-Beinkleidern, Reit-Fracks etc.

Namen.	Pfeiler.	Quarré. 13
Belmonte, S. A., Dr. d. R.	....	Advokatenbörse
Bendix, L.	vor 18 u. 19	
Bendix, L. (Altona)	vor 5	
Bendix, L. M. & J. F. ..	14 B	
Bendixen, Johannes, & Co.	6 B	78 d
Beneke, F.	....	48 c
Beneke, Friedr.	vor 37	Arkaden
Benjamin, Ed. Ludw. & Conr. Johs.	an 21	
Benjamin, Philipp, & Co.	zw. 23 u. 24	
Benöhr, F. G., & Sohn .	unweit 14	91 d
Bense, H. E.	zw. 22 u. 23	49 f
Benson, John, & Co, Repräsentant Joh. G. Harbort	vor 24	
Benzian, Louis	6 u. 7 B	
Benzihn, Rudolph	8 A	
Bercht, Ferdinand	vor 23	27 d
Bercke, Alex	vor 25	Arkaden
Berckemeyer, J. H., & Co.	vor 10	zw. 115 u. 116
Berdien, J. C.	....	82 f
Berenberg, J., Gossler & Co.	an 3	58 f
Berend, Adolph	vor 28	37 d
Berendt, B. M., & Co. ..	24 A	16 e
van den Berg, E. F. F. .	....	Advokatenbörse
Berg, Robert	7 u. 8 B	
Bergeest, Th.	zw. 8 u. 9	hint. N
von Bergen, Heinrich ..	25	Arkaden
Berger, C. W.	vor 5	
Berger, G., & Co.	vor 25	Arkaden
Berger, J. J. M.	15 A	
Bergholz, Gustav	....	60
Bergmann, Ad.	vor 25 u. 26	Arkaden
Bergmann, Aug. (Altona)	vor 32 u. 33	Getreideb.-Arkad.
Bergner, Ph.	40	Arkaden
Berkan, Hermann, & Co.	vor 11	

Hamburg's grösstes Lager geaichter Decimal- und aller anderen Waagen. Eigene Fabrik. Feste Preise.
Georg Nieber & Co., kl. Reichenstr. 23.

Die »Herren Börsenbesucher« hatten einen festen Platz in der Hamburger Börse

9. Mai 1873: Massive Kursstürze lösen an diesem schwarzen Freitag an der Wiener Börse Panikverkäufe aus

4. Oktober 1873: In New York stürmen die Menschen die Fourth National Bank

Direktor der Hamburg-Amerika-Linie. 1874 kam mit Arthur Donner ein dritter Prokurist hinzu. John Henry avancierte im selben Jahr zum Teilhaber der Häuser in Boston und New York.

Zum ersten Mal seit der Gründung der Bostoner Firma gab es 1877 Verluste und es kam heraus, dass John Henry und Gravenhorst auf eigene Faust vor allem im Zucker spekuliert hatten. 291.732 Reichsmark mussten abgeschrieben werden »durch das unverantwortliche Entgegenhandeln unserer positiven Instruktionen und Verheimlichung von Geschäftsdetails«. Diese Spekulationen führten außerdem zu Verlusten bei der Decastro & Donner Sugar Refining Company in New York, an der Johann Heinrich III. persönlich mit 440.000 Mark beteiligt war – auch diese Summe musste, vorerst jedenfalls, als Totalverlust angesehen werden. Hinzu kamen berechtigte Forderungen Dritter, die zu erfüllen waren.

John Henry wurde von seinem erbosten Vater umgehend aus Amerika zurückberufen, während der große Bruder John B. und der langjährige Prokurist W. Barttram die Koffer packten, den Omnibus zu den Landungsbrücken bestiegen und sich in die USA einschifften, um zu retten, was zu retten war. Dem armen John Henry las man daheim die Leviten: Es wurden ihm 839.114 Reichsmark »auf Zukunft debetiert« und Johann Heinrich III. verfügte: »Da mein Sohn John Henry durch seine eigenmächtigen Handlungen im Jahre 1877 als Hauptleiter meines New Yorker Hauses Gossler & Co. zu meinem tiefen Bedauern sich von der Theilnahme an demselben so wie an meinen Häusern in Boston und Hamburg hat zurückziehen müssen, so wiederrufe ich hierdurch Alles durch Paragraph vier meines Testamentes verordnete, so weit es auf ihn positiv oder eventuell Anwendung findet, und überlasse Alles was die Fortsetzung meiner hiesigen sowie meiner auswärtigen Firmen betrifft, meinem Sohn John B. ...« So war John Henry von der Firmennachfolge ausgeschlossen.

Mit finanzieller Unterstützung seiner Mutter wurde John Henry daraufhin Associé der von ihm mitbegründeten Firma Warnholtz & Gossler, die gute Geschäfte machte. John Henry erwarb auf dem Krähenberg in Blankenese einen ansehnlichen Grundbesitz – das Gossler-Haus und der Gossler Park erinnern hier noch heute an ihn.

Ein stattliches Erbe

Am 10. September 1879 starb Johann Heinrich Gossler III. im Alter von 74 Jahren. »Mir ist der Verlust unsagbar schwer«, schrieb John B. tags darauf an Baron Westenholz, »ich war so gewohnt, mich an ihn zu lehnen und mich zu bestreben, seinen Wünschen gemäß zu arbeiten, daß mit seinem Dahinscheiden mein Wirkungskreis mir freudlos ist.« Entgegen früheren Befürchtungen war die Zusammenarbeit von Vater und Sohn Gossler harmonisch und vertrauensvoll und Kinder und Enkel behielten Johann Heinrich III. als fröhlichen und liebevollen Patriarchen in Erinnerung. Die väterliche Strenge, unter denen die Kinder gelegentlich gelitten hatten, war in den letzten Lebensjahren verschwunden und seinen zahlreichen Enkeln war, auch im Kontor, fast alles erlaubt.

Johann Heinrich III. hinterläßt ein Vermögen von 18 Millionen Mark

Johann Heinrich III. hinterließ ein Vermögen von mehr als 18 Millionen Mark. Neben dem Anteil bei Joh. Berenberg, Gossler & Co. sowie bei Gossler & Co. in Boston und New York hatte er einen breitgestreuten Aktien-, Hypotheken- und Grundbesitz. Außer den Vereinsbank-Aktien gehörten ihm diverse amerikanische Effekten, etliche Eisenbahnanleihen (Mecklenburgische, Rheinische, Altona-Kieler, Rumänische, Kubanische und andere mehr), Beteiligungen an Industrieunternehmungen – wie der Lauensteinischen Wagenfabrik, der Dampf-Zucker-Siederei von 1848, der Ziegelei Rennberg etc. – und Anleihen – wie etwa Nassauer, Kurhessische, Russische etc. Außerdem hatte er ab 1869 Grundstücke in Wandsbek, am Elbdeich und in Hammerbrook gekauft. Niendorf und das Haus an der Esplanade kamen hinzu.

Die Landungsbrücken in Hamburg um 1890

Landungs-Brücken

Neben »Ehrengeschenken« für die Comptoirangestellten und den langjährigen Kutscher hatte Johann Heinrich Gossler in seinem Testament Legate von 75.000 Mark ausgesetzt. Bedacht wurden wohltätige Hamburger Institutionen, darunter natürlich die Niederländische Armen-Casse, außerdem die Niendorfer und die Jacobikirche, die Israelitische Stiftungsschule von 1815, die Israelitische Mädchenschule von 1789, die Talmud-Tora-Schule und die Mädchen-Schule der Deutsch-Israelitischen Gemeinde, außerdem 16 verschiedene Warteschulen. Das sogenannte »Restvermögen« ging an die sechs Kinder beziehungsweise deren Nachkommen.

Tendenzen der Wirtschaftsentwicklung von 1870 bis zum Ersten Weltkrieg

In Johann Heinrich Gosslers Todesjahr 1879 endete die wirtschaftliche Depression. Nach einer Phase der Normalisierung erlebte Deutschland ab 1885 einen Aufschwung, der bis zum Ersten Weltkrieg anhielt.

Deutschland wurde in diesem Zeitraum zur größten kontinentalen Industriemacht und konnte in der Roheisen- und Stahlproduktion, in der Chemie- und Elektroindustrie sowie in der Reife der industriellen Organisation und Technik sogar England überholen. Im Zeitraum von 1873 bis 1913 verdreifachte sich das deutsche Sozialprodukt. Den Löwenanteil – 1873 ein Drittel, 1913 bereits die Hälfte – stellten Industrie, Handwerk und Bergbau.

Die Chemieindustrie verzeichnete zwischen 1850 und 1913 im Durchschnitt Wachstumsraten um vier Prozent und auf einigen Gebieten, vor allem der Farbsynthese, errang sie zusammen mit den Schweizer Unternehmen fast das Weltmonopol. In der Textilindustrie setzte sich zwischen 1870 und 1913 die industrielle Fertigungsweise ebenfalls voll durch, wobei die Baumwollproduktion ständig anstieg, die Leinenindustrie zurückging und Wolle und Seide einen mittleren Platz behaupten konnten.

Die Zahl der Aktiengesellschaften wuchs. Zwischen 1871 und 1885 waren auf deutschem Reichsgebiet 1.963 Aktiengesellschaften mit einem Kapital von rund 3,7 Milliarden Mark gegründet worden, zwischen 1886 und 1912 waren es 5.001 Aktiengesellschaften mit einem Kapital von rund 6,6 Milliarden Mark.

Ab 1885 zeichnete sich eine verstärkte Bildung von Kartellen, Syndikaten und Trusts ab, die durch gemeinsam festgelegte Preismechanismen bessere

Absatzchancen auf dem Weltmarkt suchten. 1875 hatte es erst vier Kartelle gegeben, 1890 waren es 106, sechs Jahre später 205 und 1905 waren es dann 385.

Gleichzeitig entwickelten sich immer mehr Großbetriebe: 1907 waren bereits 13,7 Prozent der Beschäftigten in Betrieben mit mehr als 1.000 Mitarbeitern angestellt. Ein gutes Beispiel für diesen Trend zum Großbetrieb bietet der rasche Aufstieg von Siemens und AEG in der Elektroindustrie.

Auch in der Montanindustrie bildeten sich große Komplexe wie etwa die Gutehoffnungshütte, die Ilseder Hütte, Krupp, Thyssen an der Ruhr, Henckel von Donnersmarck in Oberschlesien und Röchling beziehungsweise Stumm an der Saar. Die Produktion im Steinkohlebergbau stieg von 22,3 Millionen Tonnen im Jahre 1880 auf 114,2 Millionen Tonnen im Jahre 1913 und im selben Zeitraum stieg die Roheisenerzeugung von 2,7 Millionen auf 19,3 Millionen Tonnen.

Zeichen des wirtschaftlichen Aufschwungs: ein Werk der Gutehoffnungshütte in Oberhausen

Deutschland als Großmacht

1882, bald nach Inkrafttreten der bismarckschen Schutzzollpolitik, befürchtete man in Deutschland eine allgemeine Depression für die deutsche Industrieproduktion und vor allem Bismarcks finanzpolitischer Berater, der Bankier Gerson Bleichräder, versuchte, den Kanzler zu einer Änderung der deutschen Handelspolitik zu bewegen. In den Preußischen Jahrbüchern wurde die Furcht vor einer Überproduktionskrise geschürt und man setzte sich für eine Unterstützung des deutschen Exporthandels und die Erschließung neuer Märkte ein.

Bismarck griff diese Anregungen auf und verlieh ihnen eine anti-englische Stoßrichtung, als er 1884 die Besitzungen des Bremer Kaufmanns Adolf Lüderitz an der westafrikanischen Küste unter den Schutz des Deutschen Reiches stellte. Dies war der Auftakt zu einer Kolonialpolitik, die mit den ersten deutschen Kolonien Deutsch-Südwestafrika, Togo und Kamerun und der auf deutschen Druck eingerichteten Freihandelszone am Kongo den Kolonialplänen Englands mehr und mehr ins Gehege kam.

Der deutsche Handelsverkehr mit Übersee war bislang weitgehend von englischer Valuta abhängig: Eine Stichprobe bei einer Hamburger Bank hatte

Karte von Deutsch-Südwestafrika, von 1884 bis 1915 eine deutsche Kolonie auf dem Gebiet des heutigen Namibia

ergeben, dass von über 100.000 Pfund ausgestellter Wechsel nur 2.000 Pfund auf Deutschland ausgestellt waren. Zur Sicherung überseeischer Handelskredite, um den Kreditverkehr mit dem Ausland möglichst unabhängig von England zu machen und um die deutsche Zahlungsbilanz durch eigene Zinsgewinne aufzubessern, wurden ab Mitte der 1880er-Jahre mit politischer Rückendeckung diverse Banken, Filialen, Handelsniederlassungen in Übersee gegründet.

Unter den sogenannten vier D-Banken – der Deutschen, Dresdner und Darmstädter Bank und der Disconto-Gesellschaft –, die zusammen etwa 40 Prozent aller in Deutschland angelegten Gelder verwalteten, tat sich bei den Auslandsgründungen vor allem die Disconto-Gesellschaft hervor.

1887 gründeten die Disconto-Gesellschaft und die Norddeutsche Bank gemeinsam die Brasilianische Bank für Deutschland. Diese Nachfolgerin der

Deutsch-Brasilianischen Bank hatte bald Filialen in Rio de Janeiro, São Paulo und Santos. Wieder unter der Führung der Disconto-Gesellschaft kam es 1889 zur Gründung der Deutsch-Asiatischen-Bank. Es folgten 1895 die Bank für Chile und Deutschland, die Deutsche Palästina-Bank 1899, die Deutsche Afrika-Bank 1906 und etliche andere mehr.

Probleme der Privatbanken

Mit dem schnellen Wachstum der Aktienbanken und der Industrieunternehmen nach 1880 konnten die Privatbankiers nur noch partiell an der wirtschaftlichen Entwicklung Deutschlands teilnehmen. Obwohl sie auch weiterhin eine wichtige Rolle bei der Emission von Aktien und Obligationen, im Gründungsgeschäft und der Kreditvergabe an kleinere und mittlere Betriebe spielten, gerieten sie gegenüber den rasch wachsenden Großbanken nach und nach ins Hintertreffen.

Der Mittelstand und die kleinen Handwerksbetriebe konnten die verlorenen Geschäfte kaum ersetzen und zudem sahen die Privatbankiers sich auch hier einer heftigen Konkurrenz ausgesetzt. Dieser Bereich wurde nämlich von Kreditgenossenschaften und in immer stärkerem Maße von Sparkassen betreut, die ab dem 20. April 1909 den Kontokorrentverkehr betreiben durften und damit einen ersten Schritt zur regulären Bank getan hatten. Gleichzeitig richteten die Sparkassen »Schrankfächer« ein, nahmen den Privat- und Provinzbanken eine ganze Reihe von soliden Vermögensverwaltungen ab und konnten zudem höhere Zinsen für Spareinlagen und Depositen gewähren.

Die neuen Börsengesetze der 1880er- und 1890er-Jahre brachten neben einer staatlichen Genehmigungspflicht und der staatlichen Börsenaufsicht eine Besteuerung der Ausgabe und des Umsatzes von Wertpapieren. Das Börsengesetz vom 22. Juni 1896 verbot den Terminhandel von Industrie- und Bergwerksunternehmen schließlich völlig und beschränkte den Terminhandel generell: Termingeschäfte hatten nur noch dann Gültigkeit, wenn beide Parteien in einem Börsenregister eingetragen waren, was hohe Eintragungs- und Veröffentlichungsgebühren für das eintragende Institut mit sich brachte.

Besonders betroffen war der Privatbankier von den Bestimmungen in Bezug auf das Emissionsgeschäft: Aktien eines neu gegründeten oder umgewandelten Unternehmens konnten erst ein Jahr nach Eintragung der Gesellschaft ins Handelsregister zugelassen werden. Für einen Privatbankier war es fast unmöglich, größere Vorfinanzierungen über einen so langen Zeitraum zu leisten und ein Jahr mit der Emission der Aktien zu warten. Da diese Börsengesetze dazu führten, dass das Spekulationsgeschäft sich vorwiegend im Ausland abspielte, wurden 1908 die meisten einschränkenden Passagen wieder aufgehoben, doch für viele Banken kam diese Entscheidung zu spät. Nach 1897 hatte im deutschen Bankwesen eine Konzentration eingesetzt, der bis 1913 mehr als die Hälfte aller Privatbanken zum Opfer gefallen waren.

Berlin war der wichtigste Bankplatz in Deutschland, doch Hamburg konnte auf Kosten Frankfurts und Kölns an Bedeutung gewinnen. Auffallend war hier die Menge der Neugründungen, von denen allerdings nur wenige überlebten. Die Hamburger Merchant Banker hatten zweifellos zahlreiche Vorteile, zumal sie die Warenfinanzierung ausbauen konnten und im internationalen Konsortialgeschäft erhebliche Erfolge erzielten. Dies galt besonders für die Häuser M. M. Warburg, Joh. Berenberg, Gossler & Co. und L. Behrens & Söhne. Aber trotzdem wandelten auch sie in den Jahrzehnten vor dem Ersten Weltkrieg auf einem schmalen Grat. Man musste Risiken eingehen, um nicht aus dem Geschäft gedrängt zu werden, und zugleich wurden die Gefahren durch zunehmende Finanzkrisen immer unüberschaubarer.

Johann Freiherr von Berenberg-Gossler (1839–1913), genannt John B., war von 1864 bis zu seinem Tod Mitinhaber der Bank

John (Freiherr von) Berenberg-Gossler (1839–1913)

Eine glückliche Partnerschaft

Nach dem Tod von Johann Heinrich III. hatten John B. und sein Vetter Ernst Gossler (1838–1893) die Leitung der Geschäfte übernommen. John B. hieß inzwischen offiziell Johann Berenberg-Gossler, da er mit einem Senatsbeschluss von 1880 das Recht erhalten hatte, den zweiten Vornamen »Berenberg« in den Familiennamen aufzunehmen.

1881 erhielt der Prokurist W. Barttram, der sich bei der Abwicklung der Spekulationsgeschäfte von John Henry Gossler in New York so bewährt hatte, eine Beteiligung von zehn Prozent. John Berenberg-Gossler behielt 60, Vetter Ernst

30 Prozent, wobei vorher wie immer fünf Prozent des Nettogewinns an verdiente Mitarbeiter verteilt wurden.

Beteiligungsverhältnisse:
60 % John Berenberg-Gossler
30 % Ernst Gossler
10 % W. Barttram

Die Partnerschaft mit seinem Vetter Ernst Gossler hat John B. immer als großes Glück empfunden. Er nannte ihn »einen famosen Kerl«, einen »prächtigen Mitarbeiter und Helfer«, »eine gute treue Seele« und einen »Gentleman in jeder Beziehung«. »Ernst und ich vertragen uns herrlich«, hatte er seinem Freund Gustav Schramm schon am 12. August 1864 geschrieben und daran sollte sich nie etwas ändern.

Zu diesem Zeitpunkt war Ernst Gossler, der bei Schuback & Söhne gelernt hatte, dann nach Portugal und in die USA geschickt worden war, um ihn von zunächst unerwünschten Heiratsplänen abzulenken, Prokurist bei Joh. Berenberg, Gossler & Co. Zum 1. Januar 1873 war er zum Teilhaber geworden und hatte mit seinem ruhigen, ausgeglichenen Temperament auf Johann Heinrich III. und John B. oft einen wohltuend mäßigenden Einfluss. Wie der langjährige Prokurist der Firma, Rudolf Sandow, 1921 zu berichten wusste, pflegte John B., »da er sehr impulsiv sei«, Ernst Gossler zu fragen, »ob er dieses oder jenes Geschäft machen könne. Sagte dieser ›Ja‹, dann machte er es. Sagte Ernst, ›John, laß die Finger davon‹, dann rührte er das Geschäft nicht mehr an.« Das gute Verhältnis der beiden zeigte sich auch in folgender Briefstelle: »Ernst Gossler und ich reiben uns doch noch täglich an den engherzigen und beschränkt denkenden Hamburgern. In Übersee ist das Leben ganz anders. Sehr traurig und sehr einsam freilich oft, aber viel freier und ungebundener …«, schrieb John B. an Gustav Schramm. So waren die weltläufigen Juniorchefs sich auch in politischen Fragen einig und gerieten bald in heftige Auseinandersetzungen mit der Mehrheit der Hamburger Kaufleute.

Der Streit um den Zollanschluss

Im Gegensatz zu den meisten Hamburgern, die Preußen wegen der 1857 verweigerten Hilfe grollten und eher Österreich zuneigten, waren sowohl Johann Heinrich III. als auch John B. und Ernst Gossler streng preußisch gesinnt. Die Hamburgische Kleinstaaterei war ihnen fremd und in dieser Haltung wurden sie von amerikanischen und vor allem englischen Bankiersfreunden gestärkt. Man hoffte, dass nach der politischen und monetären Einheit nun auch die Zolleinheit folgen werde.

Hamburg war als Bundesstaat zwar Teil des Deutschen Reiches, zolltechnisch jedoch Ausland. Seit Gründung des Zollvereins 1834 hatte man in Hamburg einen Beitritt zu vermeiden gewusst, sehr zum Ärger des Binnenlandes, das mit seiner Kritik an den »undeutschen Hanseaten«, den »deutschen Barbaresken«, die nur an ihren »alleinseligmachenden Beutel« dächten, nicht zurückgehalten hatte.

1879 war Bismarck von der Freihandels- zur Schutzzollpolitik übergegangen und versuchte, dem Zollverein endlich auch Hamburg einzuverleiben. Die Vettern Gossler zweifelten nicht daran, dass ihm zur Erreichung dieses Ziels geeignete Mittel zur Verfügung standen. Und sie waren außerdem sicher, dass der Anschluss unter bestimmten Bedingungen, nämlich unter Beibehaltung eines Freihafengebiets, der Hansestadt nur Vorteile bringen würde. Doch die meisten Kaufleute waren anderer Meinung. Am 9. Mai 1879 richtete daher Ernst Gossler als Präses der Handelskammer an diese einen Brief, in dem er seinen Standpunkt erläuterte und nur vier Monate nach seiner Ernennung um seine Entlassung bat:

> »Da ich … insofern wesentlich von den Ansichten der übrigen Mitglieder der Kammer abweiche, als ich angesichts der augenblicklichen ökonomischen Verhältnisse Deutschlands eine principielle Gegnerschaft gegen das Programm des Reichskanzlers nicht für opportun, und, unter gewissen, hier nicht näher zu erörternden Voraussetzungen, Hamburgs Eintritt in den Zollverein für geboten erachte, so habe ich mich der Theilnahme an den auf qu. Angelegenheit bezüglichen Manifestationen der Handelskammer völlig enthalten.
>
> Ich habe unterlassen, dieser meiner divergierenden Meinung öffentlich Ausdruck zu geben, um die an sich schon scharfen Gegensätze meinerseits nicht ferner zuzuspitzen, bis eine vor kurzem gegen mich gerichtete Provocation der Börsenhalle mich nöthigte, aus meiner Reserve herauszutreten.
>
> Nach der von mir zur Richtigstellung des Sachverhaltes gegebenen öffentlichen Erklärung habe ich meinen Platz als Vorsitzer der Handelskammer einem meiner Herren Collegen überlassen, da ich mich nicht ferner in der Lage erachte, meine bisher innegehabte Stellung aufrecht zu erhalten, und erlaube mir nunmehr Einen Hohen Senat um meine Entlassung aus dem Amte eines Mitgliedes der Handelskammer auf verfassungsmäßigem Wege zu ersuchen.«

Jules Favre (links) verhandelte mit Otto von Bismarck einen Waffenstillstand; am 10. Mai 1871 unterzeichneten sie den Frieden von Frankfurt

Dem Ersuchen wurde stattgegeben. Bismarck versuchte es inzwischen mit Diplomatie. Am 8. Mai hielt er vor dem Reichstag eine Rede, in der er für den Fall eines Beitritts zusicherte:

> »… daß das Recht auf Freihafen nur mit Hamburgs Bewilligung aufhören könne, und daß ich, so lange ich mitzureden hätte, auch darüber wachen würde, daß es nicht eingeschränkt werde auf kleinere Grenzen als diejenigen, welche nothwendig sind, damit es seiner Bezeichnung in vollkommener und loyaler Weise entspreche, ein wirklich voller Freihafen, der allen Evolutionen, die in einem Freihafen vorgenommen werden sollen, und allen Nutzen, den man von einem Freihafen erwarten kann, entspricht.«

Doch die Hamburger wollten nicht und so machte der »starre Unitarier« John B. sich äußerst unbeliebt, als er sich mit einer Eingabe direkt an den Reichskanzler wandte und um eine Bekräftigung dieser Zusagen bat:

> »Durchlauchtigster Fürst, Hochgebietender Herr Reichskanzler …
> Die Zollanschlußfrage, oder, wie man sie zu nennen wohl berechtigt ist, die Frage der zweckmäßigsten Begrenzung des hiesigen Freihafens, wird andauernd der unbefangenen Würdigung entzogen; sie wird zum

> Spielball der politischen Parteigetriebe gemacht und so dem Gewirre der Leidenschaften preisgegeben. Insbesondere die Fraction, welche sich als eine fortschrittliche der Bevölkerung gegenüber bezeichnet, gibt sich in der beregten Angelegenheit Bestrebungen hin, welche auf Nichts Anderes abzielen könnte, als vermöge der wirthschaftlichen Trennung der Hafenplätze an Elbe und Weser vom Reiche die Entfremdung dieser Städte von Deutschland auch auf andere Gebiete der nationalen Gesetzgebung und socialen Ordnung wach zu erhalten, ja bis zu einer immer tieferen Kluft zu erweitern. – Liberale Secessionisten wirken in der gleichen Richtung. – Man hat nicht Anstand genommen, auf alle erdenkbare Weise die Meinung zu erregen, die Pläne der Reichsregierung liefen auf eine Beeinträchtigung der verfassungsmäßigen Rechte der Hansestädte und auf eine Verkümmerung ihres Wohlstandes hinaus, beziehungsweise sie würden die Letztere zur Folge haben.
>
> Es bedarf wohl kaum noch der Versicherung, daß wir unsererseits von den wohlwollenden Intentionen der Reichsregierung für den Staat, welchem wir angehören, wie für alle anderen Theile des Vaterlandes fest durchdrungen sind. Wir fügen hinzu, daß wir dem Anschluß der Stadt Hamburg unter Belassung von Freivierteln und sonstigen angemessenen Einrichtungen nicht nur für alle gewerbliche und industrielle Thätigkeit, für Kleinhandel sowie für Grundeigenthum wesentliche Vortheile erblicken, sondern auch gleiches namentlich für Import, Export und Großhandel voraussehen, über welche Geschäftsbetriebe ein Urtheil abzugeben, wir durch die in unseren Lebensstellungen gewonnene Erfahrung als uns berufen erachten dürfen.
>
> Diese unsere Gesinnung wird von einem sehr großen Theile der hiesigen Bevölkerung getheilt, der in seinem Urtheil und seiner Sympathie für das Vaterland sich durch Verhetzungen nicht hat beirren lassen.«

In seiner Antwort an die Herren Joh. Berenberg, Gossler & Co., datiert Friedrichsruh, den 15. November 1880, wiederholte der Reichskanzler seine Versprechen und John B. ließ beides, seine Eingabe und Bismarcks Antwort, in den »Hamburger Nachrichten« veröffentlichen. Doch seine Hoffnung, die Hamburger mit diesen Erklärungen zum Anschluss zu bekehren, erfüllte sich mitnichten. Denn erstens wurde »diese unsere Gesinnung« keineswegs »von einem sehr großen Theile der hiesigen Bevölkerung getheilt« – es fanden sich

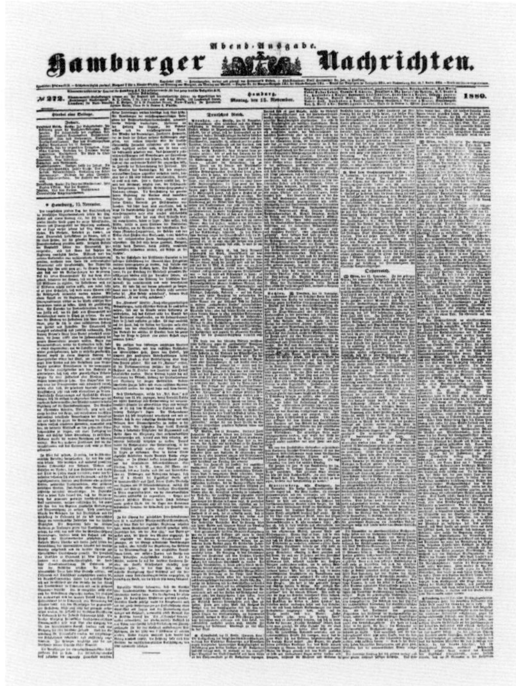

Abend-Ausgabe.
Hamburger Nachrichten.
1880.

Die »Hamburger Nachrichten« vom 15. November 1880 veröffentlichten John B.'s Briefwechsel mit dem Reichskanzler Bismarck

gerade 31 Unterzeichner – und außerdem war der Ton der Eingabe wenig geeignet, die bisherigen Anschlussgegner zu gewinnen. Ein Sturm der Entrüstung brach los und ausgerechnet die Amsinck-Vettern von Johannes Schuback & Söhne protestierten »auf das Entschiedenste gegen das Vorgehen einer kleinen Anzahl selbstberufener Männer«. Man trat vehement für die Aufrechterhaltung ganz Hamburgs als Freihafen ein und wenn es dann zu einer Neubegrenzung kommen sollte, »so erwarten wir, daß eine solche nur unter Mitwirkung unserer gesetzgebenden Factoren, unter voller Würdigung aller dabei ins Gewicht fallenden Interessen erstrebt wird.« Im Übrigen verwahrte man sich dagegen, nicht ebenso national gesinnt zu sein wie die Gegenpartei.

Die angeführten Formulierungen stammen aus dem Schriftstück, das die »Partikularisten« in der Börse ausgelegt hatten: 1.730 Unterschriften fanden sich schließlich darunter. Von Sanders, Merck, Münchmeyer, Westphal, Lutteroth, Warburg, Tesdorpf, Pinckernelle, Möring, Hudtwalcker, de Chapeaurouge, Nottebohm, Schröder, Edye und Willink bis zu Aktiengesellschaften, an denen auch Joh. Berenberg, Gossler & Co. beteiligt waren – die Hapag, die Hamburg-Süd und die Dampf-Zucker-Siederei von 1848 – stand alles, was in Hamburgs Wirtschaft Rang und Namen hatte, gegen John B. und Ernst Gossler und ihr kleines Gefolge.

Trotzdem: Die Vettern Gossler hatten sowohl die Kräfteverhältnisse als auch die wirtschaftlichen Konsequenzen richtig eingeschätzt. Die vertraulichen Verhandlungen mit dem Reich befanden sich bereits in der heißen Phase und im Mai 1888 waren sie abgeschlossen: Hamburg trat dem Zollverein bei, behielt aber ein großräumiges Freihafengebiet, das ebenso Platz für Werften wie auch für diverse Veredlungsindustrien bot. Zu den Kosten der neuen Anlagen, die auf 106 Millionen Mark geschätzt wurden, trug das Reich 40 Millionen bei. Die Zollverwaltung sollte hamburgischen Behörden unterstellt werden.

Die Veränderungen im Stadtbild waren gewaltig: Der malerische Kehrwieder mit seinen Schifferkneipen wurde abgerissen, ebenso das ehrwürdige Kaufmannsviertel Am Wandrahm und Holländischer Brook. Damit verschwanden die schönsten Bürgerhäuser, darunter auch das Mortzenhaus, das seit 100 Jahren im Besitz der Familie Gossler war und auch als Kontor diente. Die Firma zog nun um in die Ferdinandstraße Nummer 52, später dann an den Adolphsplatz Nummer 5.

Rund 24.000 Menschen mussten im Zuge des Freihafenbaus umgesiedelt werden; die meisten von ihnen fanden, fern ihrer Arbeitsstätten, ein Unterkommen in Eimsbüttel, Barmbek, Hohenfelde und Rothenburgsort, wo Mietskasernen straßenweise aus dem Boden gestampft wurden.

Am 15. Oktober 1888 war der Freihafen fertig und 14 Tage später wurde er in Anwesenheit des jungen Kaisers, Wilhelm II., eröffnet. Die Zollschranken fielen und damit auch der Reiz des Schmuggelns, bei dem viele Damen, unter ihnen auch Juliane Amalie Berenberg-Gossler, auf dem Heimweg in die Vororte größtes Geschick entwickelt hatten.

Zu John Berenberg-Gosslers Genugtuung erwiesen sich alle Prophezeiungen, dass nach dem Anschluss nur noch Kühe den Jungfernstieg bevölkern würden, als falsch: Die wirtschaftliche Entwicklung ging nach dem Beitritt rasch aufwärts. Man verdiente gut und die herrschende Prosperität ließ den Groll gegen Bismarck und seine hamburgischen Anhänger bald schwinden.

Kaiserwetter am 29. Oktober 1888 in Hamburg: Wilhelm II. eröffnete die Speicherstadt und den Freihafen

Eine zweifelhafte Ehre?

John B. wird für seine Verdienste um den Zollanschluss der erbliche preußische Adel verliehen …

In Berlin hatte man John Berenberg-Gosslers Engagement nicht vergessen. Am 23. Januar 1889 wurde ihm unter Würdigung seiner Verdienste für den Zollanschluss Hamburgs der erbliche preußische Adel verliehen. Zwei Monate später erteilte ihm der Senat die Genehmigung, fortan den Namen »von Berenberg-Gossler« zu führen. Als Mitglied der Bürgerschaft brauchte John B. diese Genehmigung, denn da der Adel von jeder Mitwirkung an der hamburgischen Regierung ausgeschlossen war, hätte er sein Mandat sonst niederlegen müssen.

In Hamburg mokierte man sich. Nach den Worten des Bürgermeisters Johann Heinrich Burchard – anlässlich der Erhebung des Kaufmanns Schröder in den erblichen Freiherrenstand – galt: »Ein Hamburger Kaufmann kann überhaupt nicht erhoben werden.« John B.s Schwester Susanne, verehelichte Amsinck, soll gesagt haben: »Aber John, unser guter Name!«, doch dieser sollte noch weiter leiden, denn am 5. Dezember 1910 erhielt John von Berenberg-Gossler auch den Freiherrentitel für sich und seine Besitznachfolger auf dem zum Fideikommiss umgestalteten Gut Niendorf (Fideikommiss war in der Regel Grundbesitz, der allerdings stets in der Hand eines Familienmitgliedes blieb, nur der Ertrag stand zur freien Verfügung).

… und zum Konsul des Großherzogtums Baden ernannt

Doch außerhalb Hamburgs erwiesen die neuen Ehren sich als Vorteil. Sie erleichterten John B. den Verkehr mit Berlin und – nachdem er 1894 zum Konsul des Großherzogtums Baden ernannt worden war – auch den Kontakt mit Karlsruhe. Wenn der Großherzog in Hamburg weilte, wohnte er bei seinem Generalkonsul am Alsterglacis, wo die Gesellschaftsräume im ersten Stock einen einzigartigen Blick auf Außen- und Binnenalster boten, mit der Silhouette der Stadt und ihren sechs Türmen im Hintergrund.

Turbulente Jahre

Die letzten beiden Jahrzehnte des 19. Jahrhunderts waren für alle Privatbanken so hart, dass viele von ihnen aufgegeben wurden. 1881 sperrte Bismarck aus Furcht vor der russischen Konkurrenz den deutschen Kapitalmarkt für das Zarenreich, was sich in jeder Hinsicht nachteilig auswirkte. Denn diese Maßnahme gereichte nicht nur den deutschen Partnern russischer Geschäftshäuser, also auch Joh. Berenberg, Gossler & Co., zum Schaden, sondern förderte auch

Außenalster (vorn) und Binnenalster
in Hamburg im 19. Jahrhundert

die russisch-französische Annäherung. Russland erhielt Kapitalhilfe nun weitgehend aus Frankreich.

Auch das Jahr 1882 begann »unter recht schlechten Auspicien«, wie der Hamburger Kaufmann Siegmund Robinow in sein Tagebuch schrieb: Das Warengeschäft liege sehr darnieder und in Kaffee, einem der wichtigsten Artikel, herrsche fast eine »panique«. Und zwei Jahre später notierte Arnold Otto Meyer: »1884 ist für die Welt in finanzieller Rücksicht ein gar schweres Jahr geworden. Alle Werte sind plötzlich furchtbar gefallen, einerlei, ob Sie über oder unter der Erde bestanden, und Mancher, der bislang viele Güter hatte, hat sie theils ganz, theils meistens verloren. Dem Jahreswechsel mit seinem Rechnungsabschluß sieht man mit Bangen entgegen.«

1885 gingen Joh. Berenberg, Gossler & Co. dazu über, unabhängig von der augenblicklichen Notwendigkeit, jedes Jahr 50.000 Mark auf ein Reservekonto zu stellen – ein weiser Entschluss, denn in den folgenden Jahren gab es immer wieder heikle Situationen.

Finanzkrisen treffen die Banken

1890 kam es zu einem großen Krach in Argentinien, dann reihte sich eine Finanzkrise an die andere – in Portugal, Griechenland und vor allem in Lateinamerika, wo Joh. Berenberg, Gossler & Co. stark interessiert waren: 1897 stellten mehrere Häuser in Nicaragua ihre Zahlungen ein, wodurch auch Hamburger Firmen in Mitleidenschaft gezogen wurden, die Blancovorschüsse auf die zu erwartenden Kaffeeernten und -sendungen gewährt hatten. Dazu gehörte, wie Wilhelm Amsinck sen. am 9. Juni einem Geschäftsfreund in London mitteilte, auch F. Gerlach, hinter dem Joh. Berenberg, Gossler & Co. als Unterbeteiligte stünden, »wie das jetzt hier bei den zum Teil sehr großen Vorschüssen an Zentralamerika Gebrauch« geworden sei. Ähnliches wiederholte sich 1899 in Guatemala, wiederum mit F. Gerlach, im gleichen Jahr ging ein befreundetes Haus in Caracas in Konkurs und auch in Argentinien lief nicht alles nach Wunsch.

1901 brach die Leipziger Bank zusammen. Vorausgegangen waren einige Bankrotte im Industriebereich, wodurch auch Joh. Berenberg, Gossler & Co. Verluste erlitten. 1902 gab es Schwierigkeiten durch die Zahlungsunfähigkeit von Spethmann & Hellweg in Valparaíso und 1907 mussten Haller, Söhle & Co. die Schalter schließen, was auch die befreundeten Häuser berührte.

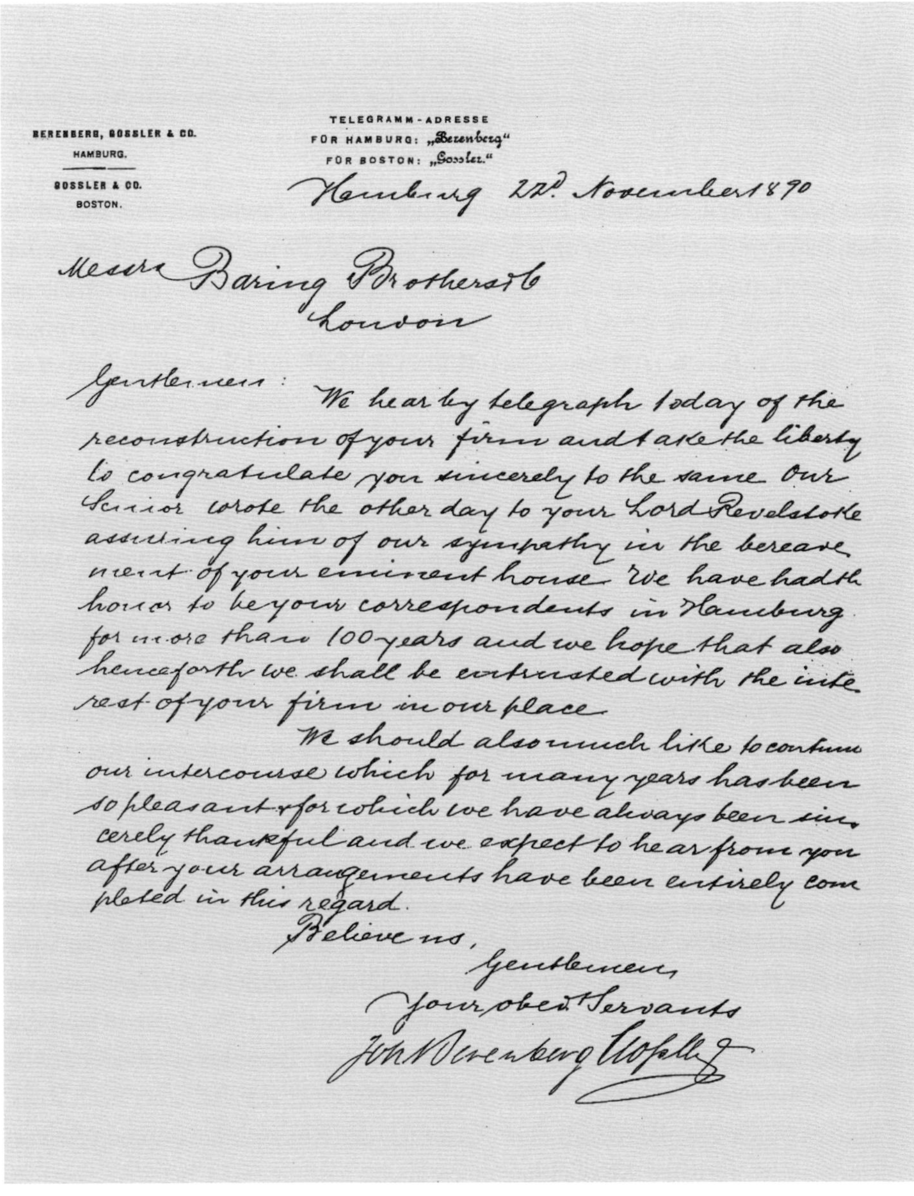

BERENBERG, GOSSLER & CO.
HAMBURG.

GOSSLER & CO.
BOSTON.

TELEGRAMM-ADRESSE
FÜR HAMBURG: „Berenberg"
FÜR BOSTON: „Gossler."

Hamburg 22d. November 1890

Messrs Baring Brothers & Co
London

Gentlemen: We hear by telegraph today of the reconstruction of your firm and take the liberty to congratulate you sincerely to the same. Our Senior wrote the other day to your Lord Revelstoke assuring him of our sympathy in the bereavement of your eminent house. We have had the honor to be your correspondents in Hamburg for more than 100 years and we hope that also henceforth we shall be entrusted with the interest of your firm in our place.

We should also much like to continue our intercourse which for many years has been so pleasant & for which we have always been sincerely thankful and we expect to hear from you after your arrangements have been entirely completed in this regard.

Believe us,
Gentlemen,
Your obed.t Servants
John Berenberg Gossler

Heute erreicht uns telegrafisch die Nachricht vom Wiederaufbau Ihrer Firma, und wir erlauben uns, Ihnen unsere aufrichtigen Glückwünsche zu übermitteln. Unser Senior hat kürzlich Ihrem verehrten Lord Revelstoke geschrieben, um ihm unser Beileid bezüglich des Trauerfalls in Ihrem geschätzten Hause zu versichern. Seit über 100 Jahren haben wir die Ehre, Ihre Geschäftspartner in Hamburg zu sein, und wir hoffen, dass Sie uns auch weiterhin mit den Belangen Ihrer Firma betrauen werden.

Darüber hinaus wünschen wir uns sehr, dass wir unseren freundschaftlichen Umgang, der schon seit vielen Jahren so angenehm verläuft und der uns seit jeher mit aufrichtiger Dankbarkeit erfüllt, fortsetzen können, und wir erwarten Ihre Nachricht, sobald Sie all Ihre diesbezüglichen Vorkehrungen getroffen haben.

Joh. Berenberg, Gossler & Co. dagegen hielten in diesen für alle Privatbanken harten Jahren nicht nur durch, sondern erzielten, außer im Jahr 1901, stets ansehnliche Gewinne. Fünf Prozent des Nettogewinns entfielen wie bisher an verdiente Angestellte, 1880 waren es acht, 1913 waren es 15 Mitarbeiter. Die »Herren Chefs« erwiesen sich in aller Regel als großzügig und schossen in mageren Jahren erhebliche Beträge aus der eigenen Tasche zu. Von der Möglichkeit, ihre Tantiemen ganz oder teilweise in der Firma stehen und verzinsen zu lassen, machten fast alle Mitarbeiter Gebrauch, sodass sich 1913 ein Angestellten-Anteil von 287.637 Mark ergab. John B.s Anteil am Firmenvermögen im gleichen Jahr betrug fast sieben Millionen Mark und war damit kleiner als der Anteil seines Vaters 1879: Den größeren Teil seines Vermögens hatte der Sohn in Aktien und Grundstücken angelegt.

Wie sein Vater, so saß auch John B. in diversen Aufsichtsräten: bei der Vereinsbank, der Ilseder Hütte, dem Peiner Walzwerk, der Bank für Handel und Industrie, Blohm & Voß etc. Zudem gehörte er dem Bezirksausschuss der Reichsbank an.

Immer häufiger unternahmen die Teilhaber ausgedehnte Geschäftsreisen, um Beziehungen zu festigen und neue aufzubauen – und manchmal auch, um das Schlimmste zu verhüten. Im Jahr des Argentinienkrachs, 1890, machte John B.s Sohn John jr. eine erfolgreiche, wenn auch strapaziöse Reise nach Lateinamerika, wo er wochenlang per Bahn und Wagen, aber auch zu Pferde und auf dem Maultierrücken unterwegs war. Auf dem Hin- und Rückweg machte er Station in Boston und New York, um Verbindungen zu pflegen.

In London galten die Besuche wie immer Barings, dem seit Langem befreundeten Hause William Brandt's Sons & Co. und immer häufiger der London and River Plate Bank, mit der Joh. Berenberg, Gossler & Co. gemeinsame Geschäfte in Südamerika tätigte. In Amsterdam war die »N. V. Nederlandsche Handelsmaatschappij«, deren Generalagenten Joh. Berenberg, Gossler & Co. waren, besonders wichtig. Und wiederholt fuhr einer der Teilhaber nach Russland, wo sich vor allem nach dem Ausbruch des Russisch-Japanischen Krieges (1904–1905) günstige Möglichkeiten ergaben, solange man bei den dortigen zum Teil recht eigenartigen Gepflogenheiten die nötige Vorsicht walten ließ. Wann immer man Erkundigungen über russische Firmen einholte, lautete die erste Frage: »Is the book-keeping European or Asiatic?« Offenbar war man gut informiert, denn das Russlandgeschäft, vor allem die Beteiligung an einer Ölquelle in Maikop, lohnte sich.

Personalmangel

Der Arbeitsanfall war für die Teilhaber inzwischen kaum noch zu bewältigen, die Geschäftsleitung einfach zu klein. So erlosch das Bostoner Haus Gossler & Co. im Jahre 1891 trotz günstiger Geschäftslage, weil John B. und Ernst Gossler keinen geeigneten Leiter fanden. Das New Yorker Haus war bereits 1880, nach der Abwicklung von John Henrys Spekulationsgeschäften, aufgelöst worden. Zum 1. Januar 1892 wurde John B.s ältester Sohn John jr. (1866–1943) mit einer Gewinnbeteiligung von zehn Prozent Teilhaber.

Am 5. Juli 1893 starb Ernst Gossler an einer Blutvergiftung. Sein früher Tod – er war erst 55 Jahre alt – ging allen, die ihn gekannt hatten, sehr nahe. Der Onkel Wilhelm Gossler schrieb an Ernsts Bruder: »... und wenn ich mich nicht zu irren glaube, hinterlässt er selbst an der Börse, wo doch Alles sonst so materiell zugeht und der Neid üppig wuchert, Dein seliger Bruder keinen Feind.« In der Firma hinterließ Ernst Gosslers Tod eine spürbare Lücke, John von Berenberg-Gossler vermisste seine Freundschaft, seine Erfahrung und seinen Rat.

Erst 1898 gab es in der Geschäftsleitung wieder Verstärkung: John B.s Sohn Cornelius (1874–1953) wurde Teilhaber. Ab 1903 hielten die Söhne je 25 und John B. 50 Prozent und immer häufiger nahm nun einer der Söhne John B. das Reisen ab.

Beteiligungsverhältnisse:
50 % John v. Berenberg-Gossler
25 % John v. Berenberg-Gossler jr.
25 % Cornelius v. Berenberg-Gossler

Bei dem inzwischen erreichten Geschäftsumfang wäre eine noch breitere Basis in der Firmenleitung, wie beispielsweise bei M. M. Warburg & Co., wo mehrere kaufmännisch außerordentlich begabte Brüder an der Spitze standen, von Vorteil gewesen. Doch es war damals noch nicht üblich, Teilhaber aufzunehmen, die nicht zur Familie gehörten. Und in der Familie fand sich niemand: John B.s zweiter Sohn, Paul, war Landwirt, der fünfte, Herbert, Arzt geworden und Andreas, der vierte Sohn, noch in der Ausbildung. Von den Schwestern hatte Julie Amalie (1865–1931), die Älteste, den Verwaltungsbeamten Gustav Jakob Kirchenpauer geheiratet, die zweite, Frances (1868–1951), den Offizier, Gutsbesitzer und passionierten Ornithologen Karl Rudolf Hans Freiherr von Berlepsch, der zur Freude aller den Niendorfer Besitz um etliche Vogelarten bereicherte, aber für die Firma keine Hilfe bot. Lediglich im Ehemann von Marianne (1869–1934), Johannes Theodor Merck, hatte man für kurze Zeit eine indirekte Unterstützung; er assoziierte sich 1894 mit einem Herrn aus Buenos Aires zur Firma Duhnkrack & Merck, an der sich Joh.

Berenberg, Gossler & Co. als Kommanditist beteiligten und diese Beteiligung blieb auch erhalten, als Merck zwei Jahre später wieder ausschied, weil ihm die Stelle eines Direktors bei der Hapag angeboten worden war.

Geschäft oder Politik!

John jr. wird Senator und scheidet aus der Firma aus

Ab 1908 ruhte die Hauptlast der Arbeit auf Cornelius von Berenberg-Gossler. In jenem Jahr nämlich schied John jr. aus der Firma aus, und zwar nicht freiwillig: John B. kündigte ihm die Teilhaberschaft im Zorn, weil der Sohn am 20. Januar in den Senat gewählt worden war. Für den Vater schlossen sich Politik und Geschäft aus und das war in gewisser Weise verständlich, denn die Pflichten eines Senators hatten sich gewandelt und vermehrt. Bei der Vereidigung des neuen Senators, die feierlich wie eh und je im Kaisersaal des Rathauses stattfand, umriss Bürgermeister Johann Georg Mönckeberg dem neuen Senator die brennendsten Aufgaben der Hansestadt.

An erster Stelle stand die Sanierung ganzer Stadtteile, der Gängeviertel, die skandalöserweise immer noch nicht abgeschlossen war. Die katastrophalen Lebensbedingungen in diesen Gängevierteln waren seit über 300 Jahren nahezu unverändert und hatten noch 1892 zu einer Cholera-Epidemie geführt. Der damals aus Berlin angereiste Entdecker des Cholera-Erregers, Robert Koch, machte die beschämenden Zustände über Hamburgs Stadtgrenzen hinaus bekannt: »Ich vergesse, daß ich mich in Europa befinde.« Danach erst entwarf der Senat ein Sanierungsprogramm. Während man hier die Relikte des Mittelalters zu beseitigen begann, hatte man andernorts bereits mit dem Bau von Hoch- und Untergrundbahnen begonnen. Als weitere Aufgaben nannte der Bürgermeister die Umwandlung der Innenstadt zur »City«, eine erneute Hafenerweiterung und die Beratung aller Reichsangelegenheiten, vor allem der Steuergesetze.

Der Bürgermeister schloss seine Vereidigungsrede mit den Worten: »Mein geehrter Herr von Berenberg-Gossler! Aus diesen kurzen Bemerkungen werden sie ersehen, wie wichtig die Fragen sind, an deren Lösung sie mitzuwirken haben werden. Sie sind durch das Vertrauen ihrer Mitbürger in den Senat gewählt worden … Sie gehören einer Familie an, aus der seit mehreren Generationen eine Reihe ausgezeichneter Bürger unserer Stadt und mehr als ein hochverdientes Mitglied des Senats hervorgegangen ist. Sie sind daher in

Die Cholera hatte Hamburg 1892 fest im Griff – Desinfektionskolonnen waren im Einsatz

der althamburgischen Überlieferung herangewachsen, daß es die höchste Ehre eines Hamburger Bürgers ist, unter Hintansetzung persönlicher Neigungen und Interessen Zeit und Arbeitskraft dem Wohle der Vaterstadt zu widmen.« Doch im Gegensatz zu den vorherigen Generationen, für die öffentliche und geschäftliche Pflichten noch selbstverständlich nebeneinander liefen und sich häufig ergänzten, musste John jr. sich entscheiden: Geschäft oder Politik.

Cornelius war über Johns Ausscheiden sehr unglücklich, weil der Bruder, der mehrere Sprachen fließend beherrschte, nicht nur ein liebenswürdiger Gesellschafter und gewandter Diplomat, sondern auch ein ausgezeichneter Bankier war. Seit Jahren hatte er als voraussichtlicher Nachfolger von John B. die Firma mitregiert und besonders in Zentralamerika glänzende Geschäfte getätigt. Für John trat der jüngere Bruder Andreas in die Firma ein und 1910 wurde neben John B. mit 60 Prozent, Cornelius mit 25 Prozent, Andreas mit zehn Prozent auch ein langjähriger Angestellter, G. Tiedemann, mit fünf Prozent beteiligt. Doch die Mitarbeit von Andreas erwies sich als wenig hilfreich und John B. war aus Altersgründen nicht mehr belastbar.

Im Oktober 1912 sah es vorübergehend so aus, als ob John in die Firma zurückkehren würde, denn seiner Senatorenlaufbahn drohte ein ungewöhnliches Ende: Um beim Rennen in Horn besser sehen zu können, war Graf Königsmarck auf einen Stuhl des Union-Clubs gestiegen und nachdem auch wiederholte Bitten nicht vermocht hatten, ihn zum Herunterkommen zu bewegen, wurde ein Schutzmann gerufen, um den Gast zu entfernen. Königsmarck sah sich in seiner Ehre verletzt und forderte den Vorstand des Rennclubs, zu dem auch John von Berenberg-Gossler gehörte, zum Duell. Vermittlungsversuche scheiterten an von Königsmarcks Hartnäckigkeit und schließlich nahm John die Forderung an. Der glücklicherweise unblutige Schusswechsel fand am 17. September 1912 in einem Wald bei Wittenberge statt und hatte ein unvorhergesehenes Nachspiel. Duelle waren laut Strafgesetzbuch verboten und ein preußisches Militärgericht – John war Reserveoffizier – verurteilte ihn zu drei Monaten Festungshaft. Ein »straffälliger« Senator aber war undenkbar und so hieß die Alternative: Rücktritt oder Gnadengesuch beim König von Preußen. Der Senat entschied sich für Letzteres und die Mehrheit der Bevölkerung stimmte ihm dabei, wie der zeitgenössischen Presse zu entnehmen ist, offenbar zu, denn John von Berenberg-Gossler galt als sehr fähiger Senator und durfte es, von Preußens Gnaden und zum Nachteil der Firma, bleiben.

Cornelius musste die Geschäfte weiterhin allein führen. Sein Vater hatte sich schon seit einigen Jahren aus dem Geschäft zurückgezogen und widmete sich seinen geistigen Interessen, vor allem der Literatur und der Geschichte. Und immer häufiger äußerte er sich in seinen letzten Lebensjahren besorgt über die Möglichkeit eines Krieges mit England und Frankreich.

Am Vorabend des Krieges

Die deutsche Außenpolitik hatte nach Bismarcks Entlassung im Jahre 1890 erheblich an Berechenbarkeit verloren. John B. beklagte stets, dass mit der Aufgabe des deutsch-russischen Rückversicherungsvertrages die traditionelle Bindung im Osten preisgegeben und zugleich eine Annäherung Frankreichs an Russland befördert worden war. Außerdem plädierte er – im Gegensatz zu seinem Sohn John – für eine möglichst zurückhaltende Kolonialpolitik, um die Verständigung mit England nicht zu stören. Die Engländer wurden durch die »Krüger-Depesche« von 1896 und die »Daily-Telegraph-Affäre« von 1908

Die 1896 von Kaiser Wilhelm II. verfasste »Krüger-Depesche« erzürnte die Briten

Ausw. Amt Tel. Abth. 122
pr. 3. Januar 1896 [illegible]
Berlin den 3 Januar 1896

79

Präsident Krüger

Pretoria

[illegible]

[illegible]

Ich spreche Ihnen Meinen aufrichtigen Glückwunsch aus, daß es Ihnen ohne an die Hülfe befreundeter Mächte zu appelliren, mit Ihrem Volke gelungen ist, in eigener Thatkraft gegenüber den bewaffneten Schaaren, welche als Friedensstörer in Ihr Land eingebrochen sind, den Frieden wiederherzustellen und ~~die Achtung Ihrer Regierung~~ zu wahren.

die Unabhängigkeit des Landes gegen Angriffe von Außen

N. S. M.

Wilhelm I.R.

[illegible]

No 45.

[illegible]

verstimmt. Zu den Interessenkonflikten in der Kolonialpolitik kam ein schroffer, drohender Ton in die deutsche Außenpolitik, der vor allem dem »unersättlichen Appetit der Engländer« galt. Die Flottenpolitik des deutschen Reiches unter Alfred von Tirpitz schürte die englische Furcht vor einer deutschen Rivalität auf den Weltmeeren und beförderte die französisch-englische Annäherung. Das Verhältnis zu Russland wurde durch die deutschen Pläne einer Bagdadbahn 1911, neue Zollgesetze, die russisches Getreide aus Deutschland ausschlossen, und die Rückendeckung für Österreich strapaziert.

Diese Außenpolitik brachte eine derartige Verschlechterung der diplomatischen Position Deutschlands in Europa zustande, dass man aus Furcht vor einem Ring von Großmächten, der Deutschland einzuschnüren drohte, schon 1905 an einen Präventivkrieg gegen Frankreich dachte. Obwohl England sich lange gesprächsbereit zeigte – 1912 verhandelte man über einen Flottenbaustopp und noch 1914 sollte man sich in der Bagdadfrage einigen – rechneten die deutschen Militärs bald mit einem Zweifrontenkrieg, der dann später als Schlieffen-Plan auch Wirklichkeit werden sollte. Denn England hatte zu

Am 7. September 1911 wurde der Hamburger Elbtunnel eröffnet

erkennen gegeben, dass es im Falle eines Krieges auf dem Kontinent Deutschlands Hegemonie nicht akzeptieren würde. Russlands Drang nach den Meerengen, seine Unterstützung Serbiens gegen Österreich sowie Frankreichs Ziel, Elsass-Lothringen zurückzugewinnen, markierten die zusätzlichen Konfliktherde.

Das Ende einer Ära

Es blieb John B. erspart, sich von der Richtigkeit seiner pessimistischen Prognosen überzeugen zu müssen: John Freiherr von Berenberg-Gossler sen. starb am 8. Dezember 1913. Er hinterließ seinen Kindern ein Vermögen von über 40 Millionen Mark, zum großen Teil in Form eines weitgestreuten Aktienbesitzes – und eine Firma, die in Hamburg zu den angesehensten zählte. Unter seiner Leitung, so schrieb der »Hamburgische Correspondent« vom 9. Dezember, habe sie sich noch weiter über die bisherigen Grenzen hinaus entwickelt. Und die »Hamburger Nachrichten« vom selben Tage urteilten: »Mit dem Freiherrn von Berenberg-Gossler verliert die hiesige Kaufmannschaft einen ihrer allervornehmsten Vertreter. Das große Ansehen seiner Firma beruhte nicht allein auf der Pflege der alten Tradition, sondern zum großen Teil auch auf der wahrhaft vorbildlichen Praxis, mit der der Verstorbene das Geschäft leitete. Seiner Noblesse und kaufmännischen Gewandtheit ist es zuzuschreiben, dass das Bankhaus Joh. Berenberg, Gossler & Co. auch im Zeitalter der Bankenkonzentrationen und des Vorrückens der Großbanken seinen vornehmen Rang in der Reihe der hamburgischen Hochfinanz unangefochten behaupten konnte.«

IM SCHATTEN VON KRIEGEN UND KRISEN
CORNELIUS VON BERENBERG-GOSSLER
(1874–1953)

Im Ersten Weltkrieg

Nach dem Tod des Freiherrn John von Berenberg-Gossler ging die Leitung der Firma auf seine Söhne Cornelius (1874–1953) und Andreas (1880–1938) über, deren Firmenanteile 2.637.450 beziehungsweise 307.996 Mark betrugen. Zu Cornelius' Leidwesen bewegte sich das Engagement für die Firma in ähnlicher Relation, sodass die Verantwortung weiterhin allein auf seinen Schultern lastete.

Cornelius von Berenberg-Gossler hatte eine gründliche kaufmännische Ausbildung, unter anderem bei Barings in London, genossen und danach, der Familientradition entsprechend, längere Zeit bei weiteren befreundeten Firmen im Ausland gearbeitet. Als sein Vater starb, war Cornelius fast 40 Jahre alt und bereits seit 16 Jahren Teilhaber. Seit 1912 saß er im Verwaltungsrat der Berliner Handelsgesellschaft. Als Nachfolger seines Vaters wurde er in diverse Aufsichtsräte berufen, unter anderem bei der Vereinsbank, der Ilseder Hütte, dem Peiner Walzwerk und bei Blohm & Voss. Außerdem gehörte er dem Hamburger Bezirksausschuss der Reichsbank an. Bereits im Juli 1907 war er zum »Generalkonsul« des Königreichs Bayern ernannt worden.

Generalkonsul des Königreichs Bayern

Seit 1898 war Cornelius mit Nadia Clara von Oesterreich (1878–1962) verheiratet, einer Tochter von Constantin von Oesterreich und seiner Frau Clara Dorothea, geb. Brandt. Die Familien waren einander schon lange sowohl geschäftlich als auch freundschaftlich verbunden und das Gleiche galt auch für die Familie von Nadias Mutter: Joh. Berenberg, Gossler & Co. pflegte mit dem Haus Wilhelm Brandt in Archangelsk und Sankt Petersburg seit dessen Gründung 1806 beste Beziehungen, das Nachfolgeunternehmen Wilhelm Brandt's Sons & Co. in London gehörte zu den engsten Geschäftspartnern.

Cornelius und Nadia kannten einander von Kindesbeinen an und ihre Ehe, aus der sechs Kinder hervorgingen, war besonders glücklich. Cornelius hatte den Besitz in Niendorf – und die daran gebundene Freiherrnwürde – geerbt, so wohnte die Familie nach alter Hamburger Sitte nur im Winter in der Stadt, an der Fontenay, während man den Sommer »draußen« in Niendorf verbrachte.

Cornelius von Berenberg-Gossler hat vom 1. Januar 1913 bis kurz vor seinem Tod 1953 ein Tagebuch geführt. Knapp und stichwortartig gehalten, gibt es ein Bild vom Leben und den Einstellungen eines Hamburger Kauf-

Hamburg bereitete sich auf den Ersten Weltkrieg vor, hier der Auszug des Infanterie-Regiments Nr. 76

Cornelius Freiherr von Berenberg-Gossler (1874–1953) war von 1898 bis zu seinem Tod Mitinhaber der Bank

manns und Bankiers, dessen Integrität und geistige Unabhängigkeit in den Turbulenzen jener 40 Jahre unangefochten blieb.

Cornelius war im Herzen ein monarchischer Liberaler und voller Hoffnung auf den Sieg der Vernunft in der Politik. Wie sein Vater beklagte er, dass der Rückversicherungsvertrag mit Russland nicht verlängert worden war und das Deutsche Reich sich den Österreichern zugewandt hatte. Doch einen Krieg hielt er lange für unwahrscheinlich: An politische Krisen hatte man sich inzwischen gewöhnt und über die deutsche Außenpolitik, die immer mehr in den Händen der Militärs lag, wurden Parlament und Öffentlichkeit häufig nur so weit informiert, wie es den Zwecken der Heeresleitung dienlich schien – eine Beurteilung der Lage war nicht einfach.

Als am 28. Juni 1914 der österreichische Thronfolger Franz Ferdinand in Sarajevo ermordet wurde und der Konflikt zwischen Serbien und Österreich-Ungarn, Deutschlands einzigem Bündnispartner, sich verschärfte, hoffte Cornelius noch auf diplomatische Interventionen. Doch als Österreich-Ungarn mit deutscher Rückendeckung Serbien den Krieg erklärte und Russland daraufhin mobil machte, hielt er – wie die große Mehrheit der Bevölkerung – die deutsche Kriegserklärung an Russland für folgerichtig.

Der Optimismus der unzähligen deutschen Kriegsfreiwilligen kannte keine Grenzen und im unerschütterlichen Glauben, dass der jeweils andere den Krieg verschuldet habe, zogen auch Engländer und Franzosen guten Gewissens ins Feld.

Cornelius von Berenberg-Gossler, der wegen eines Blinddarmleidens nicht eingezogen wurde, stellte sich dem Kriegsminsterium »behufs Proviant Beförderung per Auto« zur Verfügung. Mehrfach fuhr er mit seinem schwer bepackten 50-PS-Mercedes an die Fronten im Osten wie im Westen und brachte den Soldaten sogenannte »Liebesgaben«. Mit seinem Freund Percy Lebenbaum beteiligte er sich an der Finanzierung eines Lazarettzuges. Im November 1915 übernahm er als Rot-Kreuz-Delegierter in Kowno und Wilna »die Leitung respektive Überwachung der an der Front auf Hindenburgs Befehl zu errichtenden Soldatenheime«.

Schon früh beurteilte er die Lage realistisch. Am 11. Dezember 1914 heißt es in seinem Tagebuch: »Ich habe das Gefühl, daß sehr viele Leute jetzt nur optimistisch über unsere Kriegslage sprechen, um sich selbst und anderen Mut zu machen.« In den folgenden Monaten bezweifelte er immer wieder die Ehrlichkeit der Heeresberichte.

Kriegswirtschaft

Finanziell war Deutschland auf den Krieg nicht vorbereitet. Der aufgestockte Reichskriegsschatz von nominell 240 Millionen Mark, der ohnehin nur für die Mobilmachung gedacht war, hätte – gemessen an den tatsächlichen Kriegskosten von 165 Milliarden Mark – nur wenige Tage gereicht. Als kurz vor der Mobilmachung bei der Reichsbank schnelle und hohe Goldabzüge festgestellt wurden, hob sie am 31. Juli 1914 gesetzwidrig die Goldeinlösepflicht auf. Die Deckungsgrundlage der Währung wurde per »Gesetz« erheblich erweitert durch die Möglichkeit, Reichswechsel und Reichsschatzanweisungen mit einer Laufzeit von bis zu drei Monaten heranzuziehen. Damit verschaffte sich das Reich den unbegrenzten Zugang zum Notenbankkredit – eine verheerende Maßnahme, wie die inflationäre Entwicklung der nachfolgenden Jahre zeigte. Auf kurzfristige Verschuldungen des Reiches bei der Notenbank folgte jeweils eine »Konsolidierung« durch die Emission von Anleihen, dem Hauptfinanzierungsmittel dieses Krieges. Diese Kriegsanleihen galten zunächst als glänzende Kapitalanlage, viele Leute verkauften dafür ihre Sachwerte. Nur ein kleiner Teil musste bar bezahlt werden, der Rest wurde durch Verpfändung der gezeichneten Anleihen bei der Reichsdarlehenskasse beschafft.

Unter den Linden: In Berlin begann die Mobilmachung am 31. Juli 1914

Wie schon 1870/71 errichtete die Regierung Darlehenskassen, die als Hilfsnotenbanken fungieren sollten. Cornelius von Berenberg-Gossler wurde in den Aufsichtsrat der in Hamburg neu geschaffenen Darlehenskasse berufen und auch die im August gegründete »Hamburgische Bank von 1914« wählte ihn in den Aufsichtsrat.

Die Firma im Krieg

Nach Kriegsausbruch war es Cornelius von Berenberg-Gossler gelungen, von den etwa 36 Millionen Mark, die die Firma für Akzeptkredite an ausländische Banken ausstehen hatte, das meiste wieder hereinzubringen. Vor allem durch Kompensationsgeschäfte über Kopenhagen, in Zusammenhang mit den dortigen Vertretern der Hapag, konnten 24 Millionen Mark gesichert werden. Kredite an russische Banken in Höhe von neun Millionen Mark gingen verloren, während drei Millionen Mark nach dem Krieg von einer südafrikanischen Firma freiwillig zurückgezahlt wurden. Die Vereinsbank gratulierte, als sie am 22. Januar 1915 erfuhr, wie Joh. Berenberg, Gossler & Co. dastand.

Während Cornelius in Wilna arbeitete, lag die Leitung der Geschäfte in der Hand seiner bewährten Angestellten, mit denen er ständig in Verbindung stand. Die Prokuristen Tiedemann, Ziem und Sandow hatten schon unter John B. gearbeitet und sollten 1917 beziehungsweise 1918 25 Jahre Prokura feiern.

Geschäfte waren nur mit dem noch neutralen Ausland möglich. Am wichtigsten waren Kopenhagen und Amsterdam, aber auch São Paulo, Buenos Aires und – bis zum kriegsentscheidenden Eintritt der Amerikaner – New York. Am 16. Juli 1916 notierte Cornelius in Wilna: »Durch Radio-Telegramm fragen Schulz & Ruckgaber in New York an, ob ein Credit, den wir im vorigen Jahr zu Gunsten der Firma Arp & Co. in Rio de Janeiro [gewährten], erhöht werden dürfe. Ich depeschiere nach Hamburg zustimmend, und von dort wird radiotelegraphisch nach New York geantwortet werden. Der telegraphische Verkehr mit Übersee ist also doch möglich.« Kurz darauf bat Cornelius um Entlassung aus der freiwilligen Krankenpflege, weil die Firma seine dauernde Anwesenheit in Hamburg erforderlich machte. Die wirtschaftlichen Verhältnisse in Deutschland waren inzwischen katastrophal.

Als 1916 die militärische Lage des Deutschen Reiches schlechter wurde, hörte der Absatz der Kriegsanleihen allmählich auf. Die folgenden Anleihen wurden vom Finanzministerium übernommen, das daraufhin Noten druckte.

Der Mark-Kurs im neutralen Ausland war gegenüber 1914 um etwa ein Viertel gefallen. Der Mittelstand verlor seine wirtschaftliche Basis, die Massenarmut nahm zu. 1917 erreichten die Kriegskosten eine Höhe von drei Milliarden Mark monatlich. Die Bevölkerung hungerte.

Hamburg wurde stärker als andere Einzelstaaten in Mitleidenschaft gezogen. Die Abschnürung vom Welthandelsverkehr durch die englische Seeblockade wirkte sich verheerend aus: 1913 war Hamburg nach London und New York die drittgrößte Hafenstadt der Welt, gegen Ende des Krieges aber sank die Gesamttonnage auf 1/10 des Vorkriegsstandes. Die deutsche Handelsflotte musste fast vollständig für militärische Zwecke ausgeliefert werden. Die Vermittlung des Seeverkehrs wurde weitgehend von ausländischen Reedereien übernommen, die Hamburger Kontore standen während des Krieges zum großen Teil leer.

Am 25. November 1916 vermerkte Cornelius von Berenberg-Gossler noch eine telegrafische Verbindung mit Guatemala über New York. Dann riss die Verbindung mit Nordamerika zwangsläufig ab. Denn allen warnenden Stimmen zum Trotz nahm Deutschland Anfang 1917 den – 1915 aufgrund der weltweiten Empörung über die Versenkung der *Lusitania* unterbrochenen – uneingeschränkten U-Boot-Krieg wieder auf. Man hoffte, die Seeblockade zu brechen, die amerikanischen Nachschublieferungen an die Entente zu unterbinden und so ein schnelles Kriegsende zu erreichen. Um so ernüchternder waren die Folgen: Die USA traten 1917 in den Krieg ein, lieferten der Entente unerwartet große Materialmengen und beteiligten sich mit zwei Millionen Soldaten am Kriegsgeschehen. Nachdem über Jahrhunderte die politische, militärische und teilweise auch wirtschaftliche Initiative von Europa ausgegangen war, kehrten sich die Machtverhältnisse nun zugunsten der USA um.

Auf die Wiederaufnahme des U-Boot-Krieges folgte auch der Abbruch der diplomatischen Beziehungen zu den lateinamerikanischen Ländern. Hiermit rissen fast alle Verbindungen von Joh. Berenberg, Gossler & Co. zum amerikanischen Kontinent ab, lediglich mit Argentinien konnte der Kontakt über Zürich aufrechterhalten werden.

Der Winter 1917/18 blieb als »Steckrübenwinter« lange in schlimmer Erinnerung. Am 17. Februar notierte Cornelius dankbar, dass der Prokurist Sandow ihn mit einer Kalbskeule beschenkte. Im Frühjahr musste der gepflegte Rasen im Niendorfer Garten einem Kartoffelbeet weichen und im Mai 1918 begannen »die Arbeiten zum Fortnehmen des zwangsweise enteigneten Kupfers« an der Fassade des Kontors.

Am 3. März 1918 kam es in Brest-Litowsk zum Frieden mit der Ukraine

Der »Frieden« von Brest-Litowsk und die Niederlage im Westen

Mit Erleichterung registrierte man die Entwicklungen in Russland: »Hoffentlich verbreitet sich die Revolution weiter«, schrieb Cornelius am 15. März 1917 – man hoffe, dass Russland aus dem Krieg ausscheiden werde. Am 16. April traf Lenin mit offizieller deutscher Unterstützung aus dem Schweizer Exil in St. Petersburg ein. Wenige Wochen nach der Oktoberrevolution kam es am 15. Dezember zum Waffenstillstand und am 3. März 1918 wurde der Frieden von Brest-Litowsk unterzeichnet. An Konferenzen in Hamburg und Berlin, auf denen die Vermögensforderungen an Russland behandelt wurden, nahm auch Cornelius von Berenberg-Gossler teil.

Es stellten sich bald Erfolge ein und die hamburgischen Kaufleute setzten alle Hoffnungen in das Russlandgeschäft. Im Konferenzzimmer von Joh. Berenberg, Gossler & Co. fand am 24. April 1918 eine Besprechung über ein russisches Konsortium statt. Fünf Tage später regte der »Verein Hamburger

Exporteure« die Beteiligung an einer Gesellschaft für den Handel mit der Ukraine an. Doch ergaben sich hier eine Reihe von Schwierigkeiten: Die Engländer hatten die deutschen Beteiligungen an russischen Banken fast restlos aufgekauft und die Reichsbeamten brachten für die Interessen des hamburgischen Außenhandels kaum Verständnis auf.

Philipp Scheidemann (1865–1939) verkündete das Ende des Kaiserreichs und rief am 9. November 1918 die Republik aus (links). Der Sozialdemokrat Friedrich Ebert (1871–1925) war der erste Reichspräsident der Weimarer Republik (rechts)

Zu diesem Zeitpunkt hielt Cornelius den Krieg für verloren, jede weitere Schlacht für ein sinnloses Opfer. Mit dem Durchbruch der Alliierten bei Amiens am 8. August 1918, dem »schwarzen Tag des deutschen Heeres«, bahnte sich an der Westfront die endgültige Niederlage der deutschen Truppen an. Eine Fortsetzung des Krieges sei »Wahnsinn«, da die Friedensbedingungen in der Konsequenz noch demütigender ausfallen würden, aber, so schrieb Cornelius am 17. Oktober: »… der Mangel an Einsicht hat uns schon in die furchtbarsten Lagen geführt.«

Deutschland war nicht bereit, die Waffenstillstandsforderungen der Entente anzunehmen, doch die Regierung hatte ihre Autorität verloren. Ein Matrosenaufstand in Kiel griff auf deutsche Großstädte und das Reich über, Arbeiter- und Soldatenräte wurden gebildet. Am 8. November wurde Bayern zur Republik erklärt und am 9. November erreichte die Revolution Berlin: Der Kaiser musste abdanken, Philipp Scheidemann rief die Republik aus und der SPD-Vorsitzende Friedrich Ebert, der spätere Reichspräsident, wurde am selben Tag zum Reichskanzler ernannt. Am 11. November 1918 schließlich war der Waffenstillstand unterzeichnet.

Die Weimarer Republik

1919 wurde die Weimarer Verfassung verabschiedet. Sie sollte ein Höchstmaß an Demokratie gewährleisten, enthielt aber einige Artikel, die sich als verhängnisvolle Destabilisatoren erwiesen: Dem Verhältniswahlrecht und der unerprobten Möglichkeit von Volksabstimmung und Volksbegehren standen

Aufruhr in Berlin: revolutionäre Soldaten am 9. November 1918 vor dem Brandenburger Tor

weitreichende Notstandsbefugnisse des Reichspräsidenten gegenüber. Innenpolitische Auseinandersetzungen erschütterten die Weimarer Republik von Anfang an, bekämpft wurde sie von rechts und links und nur wenige Deutsche waren bereit, sich für den Aufbau und Erhalt der Demokratie einzusetzen.

In Hamburg war am 12. November 1918 die Regierungsgewalt von einem Arbeiter- und Soldatenrat übernommen worden. Senat und Bürgerschaft wurden aufgelöst, auf dem Rathaus wehte die rote Fahne. Schon nach sechs Tagen jedoch musste er erkennen, dass er der Verwaltung einer Millionenstadt nicht gewachsen war. Die Hungersnot in Hamburg hielt auch nach dem Waffenstillstand an. Engländer und Franzosen konnten sich über die Reparationsleistungen Hamburgs nicht einigen, die Engländer forderten Schiffe, die Franzosen Gold, das daher nicht zur Lebensmittelbeschaffung eingesetzt werden konnte. Arbeitslosigkeit und Hunger nahmen zu, Plünderungen und Streiks waren an der Tagesordnung. Am 16. März 1919 wählten die Hamburger eine neue Bürgerschaft nach allgemeinem und gleichem Wahlrecht, erstmals durften auch die Frauen wählen. Die Sozialdemokraten gewannen zwar die absolute Mehrheit, doch im neuen Senat überließen sie die Hälfte der Sitze bisherigen Senatoren, unter ihnen John von Berenberg-Gossler, der 1920 als deutscher Botschafter nach Rom gehen sollte. Für die Kaufmannschaft blieb eine gewisse Kontinuität garantiert.

Cornelius schloss sich der Deutschen Volkspartei (DVP) an, die im Dezember 1918 auf Betreiben Gustav Stresemanns als Nachfolgeorganisation der Nationalliberalen Partei gegründet worden war. In Hamburg trat sie 1924 in die Senatskoalition von Demokraten und Sozialdemokraten ein. Im Reich hatte die DVP bei den Wahlen von 1920 mit 13,9 Prozent der Stimmenanteile ihren größten Erfolg, von 1923 bis 1929 stellte sie mit Gustav Stresemann den Außenminister des Deutschen Reiches.

Cornelius von Berenberg-Gossler bemängelte in der deutschen Innenpolitik ein Zuwenig an Demokratie und die fehlende Verbindung zwischen Regierung und Volk. Für ihn stand außer Frage, dass liberale und demokratische Tendenzen die Zukunft beherrschen würden und dass die Arbeiterfrage nicht durch humanitäre Bestrebungen und christliche Nächstenliebe gelöst werden könne. Er betrachtete sich zwar weiterhin als »Monarchisten«, kommentierte die Memoiren des Kaisers aber äußerst kritisch. »... wie groß ist unsere Schuld, daß wir uns so führen ließen.« (Tagebucheintrag vom 18. November 1923)

Als 1925 Generalfeldmarschall Paul von Hindenburg mit 78 Jahren zum Reichspräsidenten gewählt wurde, befürchtete Cornelius, dass dadurch im Ausland die Erinnerung an den Krieg lebendig erhalten würde, vor allem aber hielt er den »Sieger von Tannenberg« für politisch unfähig und zu alt für dieses Amt. Die Beschäftigung mit der Vergangenheit und die Diskussion der Kriegsschuldfrage empfand er als müßig, »da an dem Unglück nichts mehr zu ändern ist«. Für ihn war es »weit wichtiger, sich damit zu beschäftigen, wie Deutschland aus der Schwere der Gegenwart herauskommt«.

Proteste gegen Lebensmittelknappheit in Hamburg 1918

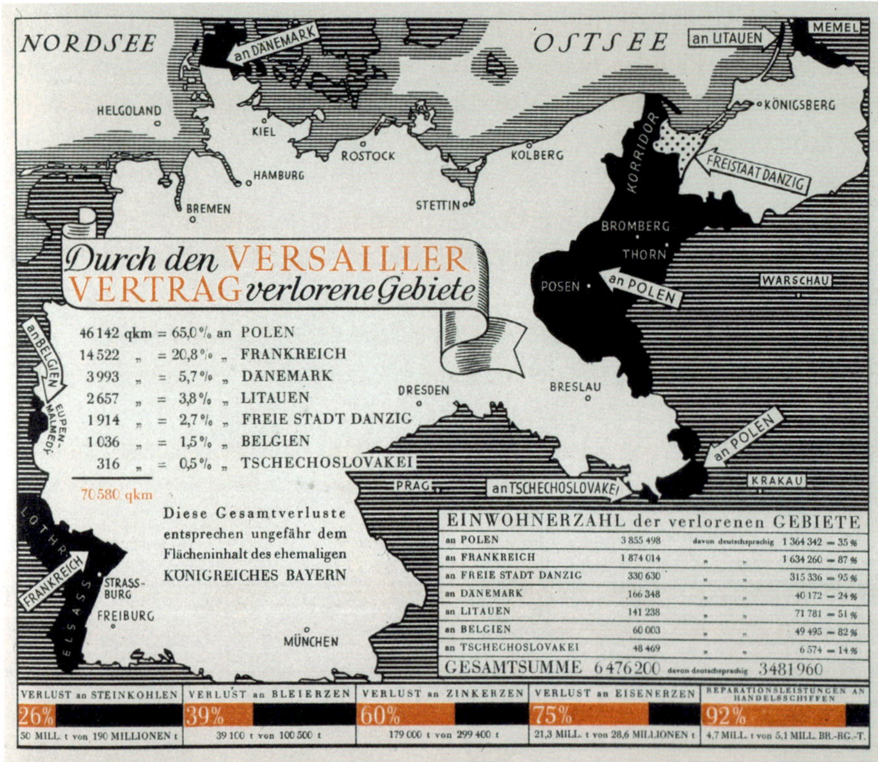

Der Versailler Vertrag beinhaltete zahlreiche Gebietsverluste

Inflation

Am 22. Juni 1919 nahm die deutsche Nationalversammlung den Versailler Vertrag an. Damit musste sie nicht nur umfangreiche Gebietsabtretungen akzeptieren, sondern auch erhebliche Reparationszahlungen an die Siegermächte, die Abtretung der Kolonien an den Völkerbund, den Verlust von 75 Prozent der jährlichen Förderung von Zink- und Eisenerz und den Rückbau des Militärs auf eine minimale Größe. Dieser Vertrag wurde von vielen Deutschen als Schmach empfunden und belastete als Propagandamunition der Rechten schwer die demokratische Entwicklung der Weimarer Republik.

Der Delegierte der USA bei den Versailler Verhandlungen – Henry Cabot Lodge, ein entfernter Verwandter der Berenberg-Gosslers aus Boston – kritisierte den Vertrag als unchristlich und vertrat die Meinung, er werde nur Böses erzeugen. Der amerikanische Kongress lehnte die Ratifizierung des

Vertrages und der zusätzlichen Friedensverträge ab und gab auch das von den USA beschlagnahmte deutsche Eigentum zurück.

Neben den Reparationsansprüchen belasteten die Zinsen für die im Krieg entstandene Reichsschuld den Haushalt des Deutschen Reiches und beschleunigten die Inflation. Für das Jahr 1918 beliefen sich allein die Zinsen auf 6,8 Milliarden Mark, was acht bis zehn Prozent des Volkseinkommens entsprach. Aus den steigenden Steuereinnahmen waren diese Belastungen kaum auszugleichen.

In einer ersten Inflationsphase von Mitte November 1918 bis März 1920 nahm der Umlauf an Papiergeld von 28,5 Milliarden Mark auf 54,5 Milliarden Mark zu; der Wechselkurs der Mark gegenüber dem Dollar stieg von 7,43 Mark am 11. November 1919 auf 103,75 Mark am 9. Februar 1920. Weihnachten 1920 bekamen die Angestellten von Joh. Berenberg, Gossler & Co. statt der üblichen Geldgeschenke ein Paket mit Mehl, Reis, Speck und anderen Nahrungsmitteln.

Auf Reisen

Cornelius von Berenberg-Gossler reiste regelmäßig nach Berlin, um an den Verwaltungsratssitzungen der Berliner Handelsgesellschaft teilzunehmen; wichtige Kontakte bestanden dort außerdem zur Reichsbank sowie zur Darmstädter und Nationalbank. In München besuchte er häufig die Bayerische Handelsbank, die Bayerische Vereinsbank, die Hypotheken- und Wechselbank, die Staatsbank und Merck, Finck & Co. August von Finck hatte als Volontär bei Joh. Berenberg, Gossler & Co. gearbeitet und seitdem bestand eine private Freundschaft.

Besonders erfreulich waren die Besuche bei der Ilseder Hütte: Die Auftragslage dort war infolge des großen Stahlbedarfs so gut, dass 1919 40 und 1921 sogar 60 Prozent Dividende bezahlt werden konnten.

60 Prozent Dividende bei der Ilseder Hütte

Als stellvertretender Aufsichtsratsvorsitzender arrangierte Cornelius zusammen mit Willy Meyer den Kauf der Zeche »Friedrich der Große« in Herne. Über die Ilseder Hütte entstanden enge Kontakte zur VIAG (Vereinigte Industrieunternehmen AG), einer Gründung des Reiches zur Betreuung reichseigener Firmen und Forderungen, da diese mit 25 Prozent auch an der Ilseder Hütte beteiligt war.

Kaum hatte sich 1919 die Lage in Hamburg etwas konsolidiert, trat Cornelius seine erste Auslandsreise nach dem Krieg an. Sie führte ihn nach Amsterdam und Rotterdam. Der Empfang war überall freundlich, die Auskünfte dagegen eher ernüchternd. Paul May von »Lippmann, Rosenthal & Co.« äußerte, »Deutschland solle seine Bezüge zunächst per Cassa bezahlen und dadurch seinen Kredit heben«. Von einer Reise nach London riet May ab, da der Hass auf die Deutschen dort noch zu groß sei.

Gründung der Deutschen Waren-Treuhand

Im Februar 1920 gehörte die Firma Joh. Berenberg, Gossler & Co. neben M. M. Warburg & Co., Mendelssohn & Co., L. Behrens & Söhne und anderen Hamburger Häusern zu den Gründern der Deutschen Waren-Treuhand AG, in deren Aufsichtsrat Cornelius eintrat. Sie galt als Vertrauensorganisation für diejenigen Kredite, die das Ausland an Deutschland zu geben bereit war.

Im selben Jahr unternahm Cornelius eine zweite, diesmal erfreuliche Hollandreise, die vor allem der Niederländischen Handelsgesellschaft galt. Im Oktober 1920 fuhr er nach Skandinavien, wo er die guten Vorkriegsbeziehungen wieder aufnehmen konnte.

Im Juli 1921 reiste Cornelius schließlich erstmals seit dem Kriege wieder nach England. Zunächst besuchte er Baring Brothers, die schon seit über 100 Jahren Geschäftspartner und Freunde des Hauses waren (siehe auch S. 179). Von »Kleinwort, Benson & Co.« erhielt Joh. Berenberg, Gossler & Co. nach dem Krieg die ersten Rembourskredite zur Finanzierung des Hamburger Handels. Das Geschäft mit Baring, ein großes Akzeptgeschäft auf Joint-Account-Basis, kam wenig später in Gang. Es versetzte die Firma in die Lage, Kredite an Hamburger und Magdeburger Firmen zu geben. Die Englandreise war ein voller Erfolg und auch das Südamerikageschäft lief wieder an. Doch es blieb nur wenig Zeit zur Freude, denn inzwischen galoppierte in Deutschland die Inflation. Als Cornelius Anfang September 1921 aus England zurückkehrte, mussten für einen Dollar bereits 130 Mark bezahlt werden.

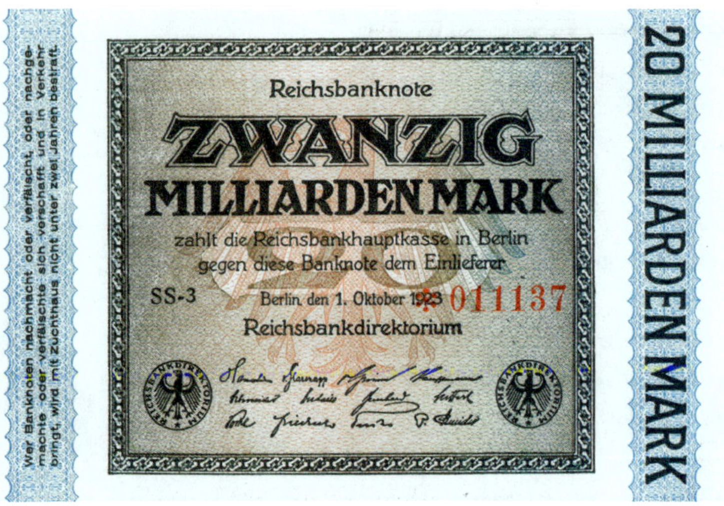

Kleingeld während der Inflation 1923: 20.000.000.000 Mark

Hyperinflation

Auch bei den Briefmarken der Reichspost stieg der Nennwert ins Unermessliche

Im April 1921 hatte eine Reparationskommission die Höhe der deutschen Leistungen auf 269 Milliarden Mark festgesetzt. In Deutschland hatte man lange darüber gestritten, inwieweit die Forderungen der Siegermächte in der Reparationsfrage nachzukommen sei. Die Regierung Constantin Fehrenbach war hierüber im Mai 1921 zurückgetreten. Die neue Regierung unter Joseph Wirth akzeptierte das Ultimatum der Signatarmächte auf Zahlung von einer Milliarde Goldmark binnen 25 Tagen. Durch diese »Erfüllungspolitik« setzte sich die Entwertung der Mark »panikartig fort«, das englische Pfund wurde am 12. September mit mehr als 400 Mark notiert.

Vier Tage später fuhr Cornelius auf Einladung des Reichskanzlers Wirth zusammen mit Rudolf von Schröder und Max Warburg nach Berlin »zur Besprechung wirtschaftlicher Fragen«, worunter »die Hergabe der industriellen Werte für eine Anleihe im Ausland« verstanden wurde. Doch auch diese Maßnahmen konnten die Inflation nicht stoppen.

Vor allem die französische Regierung unter Raymond Poincaré war nicht bereit, einem Stundungsgesuch der deutschen Reichsregierung stattzugeben. Im Gegenteil: Wegen einer angeblichen Stockung der deutschen Kohlelieferungen, die ein Bestandteil der deutschen Reparationsleistungen an Frankreich waren, besetzten französische und belgische Truppen im Januar 1923 das Ruhrgebiet. Die deutsche Staatskasse wurde neuerlich belastet, denn die Steuereinnahmen aus dieser so wichtigen Region fielen aus und die Finanzierung des passiven Widerstands gegen die Besetzung verschlang zusätzliche Mittel.

Mitte Mai 1923 wurde der Dollar noch mit 20.000 Mark notiert, bis zum 15. November stieg der Kurs auf 4.200.000.000.000 Mark (in Worten: 4,2 Billionen Mark) an. Für eine Straßenbahnfahrt nach Niendorf musste Cornelius am 24. August 200.000 Mark bezahlen, ein Pfund Butter kostete am 13. September in Hamburg etwa 40 Millionen Mark. 1922 und 1923 arbeiteten in Deutschland rund 135 Druckereien und 35 Papierfabriken an der Herstellung von neuen Banknoten.

Die Zahl der Angestellten von Joh. Berenberg, Gossler & Co., die vor dem Krieg zwischen 20 und 30 geschwankt hatte und nach 1918 langsam gewachsen war, nahm nun rasant zu: Der rapide Verfall der Mark machte eine ständige Notierung der Kurse erforderlich, die sich von Minute zu Minute änderten. Auf dem Höhepunkt der Inflation waren 400 Angestellte mit »Nullen-

400 Angestellte zählten Nullen

schreiberei«, Prüfen und Zählen des Notgeldes, der Bewältigung des Publikumsandrangs an den Schaltern und der immer zeitaufwendigeren Abwicklung des bargeldlosen Giroverkehrs beschäftigt.

Am 2. August 1923 wurden 200 Milliarden Mark Papiergeld aus Berlin eingeflogen und die Vereinigung der Hamburger Banken und Bankiers, der auch Joh. Berenberg, Gossler & Co. angehörten, druckte ab dem 10. August eigene Zahlungsmittel im Wert von 200 Milliarden Mark, jedoch ohne nennenswerte Wirkung. Mit verschiedenen Maßnahmen, etwa einer Devisenabgabe für Privatleute, von der Cornelius gar nichts hielt, versuchte die Regierung Stresemann, dem weiteren Verfall der deutschen Währung Einhalt zu gebieten – ohne Erfolg. In Hamburg kam es zu Unruhen, aber der Versuch, einen Generalstreik zu organisieren, scheiterte.

Es gab Inflationsgewinner: Durch Kreditmanipulationen und verspätete Rechnungszahlungen bei rasender Geldentwertung war in kürzester Zeit viel Geld zu verdienen und Schuldner konnten bald das Aktienkapital ihrer Lieferanten übernehmen. Der Industrielle Hugo Stinnes etwa erwarb bis zu seinem Tod im April 1924 binnen kürzester Zeit Mehrheitsbeteiligungen an über 1.200 Unternehmen im In- und Ausland und in allen erdenklichen Branchen. Im »Simplicissimus« warnte der Heilige Petrus: »Stinnes kommt. Jetzt heißt's aufpassen Kinder, sonst gehört ihm in 14 Tagen der ganze Betrieb!«

Die Arbeiter konnten durch Lohnanpassung anfangs noch einen Ausgleich für die Geldentwertung erzielen. Der Mittelstand dagegen wurde fast vollständig ausgelöscht: Kleine Händler und Geschäftsleute wurden über Nacht zu Fürsorgeempfängern. Mit dieser Verarmung des Mittelstands wuchs die Anfälligkeit für extreme politische Richtungen, was wenige Jahre später zum Scheitern der Weimarer Republik beitragen sollte.

Stabilisierung

Am 23. Oktober 1923 war es in Hamburg zu Straßenkämpfen gekommen, die Arbeiter hatten mit weiteren Streiks und Stilllegungen gedroht. Noch am selben Tag fasste man den richtungsweisenden Entschluss, »in Hamburg eine Bank zu gründen, die durch Geld respektive Devisen gedeckte Zahlungsmittel herausgibt. Wohl die erste Bank der Art in Deutschland«. Vor allem die Schifffahrt hatte zur Gründung der »Hamburgischen Bank von 1923« gedrängt – die

Im Hamburger Stadtteil Barmbek wurden im Oktober 1923 auf den Straßen Barrikaden errichtet

John jr. übernimmt den Vorsitz der Hamburgischen Bank von 1923

Offiziere der Hapag-Dampfer konnten mit ihrem Monatsgehalt nicht einmal fünf Cents für die Subway in New York bezahlen, wenn sie Verwandte besuchen wollten. Cornelius von Berenberg-Gossler wurde in den Aufsichtsrat des neuen Instituts gewählt, sein Bruder John, der ehemalige Botschafter in Rom, übernahm den Vorstandsvorsitz.

Von den 120 beteiligten Firmen waren etwa 1/3 Banken und 2/3 Handels- und Industrieunternehmen sowie Reedereien. Das Kapital belief sich auf 12 Milliarden Mark, eingeteilt in 120 Aktien zu je 100 Millionen Mark, für die jeder Aktionär eine Garantieverpflichtung in Höhe von 100.000 Goldmark übernahm. Hiervon mussten 25 Prozent in Dollar (1 Dollar = 4,20 Goldmark) eingezahlt werden. Diese eingezahlten Dollar wurden bei New Yorker Banken kurzfristig angelegt und mit den verdienten Zinsen bestritt man die Spesen. Die Kunden – Firmen, aber auch die Stadt, die aus den Hafeneinnahmen über wertbeständige Devisen verfügte – zahlten ihre Dollars bei der Bank ein und erhielten dafür Geldscheine, die über »Hamburgische Verrechnungsmark« lauteten: Sie entsprach der Goldmark und deren Parität zum Dollar. Geldscheine waren in voller Höhe durch Devisen gedeckt, die bis zur Einlösung der Scheine im Besitz der Bank verblieben. Wegen seiner Wertbeständigkeit erfreute sich dieses neue Geld bald einer großen Beliebtheit über die Grenzen Hamburgs hinaus.

Zur gleichen Zeit wurde in Berlin über die Stabilisierung der Mark gestritten, mit dem Ergebnis, der Währung eine Sachdeckung zugrunde zu legen. Am 13. Oktober 1923 wurde die »Verordnung über die Errichtung der deutschen Rentenbank« verkündet. Die neue Währung mit dem Namen Rentenmark basierte praktisch auf einer Golddeckung, hatte aber kein »legal tender«. Die Einführung der Rentenmark war für den 15. November vorgesehen. An diesem Tag wurde der Dollarkurs mit 4,2 Billionen Mark notiert. Auf Vorschlag der Reichsbank setzte Hjalmar Schacht, der neue Währungskommissar, fest:

1 Dollar = 4,20 Billionen Mark = 4,20 Rentenmark

1 Billion Mark = 1 Rentenmark

Die Reichsbank lehnte ab sofort die Annahme jeglichen Notgeldes ab. Die Spekulation gegen die Rentenmark brach innerhalb weniger Tage zusammen und am 3. Dezember stand der New Yorker Kurs auf 4,20 Mark.

Cornelius von Berenberg-Gossler hatte in die Rentenmark keine großen Hoffnungen gesetzt, »sie entbehrt jeder wirklichen greifbaren Unterlage ... es gibt nur eine Deckung für eine Währung, das ist Gold, und Gold besitzen wir nicht mehr«. Doch Deutschland besaß bald wieder Gold. Der prosperierende amerikanische Markt hatte nämlich in dem kapitalschwachen, aber industriell hochentwickelten Deutschland eine geeignete Anlagesphäre gefunden. Mit dem Dawes-Plan (benannt nach dem amerikanischen Rechtsanwalt und Bankier Charles Gates Dawes, der für diesen Plan 1925 den Friedensnobelpreis erhielt), der im August 1924 angenommen worden war, wurden nicht nur die deutschen Reparationszahlungen auf neue Zahlungsziele festgelegt, sondern es kam auch ein Strom von amerikanischen Anleihen zur Stabilisierung der deutschen Währung ins Land. Der Dawes-Plan war der erste Versuch nach dem Versailler Vertrag, Deutschland wieder in die Weltwirtschaft einzubinden. Von der politischen Rechten wurde er wegen der Kontrollbestimmungen, die den Deutschen auferlegt wurden, als Versklavungspolitik diffamiert, die Linken sahen in der ungeliebten Republik fortan eine Kolonie der New Yorker Börse. Doch Deutschland wurde für die nächsten Jahre zu einem zuverlässigen Schuldner: Noch 1924 konnte man wieder zum Goldstandard zurückkehren, die Inflation war vorüber.

Der Dawes-Plan hatte allerdings eine expandierende Weltwirtschaft und einen baldigen Zahlungsbilanzüberschuss Deutschlands vorausgesetzt. Da beides nicht eintrat, mussten die Reparationszahlungen aus Auslandsgeldern aufgebracht werden. Die Verschuldung nahm zu. Doch auf diesem wankenden Boden entwickelte sich eine scheinbare Prosperität. Die Gewalttätigkeit der politischen Auseinandersetzungen nahm vorübergehend ab, die Menschen waren entlastet und das kulturelle Leben in den deutschen Großstädten erfuhr einen ungeahnten Aufschwung: die »Goldenen« Zwanzigerjahre konnten beginnen.

Die »Goldenen« Zwanziger

Mit dem Kaiserreich waren die alten Autoritäten und der aristokratische Kanon der Werte gefallen – der zwischenmenschliche Umgang und die Sitten erfuhren einen tiefgehenden Wandel. Die Traditionen und Institutionen der Vergangenheit schienen endgültig überwunden beziehungsweise verloren und es entstand eine Aufbruchsstimmung, eine Befreiung und Herausforderung, in der alles möglich schien: Die »Moderne« setzte sich durch.

Die Mehrzahl der aufkommenden künstlerischen und wissenschaftlichen Bewegungen – Konstruktivismus und Expressionismus in der Malerei und Literatur, die relativistische Physik, Psychoanalyse und Tiefenpsychologie, die Soziologie der Erkenntnis und die atonale Musik – hatten schon vor dem Krieg existiert, doch erst während der Weimarer Republik durchdrangen sie das öffentliche Bewusstsein. Die großzügigen Ausgaben der öffentlichen Hand im kulturellen Bereich, etwa für aufwendige Museumsbauten und Ausstellungen, trugen zu ihrer Verbreitung bei.

Otto Dix (1891–1969) war der Maler der »Goldenen« Zwanziger – sein Triptychon »Großstadt« (abgebildet ist ein Ausschnitt aus dem Mittelteil) entstand 1927/28

Vom Bauhaus in Dessau gingen ab 1925 wichtige gestalterische Impulse aus

Große internationale Bedeutung erlangten die Architekten und Künstler des Bauhauses um Walter Gropius (1883–1969). Stahl, Beton und Glas wurden zu den neuen Materialien des Bauens. Die Bauhaus-Entwürfe und -Produktionen erstreckten sich auch auf das industrielle Design und auf die Möbeltischlerei.

Durch die allgemeine Technisierung begannen sich Arbeitswelt und Freizeit radikal zu verändern: Diesel- und Elektromotoren revolutionierten die Schifffahrt und die Landwirtschaft, in den Büros setzten sich die Schreib- und Buchungsmaschinen durch und Anfang der Dreißigerjahre gab es die ersten Hollerith-Maschinen. Die Zwanzigerjahre waren das goldene Zeitalter des deutschen Films und der Wochenschauen, es gab die ersten Radios. Die Begeisterung für den Jazz als Tanz- und Unterhaltungsmusik entsprach der allgemeinen Beschleunigung des Lebens. Großveranstaltungen, etwa im Berliner Sportpalast, erfreuten sich wachsender Beliebtheit. Doch bei alledem bleiben viele deutsche Intellektuelle in einem tiefen humanitären Skeptizismus gegenüber Technisierung und Moderne befangen und auch in der Ablehnung der Republik waren sich die meisten, unabhängig vom politischen Standort, einig.

»Es ist nicht gut, wenn die Menschheit den Verstand überanstrengt und Dinge mit Hilfe der Vernunft zu ordnen sucht, die der Vernunft noch gar nicht zugänglich sind. Dann entstehen solche Ideale wie das des Amerikaners oder das des Bolschewiken, die beide außerordentlich vernünftig sind und die doch das Leben, weil sie es gar so naiv vereinfachen, furchtbar vergewaltigen und berauben. Das Bild des Menschen, einst ein hohes Ideal, ist im Begriff, zu einem Klischee zu werden.« Diese Worte legte Hermann Hesse einer seiner Figuren des 1927 erschienenen Romans »Der Steppenwolf« in den Mund.

Die Technisierungs- und Rationalisierungstendenzen fanden ihre Entsprechung auf politisch-gesellschaftlichem Gebiet. Firmenzusammenschlüsse führten zu immer größeren Unternehmen, Organisation und zentralisierte

Führung – auch der Massen – prägten den Alltag.

Auch die deutschen Großbanken folgten dem Trend zur großen Einheit. Sie übernahmen mehr und mehr die ihnen bisher in Interessengemeinschaften verbundenen Provinzbanken und knüpften ein ausgedehntes Filialnetz über ganz Deutschland. Die Sparkassen und Kreditgenossenschaften waren infolge ihrer Beteiligung an der Kriegsfinanzierung durch Anleihen ins Wertpapiergeschäft eingestiegen und hatten damit einen entscheidenden Schritt in Richtung Universalbank vollzogen. Für den Privatbankier bedeuteten diese Entwicklungen eine weitere Einengung seines Spielraums und die Notwendigkeit, auf Nischen auszuweichen. In den Krisenjahren nach 1919 zeigte sich, dass die Basis vieler Privatbanken zu schwach war, doch noch blühte das Geschäft.

Vorläufer der modernen Datenverarbeitung: eine von Herman Hollerith (1860–1929) erfundene Lochkartenmaschine

Die Firma von 1924 bis 1929

Für Joh. Berenberg, Gossler & Co. verlief die Zeit von 1924 bis zur Weltwirtschaftskrise 1929 positiv, nur unmittelbar nach der Stabilisierung gab es Turbulenzen. Nach der Einführung der Rentenmark und der goldfundierten Reichsmark weigerte sich die Reichsbank ab April 1924, den Banken weitere Rediskontmöglichkeiten einzuräumen, denn man wollte eine Wiederholung der Inflationskatastrophe verhindern. Die Banken waren nun auf ihre eigenen Mittel angewiesen und mussten bei der Kreditgewährung sehr zurückhaltend sein. Manche ihrer Kunden gerieten in Schwierigkeiten. Dazu kamen Spekulationen mit dem fallenden französischen Franken. Viele Firmen – vor allem in der Metallbranche – brachen zusammen. Doch Joh. Berenberg, Gossler & Co. gelang es, aus all diesen Umwälzungen ohne größere Verluste herauszukommen.

Enge Zusammenarbeit mit anderen Banken

Eine besonders enge Zusammenarbeit gab es in diesen Jahren mit der Berliner Handelsgesellschaft, der Vereinsbank in Hamburg, mit Simon Hirschland, mit Merck, Finck & Co., Mendelssohn & Co., Berlin, und mit dem alten Bankhaus L. Behrens & Söhne. Mit der Reichs-Kredit-Gesellschaft, die 1925 von der VIAG gegründet wurde, entwickelte sich ebenfalls eine freundschaftliche Beziehung.

Cornelius von Berenberg-Gossler hatte die unergiebige Zusammenarbeit mit seinem Bruder Andreas 1922 beendet und stattdessen seinen Neffen Heinrich Burchard, der schon seit 1913 zur Firma gehörte, als Partner aufgenommen. Zum Januar 1923 wurde Walter Gleich Teilhaber. Als ehemaliger Generalbevollmächtigter von Arthur Brandt in London brachte Gleich viele neue Auslandskontakte ein. Beide Partner hatten kein Kapital im Unternehmen und mussten erst haften, wenn Cornelius von Berenberg-Gossler ausfiel. Das Kapital der Firma bestand aus dem Privatvermögen von Cornelius von Berenberg-Gossler, das sich aus Grund und Boden und Aktienbesitz zusammensetzte. Das Testament seines Vaters John B. war ohne Rücksicht auf das Unternehmen abgefasst worden, sodass Cornelius häufig gezwungen war, Familienmitglieder abzufinden oder zur Wahrung des Familienpakets Aktien der Ilseder Hütte dazuzukaufen.

Das Jahr 1924 begann für alle Partner mit Reisen. Burchard fuhr im Januar nach London, Walter Gleich im Februar nach New York und Cornelius im März nach Wien und Budapest. Bei einem Aufenthalt in London Ende 1924 erklärte ihm Gaspard Farrer, der Partner von Baring: »It is not only friendship between our firms, but more than that: a sort of partnership. Besides Kidder, Peabody you are the nearest to us.«

Kidder, Peabody & Co. hatten die Nachfolge von Baring, Magoon & Co. angetreten, die vor rund 40 Jahren einen großen Teil der Geschäfte von Gossler & Co. in Boston übernommen hatten. Im Frühjahr 1925 besuchte Cornelius von Berenberg-Gossler zahlreiche Geschäftsfreunde in New York und Boston, darunter natürlich Kidder, Peabody & Co., mit denen sich nun eine besonders enge Zusammenarbeit, vor allem bei der Finanzierung von Baumwollgeschäften, entwickelte. Der Schwerpunkt der Geschäftstätigkeit lag auf dem laufenden kurzfristigen Geschäft zur Finanzierung von Ein- und Ausfuhr.

Besuch in New York und Boston

Die Firma hat in den Zwanzigerjahren noch erhebliche Warengeschäfte, vor allem mit Brasilien und dort mit Pernambuco, getätigt und die Warenabteilung war immer profitabel. Doch gegen Ende des Jahrzehnts war im

Der Sandthorquai im Hamburger Freihafen Anfang des 20. Jahrhunderts; 1929 gab Joh. Berenberg, Gossler & Co. den dortigen Speicher auf

Warenhandel allgemein ein Rückgang zu verzeichnen. 1929 gaben die Partner das Warengeschäft endgültig auf und verkauften den Speicher am Sandthorquai, heute Sandtorkai. Die Gewinne des Bankhauses Joh. Berenberg, Gossler & Co. lagen bis 1929 bei rund 300.000 bis 400.000 Mark und die Bank stand Anfang 1929 durchaus solide da. Trotzdem dachte Cornelius mit Sorge an die Zukunft seines Hauses.

Denn auch die wirtschaftliche Lage des Auslands hatte sich inzwischen verschlechtert und ab Frühsommer 1929 zeichnete sich eine neue Krise ab. Das Tagebuch von Cornelius registriert Firmenzusammenbrüche in der ganzen Welt. Das Bankgewerbe insgesamt war in Unruhe, denn trotz des zwischen 1924 und 1929 aus dem Ausland hereingeströmten Geldes fehlten liquide Mittel. Stresemann, der früher engagierteste Befürworter des Dawes-Plans, hatte schon 1928 erkennen müssen, dass »wir in Deutschland in den letzten Jahren von gepumptem Geld gelebt haben … Wir sind nicht nur militärisch entwaffnet, wir sind auch finanziell entwaffnet. Wir haben keinerlei eigene Mittel mehr«.

Die Entwicklung der Kosten und die Stärkung des Kapitals im Interesse der industriellen Kreditversorgung bereiteten den Banken immer größere

Schwierigkeiten. Die industriellen Produktionskapazitäten blieben weitgehend unausgelastet und die Banken waren gezwungen, zahlreiche Unternehmen zu sanieren. Vor diesem Hintergrund wurden in den Berliner Großbanken und den Hamburger Banken die verschiedensten Fusionsmodelle diskutiert.

Die beiden bedeutendsten Fusionen des Jahres 1929 waren die der Commerz- und Privatbank mit der Disconto-Gesellschaft. Im Zuge der Letzteren gingen auch die Norddeutsche Bank in Hamburg, der A. Schaaffhausen'sche Bankverein in Köln, die Rheinische Kreditbank in Mannheim und die Süddeutsche Disconto-Gesellschaft in Mannheim in einem neuen Institut mit dem Namen »Deutsche Bank und Disconto-Gesellschaft« auf – es war die bisher größte Fusion in der Geschichte des deutschen Bankwesens.

Die Wall Street in New York beim Börsenkrach im Oktober 1929

Börsenkrach und Wirtschaftskrise

Kaum waren die bedeutendsten Fusionen abgeschlossen, brach in New York die Börse zusammen: Die gewaltige Industrieproduktion der USA hatte zu einem grandiosen Außenhandelsüberschuss geführt und den weltweit gestreuten Dollaranleihen standen Schuldnerländer gegenüber, die ihre Verbindlichkeiten nur mit neuen Krediten bezahlen konnten. England und Frankreich hatten erhebliche Kriegsschulden bei den USA, die man teilweise aus den deutschen und österreichischen Reparationszahlungen begleichen wollte. Doch Österreich hatte man die Reparationsleistungen schon 1921 erlassen müssen und Deutschland konnte nur mithilfe amerikanischer Kredite zahlen.

Die Überproduktionskrise der US-Wirtschaft war begleitet von hemmungsloser Spekulation. Die Börsenkurse der amerikanischen Unternehmen stiegen in schwindelnde Höhen, um ab dem 25. Oktober 1929, dem »Schwarzen Freitag«, ins Bodenlose abzustürzen: Innerhalb von neun Tagen verzeichneten die nordamerikanischen Börsen 15 Milliarden Dollar Verluste.

»Schwarzer Freitag« – die amerikanische Krise greift auf Europa über

Die amerikanische Krise, in der am Ende zahlreiche Banken ihre Eigentümer wechselten oder die Geschäftstätigkeit einstellten, Hunderte von Industrieunternehmen verschwanden und der Ackerbau zusammenbrach, griff rasch auf Europa über. Kredite wurden gekündigt, der Strom amerikanischer Auslandsanleihen begann zu versiegen, der Absatz europäischer Waren auf dem amerikanischen Markt verringerte sich drastisch und es wurde immer schwieriger, geschuldete Zins- und Amortisationsleistungen in Dollar aufzubringen. Deutschland war besonders stark betroffen. 1929 war der Young-Plan in Kraft getreten (der Young-Plan, benannt nach Owen D. Young, amerikanischer Rechtsanwalt und Wirtschaftsberater, löste den Dawes-Plan ab), der zwar die Befreiung des Rheinlandes und die Aufhebung der Finanzkontrollen brachte, aber die finanzielle Belastung für die deutsche Wirtschaft bestehen ließ: Die Raten für die nächsten Jahre sollten 1,7 bis 2,1 Milliarden Mark betragen.

Auch Joh. Berenberg, Gossler & Co. musste in dieser Zeit Verluste hinnehmen, denn vor allem unter den Kaffee- und Häutefirmen gab es Zahlungseinstellungen. Das Bankhaus selbst aber war im Grunde nicht gefährdet. Dennoch überlegte Cornelius, wie die Zukunft seines Hauses in dieser schwierigen Zeit zu gestalten sei, und er kam zu dem Ergebnis, dass die Anlehnung an ein stärkeres Institut die beste Garantie für ein Fortbestehen bieten würde.

Weltweit protestierten die Menschen 1929 gegen die Folgen der Weltwirtschaftskrise, hier im Oktober in den Vereinigten Staaten

»Freundschaftsvertrag« mit der Darmstädter und Nationalbank

Cornelius von Berenberg-Gossler wandte sich an die Darmstädter und Nationalbank und am 1. April 1930 wurde ein Abkommen unterzeichnet, das ein »enges Freundschaftsverhältnis beinhaltet«. Cornelius trat in den Hamburger Lokalausschuss der Danat-Bank (hervorgegangen aus der Darmstädter und Nationalbank) ein, um dort gemeinsam mit dem bisherigen Vorsitzenden Max Gutschke die Leitung zu übernehmen. Gutschke wurde Mitinhaber von Joh. Berenberg, Gossler & Co.

Das »Hamburger Fremdenblatt« kommentierte dieses Abkommen positiv: Das Bankhaus Joh. Berenberg, Gossler & Co., das auf »eine ruhmvolle Tradition zurückblicken könne«, gelte als »ein besonders solides und vorsichtig geleitetes Institut mit einem seriösen Kundenkreis, das auch in der Inflationszeit nicht den Lockungen einer ambitiösen Expansionspolitik verfallen« sei. Es bringe »neben seinen Auslandsbeziehungen, hauptsächlich in Südamerika, in England und Holland, vor allem ein gepflegtes Rembours- und Kreditgeschäft« in die neue Verbindung ein. Durch die Danat-Bank erhalte das Privatbankhaus »das prestigemäßig und finanziell gewichtige Relief der Freundschaftsarbeit mit einer Großbank vom Range und von der Bedeutung des Berliner Instituts«. Die Danat-Bank war 1922 durch eine Fusion der Nationalbank für Deutschland mit der 1853 gegründeten Bank für Handel und Industrie –

Darmstädter Bank – entstanden und befasste sich hauptsächlich mit Industriefinanzierungen.

Die Krise dauerte an. Die Schuldenlast zahlreicher Betriebe, deren Verzinsung in Zeiten guter Konjunktur und voller Beschäftigung durchaus tragbar gewesen wäre, wurde nun zu einer unüberwindbaren Hürde. Ohne Aussicht auf Tilgung mussten die Banken den in Not geratenen Unternehmen mit immer neuen Krediten zur Seite stehen. Schließlich entschuldeten sie diese Unternehmen und nahmen dafür größere Aktienpakete in ihr Portefeuille auf. Ihr Bestand an Wertpapieren und echten Industriebeteiligungen stieg ab 1929 erheblich an. Als schließlich die Norddeutsche Wollkämmerei und Kammgarnspinnerei in Bremen und der Kaufhauskonzern Karstadt in Berlin in Schwierigkeiten gerieten, wurde auch die Lage der Banken immer bedenklicher.

In dieser Krise zeigte sich, dass die an den »Freundschaftsvertrag« mit der Danat-Bank geknüpften Erwartungen nicht zu realisieren waren. Nach langen und harten Gesprächen in Berlin und Hamburg wurde am 1. April 1931 ein neues Abkommen unterschrieben. Die Geschäfte der Firma Joh. Berenberg, Gossler & Co. wurden nun auf die Darmstädter und Nationalbank übergeleitet. Cornelius sollte als Mitglied des Bezirksausschusses der Danat-Bank »in engsten Beziehungen zu unserem Institut stehen, so daß der altangestandenen Kundschaft seines Hauses auch im Verkehr mit unserer Filiale Hamburg seine reichen Erfahrungen erhalten bleiben«. Der Schritt in die Abhängigkeit fiel Cornelius sehr schwer. Tröstlich war ihm ein Brief von Rudolf Gossler, dem Sohn von Ernst Gossler, der einst zusammen mit John B. Inhaber der Firma gewesen war: Rudolf versicherte, dieser Schritt zur rechten Zeit sei ganz gewiss im Sinne seiner Vorfahren.

Cornelius' Hauptsorge galt zunächst der Versorgung seiner Teilhaber und Angestellten, die nur zum Teil von der Danat-Bank übernommen wurden. Heinrich Burchard und Walter Gleich wurden abgefunden. Burchard ging 1934 in die Direktion der Deutschen Bank in Hamburg, Gleich wurde am 1. Januar 1933 vom Deutschen Kohlenkontor in Mühlheim an der Ruhr engagiert. Für die Pensionen der Angestellten kam Cornelius von Berenberg-Gossler allein auf. Das Kontorhaus am Adolphsplatz wurde an die Hamburger Sparcasse von 1827 verkauft, sodass alle Verpflichtungen gegenüber den Angestellten erfüllt werden konnten.

Jeder versuchte, irgendwie Geld zu verdienen: Zimmerangebote in Berlin

Die Bankenkrise

Kurz darauf eskalierte die internationale Wirtschaftskrise zu einer deutschen Bankenkrise. Durch Reparationsleistungen, hohe Kreditzinsen auf ausländische Gelder und unproduktive Ausgaben vor allem der öffentlichen Hand war die deutsche Kapitalbilanz immer stärker aus dem Gleichgewicht geraten. Man hatte auf Pump gelebt und dabei nicht gespart.

Mit einer »Notverordnungsdiktatur« versuchte die Regierung Heinrich Brüning nun, den Haushaltsausgleich durch Ausgabensenkungen und Steuererhöhungen zu sichern, doch durch diesen Deflationskurs wurde die Not noch größer: Die Nachfrage ging zurück, die Arbeitslosigkeit stieg weiter an und die Kapitalflucht aus Deutschland nahm zu.

Im April 1931 wurden immer mehr amerikanische Aktien in Europa verkauft, ein gewaltiger Kapitalstrom floss von Europa nach Amerika. Und während Deutschland nach der Inflation noch langfristige Auslandsanleihen hatte aufnehmen können, war fremde Kapitalhilfe seit dem Beginn der Wirtschaftskrise nur noch kurzfristig zu bekommen. Die kurzfristige Auslandsverschuldung erreichte eine Höhe, die bei einem plötzlichen Abzug der Gelder nicht zu verkraften war.

Die kritische Situation trat ein. Am 21. März 1931 hatten Deutschland und Österreich eine Zollunion vereinbart. Daraufhin lehnten die französischen Banken es ab, ihre Finanz-Wechselkredite von etwa 300 Millionen Dollar, die sie österreichischen und deutschen Banken gewährt hatten, weiter zu verlängern. Die Zollunion musste zurückgenommen werden, doch das Unheil war nicht mehr aufzuhalten. Am 11. Mai wurde der Jahresabschluss der Österreichischen Creditanstalt, Wien, bekannt: Das größte österreichische Bankinstitut verzeichnete einen Verlust von 140 Millionen Schillingen oder 37 Millionen Reichsmark. Nach diesem Debakel kam es zu zahlreichen Devisenabzügen bei deutschen Banken, die Reichsbank verlor im Juni 1931 anderthalb Milliarden Reichsmark an Gold und Devisen.

Überall hielten die Abhebungen an, auch bei der Danat-Bank. Verschiedene Kooperations- und Fusionsvorschläge wurden erörtert, fanden jedoch weder bei der Reichsregierung noch bei der Reichs-Kredit-Gesellschaft Zustimmung. Als am 11. Juli die Devisenabgaben der Reichsbank wieder rasch anstiegen und die Kapitalflucht aus Deutschland weiter zunahm, verschärfte die Reichsbank ihre Kreditrestriktionen. Einem Ersuchen der Danat-Bank,

250 Millionen Reichsmark-Finanzwechsel zu rediskontieren, wurde nicht stattgegeben.

Am Montag, 13. Juli 1931, stellte die Danat-Bank ihre Zahlungen ein. In einem Aushang wurde verkündet: »... Die Reichsregierung hat uns zu der Erklärung ermächtigt, daß sie ... durch eine Garantieleistung für alle Einlagen für eine ruhige Abwicklung der Geschäfte der Darmstädter Bank Sorge tragen wird ...« Doch von Ruhe war keine Rede. Der Run auf die Banken hatte begonnen. Die Regierung erklärte auch die folgenden Tage zu Bankfeiertagen und schloss die Wertpapierbörsen bis zum Ende der Woche. Doch die Panik dauerte an und nahezu alle Banken wurden praktisch zahlungsunfähig – ihre Bonität zeigte sich lediglich im Termin der Insolvenz.

Neuordnungen

Am 21. Juli 1931 öffneten die Bankschalter wieder, doch zunächst erhielt niemand mehr als 100 Reichsmark von einer Bank beziehungsweise 20 Reichsmark von einem Sparkassenguthaben. Während über das Schicksal der deutschen Großbanken und Sparkassen verhandelt wurde, fand in London die vom amerikanischen Präsidenten Herbert Hoover angeregte Konferenz über Wirtschaftsfragen statt. Am 25. Juli 1931 wurde unter Vorsitz von Reichsbankpräsident Hans Luther ein Komitee gegründet, das schließlich eine Vereinbarung mit England und Amerika erreichte, nach der alle kurzfristigen Kredite einer sechsmonatigen Stillhaltung unterlagen. Damit war eine Grundlage für weitere Einigungen geschaffen. Am 14. August begannen in Basel Stillhalteverhandlungen mit allen interessierten Gläubigerländern. Man stellte fest, dass Ende Juli noch 23 Milliarden Reichsmark ausländischer Gelder in Deutschland waren, davon acht Milliarden Reichsmark kurzfristig. Am 19. August 1931 kam es zu einer allgemeinen Übereinkunft; durch das Baseler Abkommen wurden kurzfristige deutsche Auslandsschulden von über 6,3 Milliarden Reichsmark gestundet. Dieses Stillhalteabkommen wurde in den folgenden Jahren immer wieder verlängert.

Anfang August war der freie Bankverkehr, auch bei der Danat-Bank, wieder aufgenommen worden und am 3. September schließlich öffneten auch die Börsen wieder, allerdings noch ohne Terminhandel und Handel mit fortlaufenden Notierungen.

Am 19. September 1931 verordnete die Regierung Brüning die staatliche Bankenaufsicht und verkündete eine Aktienrechtsnovelle. Kurz darauf begann man mit der Reform der Sparkassen und bemühte sich um die Neuordnung der Großbanken: Der Barmer Bankverein wurde mit der Commerz- und Privatbank fusioniert und zum Beginn des Jahres 1932 ging die Danat-Bank auf Anweisung der Bankenaufsicht in der Dresdner Bank auf. Bei dieser Fusion blieb das Schicksal des Hauses Joh. Berenberg, Gossler & Co. zunächst ungeklärt. Ende Juni 1932 jedoch erhielt Cornelius von Berenberg-Gossler wieder das alleinige Verfügungsrecht über die Firma. Die Dresdner Bank sicherte sich lediglich die Option, sich bis zum 1. Juli 1937 zu beteiligen.

Cornelius von Berenberg-Gossler erhält das alleinige Verfügungsrecht zurück

Für seine Firma mietete Cornelius ein Büro mit der Adresse Am Neß 1, doch seine früheren Geschäfte konnte und wollte er nicht wieder aufnehmen. Denn die internationale Krise dauerte an und der deutsche Außenhandel kämpfte weiterhin mit größten Schwierigkeiten. Am 20. September 1931 hatte die englische Regierung überraschend beschlossen, vom Goldstandard abzugehen, da die Gold- und Devisenvorräte der Bank von England zusammengeschmolzen waren. Der Kurs des Pfundes sank daraufhin sehr rasch. Die deutsche Regierung schloss sich dieser Abwertung nicht an, sondern hielt die Mark »stabil«, was sich vor allem auf den deutschen Export und die Schifffahrt verheerend auswirkte. Gleichzeitig nahm die politische Entwicklung in Deutschland eine Richtung, die eine aktive Geschäftstätigkeit für Cornelius nicht ratsam erschienen ließ.

Das Ende der Weimarer Republik

In Hamburg waren erstmals 1928 drei Vertreter der Nationalsozialistischen Deutschen Arbeiterpartei (NSDAP) in die Bürgerschaft gewählt worden. Die Mehrheit der Hamburger sah hierin noch eine vorübergehende Erscheinung, doch im Zuge der Wirtschaftskrise, vor allem in den Auseinandersetzungen um den Young-Plan, gewann die nationalsozialistische Propaganda immer größeren Einfluss. Gleichzeitig verlor die Verfassung der Weimarer Republik ihre Autorität.

Der Paragraf 48 der Verfassung gestattete dem Reichspräsidenten, für die »Aufrechterhaltung der öffentlichen Sicherheit und Ordnung« entscheidende Grundrechte außer Kraft zu setzen und – falls erforderlich – mithilfe der

Reichspräsident Paul von Hindenburg (1847–1934) löste im Juli 1930 den Reichstag auf, Reichskanzler Heinrich Brüning (1885–1970) unterschrieb

REICHSTAG
18 JUL 30

Verordnung

des Reichspräsidenten über die Auflösung des Reichstags

vom 18. Juli 1930.

Nachdem der Reichstag heute beschlossen hat, zu verlangen, dass meine auf Grund des Artikel 48 der Reichsverfassung erlassene Verordnung vom 16. Juli ~~über Deckungsmaßnahmen für den Reichshaushalt 1930~~ ausser Kraft gesetzt würde, löse ich auf Grund Artikel 25 der Reichsverfassung den Reichstag auf.

Berlin, den 18. Juli 1930.

Der Reichspräsident

von Hindenburg

Der Reichskanzler

Dr. Brüning

Beim sogenannten Altonaer Blutsonntag am 17. Juli 1932 starben bei Schießereien zwischen Kommunisten, Nationalsozialisten und der Polizei in Hamburg 18 Menschen

»bewaffneten Macht« einzuschreiten. Auf dem Höhepunkt der Wirtschaftskrise machte Hindenburgs Kanzler Brüning von den Notverordnungen des Paragrafen 48 ausgiebigen Gebrauch, und zwar nicht nur bei der Neuordnung der Banken: Im Juli 1930 befahl er gegen den Willen des Parlaments die Auflösung des Reichstags.

Cornelius von Berenberg-Gossler schrieb am 1. August 1930: »Nur Zank im bürgerlichen Lager, während die Gefahren, die uns bedrohen, immer mehr wachsen.« Die Neuwahlen vom September 1930 brachten eine erhebliche Polarisierung des politischen Spektrums auf Kosten der Mitte und der Deutschnationalen. Die SPD blieb zwar stärkste Partei, aber ihr folgten an zweiter Stelle bereits die NSDAP und dann die KPD. Brüning regierte mit einem Minderheitskabinett weiter, denn die Sozialdemokraten tolerierten ihn. Doch die außerparlamentarischen Aktivitäten von rechts und links gewannen an Bedeutung.

Cornelius von Berenberg-Gossler gehörte zur Minderheit derjenigen, die Hitlers »Mein Kampf« gelesen hatten. Er hielt Hitlers Siedlungspläne für

»phantastisch«, den Antisemitismus für verabscheuungswürdig. Am 1. Dezember 1930 notierte er nach einer Rede Hitlers vor dem Nationalklub im Hamburger Hotel »Atlantic«: »Er hat die Zuhörer hingerissen, positive Vorschläge für die Besserung aber nicht gemacht.« Im März 1932, nach einer Rede Hitlers bei »Sagebiel«, schrieb er: »Phrasen, aber wieder sehr geschickt vorgebracht.« Doch mit den Bürgerschaftswahlen vom 24. April 1932 wurde die NSDAP in Hamburg zur stärksten Fraktion. Martialische Aufmärsche, Massendemonstrationen, Straßenschlachten und gewalttätige Auseinandersetzungen waren an der Tagesordnung. Die extremen Parteien provozierten sich gegenseitig, um die Staatsmacht zum Eingreifen zu zwingen. Brüning versuchte im April 1932 zwar, den zunehmenden nationalsozialistischen Gewalttätigkeiten Einhalt zu gebieten, indem er die paramilitärischen Organisationen der NSDAP, »Sturmabteilung« (SA) und »Sturmstaffel« (SS), verbot, doch schon im Juni wurde er von Franz von Papen abgelöst. Das Verbot von SA und SS wurde aufgehoben, der Reichstag erneut aufgelöst und aus den Neuwahlen ging die NSDAP mit 230 Mandaten als stärkste Partei hervor.

Im Dritten Reich

Am 30. Januar 1933 ernannte Hindenburg Adolf Hitler zum Kanzler, tags darauf wurde der Reichstag erneut aufgelöst. Eine gewisse Beruhigung war für viele Nichtnazis, dass in der Koalitionsregierung unter dem Kanzler Hitler die wichtigen Ressorts – Außenpolitik, Reichswehr, Finanzen, Wirtschaft – in den Händen deutschnationaler oder ihnen nahestehender Minister lagen. Doch die Entwicklung zum absoluten Einheitsstaat nahm alsbald ihren Lauf.

Nach dem »Propagandaunternehmen« Reichstagsbrand am 27. Februar 1933 wurden die Kommunisten offiziell zum Staatsfeind Nummer eins. Eine erste Verhaftungswelle setzte ein. Die am 5. März folgende Reichstagswahl brachte der NSDAP 44 Prozent der Stimmen und 288 Mandate – nicht genug für die erforderliche Zweidrittelmehrheit zur Änderung der Verfassung. Aber der Ausschluss der 81 Kommunisten aus dem Reichstag – sie galten offiziell als »postalisch unauffindbar« –, das gewaltsame Fernhalten von 26 Sozialdemokraten und die Furcht vor einem Staatsstreich Hitlers bei

In der Nacht vom 27. auf den 28. Februar 1933 brannte der Berliner Reichstag

Besucher in der Hetz-Ausstellung »Der ewige Jude« in München 1937

Cornelius von Berenberg-Gossler: »Ich schäme mich vor meinen Bekannten wegen der Maßnahmen der Nazis gegen die Juden«

den Parteien der Mitte brachten ihm die nötige Mehrheit und damit die Annahme des »Ermächtigungsgesetzes«. Hitler verfügte von nun an über das Recht der eigenmächtigen Gesetzgebung und der Weg war damit frei für die Auflösung der Gewerkschaften und der politischen Parteien – die Gleichschaltung auf allen Gebieten begann.

Schon bald nach der Machtergreifung der Nationalsozialisten begann die wirtschaftliche Isolierung und menschliche Verunglimpfung der jüdischen Bevölkerung. Am Tag vor dem ersten Boykott jüdischer Geschäfte am 1. April 1933 schrieb Cornelius von Berenberg-Gossler in London in sein Tagebuch: »Ich schäme mich vor meinen Bekannten wegen der Maßnahmen der Nazis gegen die Juden.« Verschiedene jüdische Freunde, darunter Paul Salomon, der Filialdirektor der Dresdner Bank in Hamburg, erklärten Cornelius, dass Menschen in die NSDAP gehen sollten, die nicht antisemitisch seien. Cornelius beschloss daraufhin, in die Partei einzutreten, doch nur für kurze Zeit, denn einige Monate später erkannte er, dass ein Wirken von innen heraus illusorisch war.

Ab Juli 1933 war die NSDAP die einzige legale Partei Deutschlands, alle anderen waren aufgelöst oder verboten, ihre Mitglieder oftmals verfolgt, verhaftet oder vertrieben. Im Zuge der Gleichschaltung löste das Regime auch die Selbstverwaltung der Länder, Städte und Gemeinden auf, sie wurden jetzt direkt vom Reich aus regiert und kontrolliert. In Hamburg wurde Karl Kaufmann zum Reichsstatthalter ernannt und für die folgenden zwölf Jahre war sein Wort hier Gesetz.

»Es wird mit Heimlichkeit und Lüge regiert, und das wird sich rächen«, schrieb Cornelius von Berenberg-Gossler am 22. Dezember 1933. Im selben Jahr wurde ihm klar, dass die Politik der Nazis auf einen Krieg hinauslaufen würde: Nach der quälenden Lektüre von Alfred Rosenbergs »Der Mythus des 20. Jahrhunderts« kritisierte er die »bodenlose Arroganz, (die) zu schweren Konflikten mit dem Ausland führen muss«. Nicht nur die Ausbildung von SA und SS werde »für den Kriegsfall durchgeführt«, sondern vor allem die Jugend »in einem kriegerischen Geist, der die anderen Völker verachtet, erzogen«. Nach dem Mord an dem österreichischen Bundeskanzler Engelbert Dollfuß (am 25. Juli 1934) schrieb er: »Gewalt nach innen und außen ist auf die Dauer unmöglich«, doch die Ereignisse des August 1934 zerstörten die Hoffnung auf ein baldiges Ende: Nach dem Tod des Reichspräsidenten von Hindenburg am 2. August erfolgte eine »Volksabstimmung« über die Nachfolge Hitlers als »Führer-Staatsoberhaupt«. Cornelius hielt diese Abstimmung für eine »Farce«: »Keine Gegenpartei, keine Kritik, Radio, Kino, Zeitungen, alles ganz in den Händen der Nazis. Das Volk hört nur das, was ihm mitgeteilt werden soll. Und dann die Furcht bei der Abstimmung, sich mißliebig zu machen.« Er stimmte mit Nein, doch die Abstimmung ergab mit 89,9 Prozent der Stimmen eine überwältigende Zustimmung für Hitler. Daraufhin erklärte Cornelius mit einer schriftlichen Begründung seinen Parteiaustritt: Neben der Unterdrückung der bürgerlichen Freiheiten und der Kirchenfeindlichkeit führte er vor allem den Antisemitismus der NSDAP als entscheidenden Beweggrund für diesen Schritt an. Die Nationalsozialisten profitierten vom Abklingen der internationalen Wirtschaftskrise und der Beendigung der deutschen Reparationszahlungen, die auf der Konferenz von Lausanne 1932 beschlossen worden war. Ihre Wirtschaftsstrategie konzentrierte sich von Anfang an auf Arbeitsbeschaffung, Rüstung und Autarkiepolitik.

Eine wesentliche Stärkung seiner Autorität erfuhr das Regime durch die schnelle Reduzierung der Arbeitslosigkeit. Die schon unter den Regierungen Franz von Papen und Kurt von Schleicher entstandenen Programme wurden durch die verschiedenen Maßnahmen, darunter das Gesetz über die Errichtung des Unternehmens Reichsautobahn, verstärkt weitergeführt und bereits Ende 1933 war die Zahl der Arbeitslosen auf vier Millionen gesunken – gegenüber sechs Millionen Anfang des Jahres.

Mit dem Austritt Deutschlands aus dem Völkerbund im Oktober 1933 und der Aufkündigung der deutschen Mitarbeit bei der Abrüstungskonferenz war der Weg frei für die Steigerung der Rüstungsproduktion. Auch dies trug zu einem weiteren Rückgang der Arbeitslosigkeit bei: Im August 1934 gab es noch 2,4 Millionen Arbeitslose, 1936 waren es 1,1 Millionen und 1938 nur noch 180.000.

Die Autarkiepolitik Hitlers sah vor, Deutschland vor allem vom Import strategisch wichtiger Güter unabhängig zu machen. Die Unternehmen wurden einem staatlichen Wirtschaftsprogramm unterworfen und aus politischen Gründen gab es erhebliche Konzentrationsbewegungen. Die Produktion künstlichen Kautschuks, synthetischer Fette und Kraftstoffe, Kunststoffe aller Art und anderer, vor allem der Rüstung dienlicher Güter wurden vom Staat gefördert. Unternehmen, die hier oder im großen Umfeld von Straßenbau und Rüstung tätig waren, vor allem große, profitierten teilweise außerordentlich, andere, meist kleine, mussten weichen oder gingen in den großen auf.

Die Finanzierung im Bereich der Arbeitsbeschaffung wurde vor allem über die bereits 1930 gegründete »Deutsche Gesellschaft für öffentliche Arbeiten AG« (Öffa) betrieben. Die sogenannten »Mefo-Wechsel« deckten den Investitionsbedarf der wachsenden Rüstungsindustrie: Die betreffenden Unternehmen wurden ermächtigt, auf die Metallurgische Forschungsgesellschaft mbH (Mefo), eine Scheinfirma in Berlin, Wechsel zu ziehen, die ab 1939 eine Laufzeit von sechs Monaten hatten und von der Reichsbank diskontiert wurden. Von 1934 bis 1937 wurden Mefo-Wechsel in Höhe von rund zwölf Milliarden Mark ausgegeben.

Die Folgen dieser Wirtschaftspolitik waren eine ständig steigende Staatsverschuldung. Doch das »Lamentieren und Feststellen unserer Devisennot«, das der bald darauf entlassene Wirtschaftsminister Schacht erhob, musste höheren Aufgaben weichen. Denn schon 1936 hatte Hitler in einer geheim gehaltenen Denkschrift verlangt, die deutsche Wirtschaft und die Streitkräfte müssten in vier Jahren kriegsfähig sein – der gewonnene Krieg würde alle entstandenen Schulden bedeutungslos machen.

Hermann Göring wurde zum verantwortlichen Leiter des Vierjahresplans, der die wirtschaftlichen Kriegsvorbereitungen abschließen sollte. Göring konfiszierte sogleich alle Fremdvermögen, die deutsche Staatsbürger im Ausland besaßen, und versuchte, sämtliche Forderungen aus dem Exportgeschäft beschleunigt einzutreiben. Außerdem erließ er ein Hypothekensperrgesetz und eine Novelle zur Bankenaufsicht. Im Dezember 1938 folgte das Gesetz über Devisenbewirtschaftung, wonach diverse Arten von Sperrguthaben eingeführt wurden.

Heinrich von Berenberg-Gossler tritt in die Firma ein

1935 war Cornelius' Sohn Heinrich von Berenberg-Gossler (1909–1997) als Teilhaber in die Firma Joh. Berenberg, Gossler & Co. eingetreten, doch eine Aufnahme der früheren, traditionell auf den Außenhandel bezogenen Geschäfte kam weiterhin nicht infrage: Einen freien Handel gab es nicht, Im- und Export und alle damit zusammenhängenden Devisentransaktionen waren strengen Kontrollen unterworfen, Lebensmittel waren längst rationiert und die Qualität der Gebrauchsgegenstände sank immer weiter. Cornelius von Berenberg-Gossler konzentrierte sich auf Effektentransaktionen und einige größere Platzierungsgeschäfte. Im März 1935 hatte er sich an einem Konsortium beteiligt, das die Aktienmehrheit der Winterhuder Bierbrauerei aus dem Besitz der Engelhardt-Brauerei erwarb. Anfang 1939 verkaufte Cornelius diese Aktien mit seinem Freund Rademacher zu sehr günstigen Bedingungen an Haake-Beck in Bremen.

Heinrich von Berenberg-Gossler (1909–1997), Partner von 1935 bis 1979

Gleichzeitig bemühte er sich, seinen zahlreichen jüdischen Freunden und der jüdischen Gemeinde in Hamburg zu helfen. Die Juden galten den Nationalsozialisten ebenso als Repräsentanten des »internationalen Finanzkapitals« wie des »internationalen Bolschewismus« und damit als Feinde des »Deutschtums« schlechthin. Durch die Nürnberger Gesetze zum »Schutz deutschen Blutes« sowie eine Vielzahl von Verordnungen verschärften die Nazis ab 1935 den wirtschaftlichen Ruin und die Ächtung der jüdischen Bevölkerung. Am 14. Juni 1938 wurde die dritte Verordnung zum Reichsbürgergesetz erlassen. Danach galten alle Betriebe als jüdisch, wenn ein Inhaber, ein persönlich haftender Gesellschafter, ein Geschäftsführer, Vorstand oder Aufsichtsrat Jude war oder wenn Juden nach Kapital- oder Stimmrecht entscheidend beteiligt waren. Jüdische Betriebe wurden »arisiert«, das heißt, zwangsweise beziehungsweise auf erzwungene Bitte der bisherigen Inhaber auf nicht jüdische Gesellschafter überführt.

In der »Reichskristallnacht« vom 9. auf den 10. November 1938 steigerten sich die Übergriffe auf die Juden in ein von Reichspropagandaminister Joseph Goebbels geschürtes Pogrom. Die Regierung verfügte schließlich die Beschlagnahmung des gesamten jüdischen Eigentums in Deutschland, Internierungen und Deportationen begannen.

Ein tragisches Schicksal durchlebten auch viele der jüdischen Privatbankiers, darunter etliche Freunde von Cornelius. Infolge der »Arisierungen« ging die Zahl der Privatbankiers im Deutschen Reich in der Zeit von 1933 bis 1939 von 1.350 auf 520 zurück. Einige große jüdische Bankhäuser waren mit Rücksicht auf das Ausland unter erheblichen Beschränkungen noch 1938 an der Börse zugelassen, doch dann wurde ihre Entrechtung vollständig. Davon waren auch die Häuser M. M. Warburg & Co. und L. Behrens & Söhne betroffen, Letzteres wurde 1938 in die Filiale der Norddeutschen Kreditbank-AG eingegliedert.

Blick in den Hamburger Hafen, 1930

Mit George Behrens, der die Firma L. Behrens & Söhne in der fünften Generation leitete, war Cornelius befreundet und mit Max Warburg hatte er im Bezirksausschuss der Reichsbank und im Aufsichtsrat der Aktiengesellschaft für In- und Auslandsunternehmungen (Afia) zusammengearbeitet. Nach dem Erlass der Nürnberger Gesetze besuchte Cornelius ihn, um ihm seine Sympathie auszudrücken. Im Januar 1939 war er Warburgs Gast in dessen New Yorker Exil.

Beteiligung an Firmen Wilhelm Rée und Erich Sültz

Im April 1938 wandte sich Richard Kauffmann von der Firma Wilhelm Rée an Cornelius und die Firma Joh. Berenberg, Gossler & Co. beteiligte sich bei Rée als Kommanditist. Am 27. September wurde das Abkommen durch die Bestätigung des Gauwirtschaftsberaters genehmigt. Cornelius half Kauffmann bei der Übersiedlung ins Ausland. Er begleitete ihn in einem dänischen Flugzeug nach London, empfahl ihn seinen dortigen Freunden und konnte Kauffmann auch ermöglichen, einen Teil seiner Wertsachen in Sicherheit zu bringen. Inhaber wurde nun der bisherige Einzelprokurist Bernhard Wiesmann, Cornelius erhielt Generalvollmacht. Der Firmenname Rée blieb erhalten, da man die nationalsozialistischen Stellen überzeugte, dass er hugenottischen Ursprungs sei. Die Firma Rée betrieb ein gutgehendes Effektengeschäft und war Vertreter des Bankhauses Lazard Brothers in London und Lazard Frères & Cie. in Paris. Sie war von der Reichsbank als beglaubigter Ankäufer für Bankakzepte eingesetzt, die dann an die Reichsbank weitergeleitet wurden. Bereits im September 1937 war Joh. Berenberg, Gossler & Co. als stiller Teilhaber bei Erich Sültz, Hamburg, eingetreten, einem Privatbankier, der vor allem das Effektengeschäft betrieb. Durch diese Tätigkeit kam Cornelius in den Aufsichtsrat der Triton Belco Werke. Sültz und Rée arbeiteten in den folgenden Jahren mit Gewinn.

Ansonsten lebte Cornelius mit seiner Familie relativ zurückgezogen draußen in Niendorf. Aus Clubs, Vereinen und aus dem Niendorfer Kirchenvorstand trat er aus und bei den »Volkszustimmungsveranstaltungen«, die Hitler immer wieder veranstalten ließ, gab er einen weißen Zettel ab. Er wollte »auch nicht als Atom, für Hitlers Außenpolitik die Verantwortung übernehmen«. Nach dem Anschluss Österreichs an das deutsche Reich und der Annexion des Sudetenlandes schrieb er am 21. Oktober 1938, Hitler habe »durch sein System aus Deutschland Kasernen und Zuchthäuser gemacht« und unter dem Datum des 26. November, gut zwei Wochen nach den Novemberpogromen, steht im Tagebuch: »Was sind alle Erfolge und Eroberungen Hitlers neben diesen bestialischen Gemeinheiten, die alle anständigen Menschen in der Welt mit Abscheu erfüllen müssen. Lieber ein kleiner, anständig geführter Staat als solch ein großes Reich … mit einer Regierung von Räubern und Mördern.«

Im Zweiten Weltkrieg

Cornelius von Berenberg-Gossler: »Wenn der Nationalsozialismus die Welt erobert, dann ist der Anstand dahin«

Den Ausbruch des Zweiten Weltkrieges, der am 1. September 1939 mit dem deutschen Überfall auf Polen begann, kommentierte Cornelius am 16. September 1939: »Wenn der Nationalsozialismus die Welt erobert, dann ist der Anstand dahin.« Er unterstützte weiterhin die jüdische Gemeinde in Hamburg, doch die Zahl seiner Schützlinge wurde immer kleiner. Die meisten Mitglieder der jüdischen Gemeinde sollten »wie Tiere auf Nimmerwiedersehen in den Osten transportiert werden«.

Im Juni 1942 fiel Cornelius' ältester Sohn Johann als Regimentsarzt vor Weliki Nowgorod. Der jüngste, Hellmuth, wurde schwer verwundet. Während des Bombenhagels auf Hamburg am 25. Juli 1943 ging ein großer Teil des alten

Deutsche Truppen im September 1939 beim Polenfeldzug, mit dem der Zweite Weltkrieg begann

Die 7. Britische Panzerdivision rückte am 3. Mai 1945 über die Elbbrücken in Hamburg ein

Niendorf unter und in der Stadt waren die Verwüstungen nach den Angriffen von Ende Juli und Anfang August unbeschreiblich. Die Hälfte aller Wohnungen und Arbeitsstätten wurden im Zweiten Weltkrieg vernichtet, 45.000 Menschen erstickten, verbrannten oder wurden von den Trümmern erschlagen. Das Verkehrsnetz war an unzähligen Stellen unterbrochen, Schulen, Kirchen und öffentliche Gebäude zerstört oder schwer beschädigt. Das Comptoir von Rée war ein Trümmerhaufen, das Comptoir von Sültz ausgebrannt. In den Pausen zwischen den Fliegeralarmen versuchte man, aus den rauchenden Trümmern zu bergen, was es noch zu bergen gab.

Am 17. August 1943 schrieb Cornelius, »daß dieser verfluchte, von Hitler und seinen Nazis mit Verbrechen herbeigeführte Krieg vollständig verloren (nur leider nicht beendigt) ist …«, am 16. April 1945 notiert er: »Hamburg macht den Eindruck einer Frontstadt.« Drei Tage später besetzten englische Truppen Lüneburg und am 3. Mai 1945 um 5 Uhr nachmittags marschierten britische Truppen in Hamburg ein. Reichsstatthalter Karl Kaufmann übergab die Verwaltung an den britischen Brigadier Douglas Spurling und wurde wenig später verhaftet. Zwei Panzer bezogen in Niendorf in der Nähe des Marktplatzes Stellung.

In sein Tagebuch schrieb der 71-jährige Cornelius von Berenberg-Gossler an diesem Tag: »Nun heißt es, mit den Folgen des Krieges fertigzuwerden und allmählich zu versuchen, den Kindern bei dem Aufbau für ihre Zukunft zu helfen.«

Am 8. Mai 1945 kapitulierte das »Tausendjährige Reich«.

Der Zweite Weltkrieg hatte Hamburg in eine Trümmerwüste verwandelt

DER NEUBEGINN
1948–1999

1948–1959: Die Bank nach dem Krieg

8. Mai 1945. Der Krieg ist nach fast sechs Jahren endlich zu Ende, seine Bilanz ist mit mehr als 60 Millionen Toten die schlimmste in der Menschheitsgeschichte, 60 Staaten sind von ihm und seinen Folgen betroffen.

Anders als am Ende des Ersten Weltkrieges stehen die Sieger nicht an den deutschen Grenzen – das deutsche Reich ist besetzt und wird in vier Zonen geteilt: Den Osten besetzen die Russen, die Briten den gesamten Norden bis hinunter ins Ruhrgebiet, die Franzosen das Saarland und Teile von Rheinland-Pfalz, die Amerikaner Teile von Hessen, ganz Baden-Württemberg und Bayern. Die meisten Deutschen verstehen das Kriegsende lange als Niederlage, Bundespräsident Richard von Weizsäcker betont noch in seiner Rede am 8. Mai 1995: »Wir müssen diesen Tag als Befreiung verstehen.«

Viele Städte sind zerstört, kulturelle und historische Schätze unwiederbringlich verloren, die Infrastruktur kaum mehr vorhanden. Hamburg liegt in Trümmern. Die »Operation Gomorrha« im Sommer 1943 war das bis dahin schwerste Bombardement des Krieges gewesen.

So sind die Zeiten nach Kriegsende auch in Hamburg sehr hart. Die Stadt ist eine Steinwüste aus rußschwarzen Ruinenfeldern und 43 Millionen Kubikmetern Schutt, der Hafen zu 80 Prozent zerstört, 300 Schiffe liegen auf Grund, 3.000 sind beschädigt.

In diesen Ruinen leben rund 900.000 Menschen – froh, den Krieg überstanden zu haben, gewillt, den Frieden zu erleben – ohne Arbeit, die meisten von ihnen wohl obdachlos, ohne regelmäßige Versorgung mit Nahrung und anderen Lebensgütern. Der Schwarzmarkt ist eine der wenigen Möglichkeiten, Dinge gegen Nahrung zu tauschen. Standardwährung sind dabei amerikanische Zigaretten, fünf Reichsmark gegen einen Glimmstängel. Wie überall fahren die Städter aufs Land und tauschen mit den Bauern alles, was diese nehmen, gegen Eier, Speck, Wurst, Brot. Der extrem kalte Hungerwinter 1946/47 kostet nochmals viele Hunderttausende Leben in Deutschland und Europa.

Doch langsam wird die Versorgung besser, kehrt das Leben zurück in die Ruinen, Kinos öffnen, Theater und Schulen werden notdürftig repariert und nehmen ihren Betrieb auf, Schutt wird beiseitegeräumt – in den Ruinen erblüht so etwas wie Alltag.

Die Weltlage wird mit den zunehmenden Konflikten zwischen den drei westlichen Siegermächten hier und der Sowjetunion dort nicht ruhiger. Die

»Trümmerfrauen« in Hamburg bilden eine Kette und Männer fassen mit an. Der Wiederaufbau der zerstörten Stadt begann

Auch im Hamburger Hafen waren weite Teile der Anlagen zerstört

Russen blockieren von Juni 1948 bis Mai 1949 das von den Amerikanern behauptete Westberlin, diese »Insel der Freiheit« (Bürgermeister Ernst Reuter). Eine Versorgung der rund 1,2 Millionen Westberliner ist nur durch eine Luftbrücke möglich. Langsam wird der »Eiserne Vorhang« zwischen West und Ost hochgezogen.

Der Marshallplan pumpt ab 1948 rund elf Milliarden Dollar über die Kreditanstalt für Wiederaufbau in die westdeutsche Wirtschaft. Eine funktionierende Kreditwirtschaft gibt es nur in kleinem Rahmen. Das Bankensystem des Deutschen Reiches wird demontiert, per »Ruheanweisung«. Für die Banken ist es ein Kaltstart. Ein Zeitzeuge, Lehrling bei der Hamburger Kreditbank in der Lobuschstraße in Hamburg-Altona, erinnert sich: »Alle froren. Die Mitarbeiter saßen in Hut und Mantel, arbeiteten mit Handschuhen ohne Finger. Meine Aufgabe war es, morgens als Erstes den Ofen zu heizen. Das war ein Rohr, vollgestopft mit Sägespänen und Papier in der Mitte.« Joachim H. Wetzel, Jahrgang 1928, musste noch mit 17 Jahren an die Front, als Jüngster in seiner Klasse. Aus amerikanischer Kriegsgefangenschaft entlassen, kommt er eher zufällig nach Hamburg, schlägt sich mit Gelegenheitsarbeiten durch. Eine Frau, deren Sohn gefallen war, nimmt ihn auf. Er geht zur Schule und nach dem Abitur gleich zur Bank. »Als Lehrling bekam ich 50 Mark im Monat, mein erstes Monatsgehalt war 137 Mark. Ein Freund und Kollege bekam 80 Mark mehr, nur weil er studiert hatte.«

Jeden Tag fährt er mit der Straßenbahn zur Arbeit. »Mann, das war eine tolle Zeit. Man war auf sich gestellt, brauchte die Zukunft nur in die eigenen Hände zu nehmen. Berufsanfänger haben es heute viel schwerer. Egal, wo man hingeht: Da sitzt immer schon einer.«

Seit Kriegsende leidet die Reichsmark an galoppierender Schwindsucht. Das Land braucht eine neue Währung, neues Geld. Woher nehmen? Allein für das Papier müssten 3.000 Tonnen Holz verarbeitet werden, die im kriegszerstörten Deutschland nicht aufzutreiben sind. Deshalb nehmen die Amerikaner die Sache selbst in die Hand, drucken in den USA deutsche Banknoten im Nennwert von rund 5,7 Milliarden Mark, verschiffen das komplette Barvermögen einer künftigen Nation unter strengster Geheimhaltung in 23.000 Holzkisten unter dem Codenamen »Operation Bird Dog« nach Bremerhaven, verladen es auf 800 Militärlastwagen und acht Sonderzüge und schaffen es zunächst nach Frankfurt. Von dort erfolgte die Feinverteilung. Leutnant Edward A. Tenenbaum, 26 Jahre alt, und verantwortlich für den Coup, spricht stolz von der »größten logistischen Leistung der US-Army seit der Invasion in der Normandie«.

Am 20. Juni 1948 stellt die Währungsreform alles auf Anfang. Für 100 Reichsmark auf dem Konto werden 6,50 Deutsche Mark, vom Volksmund bald D-Mark genannt, gutgeschrieben. Löhne, Gehälter und Mieten, Renten und Pensionen bleiben auf altem Kurs und werden eins zu eins umgerechnet.

Rechtzeitig zur Währungsreform beschließen der 71-jährige Cornelius Freiherr von Berenberg-Gossler und sein Sohn Heinrich, die Bank wieder zu eröffnen. Seit 1932 hatte sich das Familienunternehmen aus dem aktiven Bankgeschäft zurückgezogen und die NS-Zeit als Holdinggesellschaft überstanden, in der die Beteiligungen der Firma zusammengefasst waren, darunter zwei kleinere Privatbanken, die sich mit Vermögensverwaltung befassten. Die Firma führt der Freiherr gemein-

Währungsreform: Am 20. Juni 1948 löste die Deutsche Mark in den westlichen Besatzungszonen die Reichsmark ab

Die Straßenbahnlinie Nr. 9 verkehrte 1949 zwischen ZOB und Flughafen – vorbei an Ruinen

sam mit seinem Sohn Heinrich, den er 1935 als Teilhaber aufgenommen hatte. Ihre alten Auslandskontakte, insbesondere zu Baring Brothers & Co. in London, konnten sie bald nach dem Krieg wieder aufnehmen. Nun verabredeten sie eine Kooperation mit ihrem Freund August Rohdewald, Vorstand der Norddeutschen Kreditbank AG (NKB) in Bremen. Die NKB wollte ihre Geschäftstätigkeit gern nach Hamburg ausdehnen, aber nach den Bestimmungen des Alliierten Kontrollrats musste sich eine Bank auf ein Land der Besatzungszone beschränken, eine Bremer Bank konnte also keine Bank in Hamburg gründen. Heinrich von Berenberg-Gossler und August Rohdewald trafen sich vor dem Krieg bei der Reichs-Kreditgesellschaft. Man kennt sich. Man wird sich einig.

Beteiligungsverhältnisse:
40 % Familie Berenberg-Gossler
40 % Norddeutsche Kreditbank
20 % August Rohdewald

Am 30. August 1948 öffnet das Bankhaus Joh. Berenberg, Gossler & Co. in dem architektonisch imposanten Eckgebäude »Alter Wall 32« seine Schalter. Die Familie Berenberg-Gossler und die Norddeutsche Kreditbank Bremen AG halten je 40 Prozent des Kapitals der neuen Bank, August Rohdewald 20 Prozent. Inhaber sind Cornelius Freiherr von Berenberg-Gossler, Heinrich von Berenberg-Gossler und August Rohdewald. Das Grundkapital beträgt 180.000 D-Mark, wird aber durch das Privatvermögen der Familie Berenberg-Gossler, vor allem Aktien der Ilseder Hütte, gestärkt. Die Privatbank startet mit 30 Angestellten, einem Kapital von 250.000 Mark und weist in der ersten Jahresbilanz ein Geschäftsvolumen von 1,5 Millionen Mark aus.

Hamburg ist der bedeutendste deutsche Börsenplatz

Berenberg öffnete 1948 seine Schalter im Eckgebäude Alter Wall 32

Das Geschäft läuft an. 1948 gründen Hamburgs Privatbankiers einen Verband mit 38 Mitgliedern. Schon sind in Hamburg auch sechs Auslandsbanken vertreten, darunter die Hongkong and Shanghai Banking Corporation, zu deren Gründungsaktionären 1865 die Berenbergs gehörten. In Bremen entsteht die Ibero-Amerika Bank, Berenberg übernimmt die Vertretung in Hamburg.

Die Börse lebt auf. Noch ist Hamburg der bedeutendste Börsenplatz der drei Besatzungszonen, mit deutlichem

Abstand vor Frankfurt oder München. Die Hansestadt ist auch ein wichtiger Bankenplatz. Neben den privaten Banken nehmen die Neue Sparcasse von 1864, die Hamburger Sparcasse von 1827 und die Genossenschaftsbanken ihre Tätigkeit auf und im Hintergrund wirkt die Hamburgische Landesbank.

Der Deutsche Bundestag wählte Konrad Adenauer (CDU) am 15. September 1949 zum ersten Bundeskanzler

Die Bestimmungen der Besatzungsmächte sind darauf angelegt, eine Struktur wie das Bankensystem des Deutschen Reiches zu zerschlagen. Deshalb starten Großbanken mit angezogener Handbremse. In Hamburg wird aus der Deutschen Bank die Norddeutsche Bank, anstelle der Dresdner Bank kommt nun die Hamburger Kreditbank ins Geschäft, beide mit einer Bilanzsumme von rund 200 Millionen Mark, die Commerzbank muss sich als Hansa-Bank mit 134 Millionen Mark bescheiden. Die Riesen sind damit zwar keine Zwerge, aber für den Bedarf an Großkrediten zu schwach. Erst nach zähen Verhandlungen mit den Besatzungsmächten gelingt es im Laufe der Zeit, die Dezentralisierung per Gesetz so weit abzuschwächen, dass eine spätere Neuordnung zu alter Größe möglich wird.

Mit der Währungsreform wird 1948 in den westdeutschen Zonen nicht nur die D-Mark eingeführt, auch die Teilung Deutschlands wird weiter vertieft – und schließlich mit der Gründung der beiden deutschen Staaten 1949 formal vollzogen: Am 23. Mai 1949 wird aus den drei Westzonen die Bundesrepublik Deutschland mit Bonn als Hauptstadt und dem Grundgesetz als neuer Verfassung. Die ersten Wahlen zum neuen Bundestag finden am 14. August statt, Konrad Adenauer ist der erste Bundeskanzler der neuen Republik – und wird es bis 1963 bleiben.

Am 7. Oktober 1949 folgt die Gründung der Deutschen Demokratischen Republik mit der Hauptstadt Ostberlin; die Wahl zur Volkskammer, dem Scheinparlament der DDR, wird am 15. Oktober 1950 durchgeführt.

Eine neue Entwicklung zeichnet sich ab: die wirtschaftliche Zusammenarbeit europäischer Nationalstaaten. Den Anfang macht die Europäische Gemeinschaft für Kohle und Stahl (EGKS), die Montanunion. Die Idee dazu hatte der französische Außenminister Robert Schuman, Bundeskanzler Adenauer greift beherzt zu. Der Vertrag tritt am 23. Juli 1952 in Kraft und gilt für 50 Jahre. 1950 war die Bundesrepublik Deutschland als 14. Mitglied dem

7. Oktober 1949: Wilhelm Pieck verliest im Nationalrat die Proklamation zur Verfassung der DDR

Europarat beigetreten und am 28. Juni 1952 dem Bretton-Woods-Abkommen und damit dem Internationalen Währungsfonds (IWF) und der Weltbank.

Werden so im Westen die ersten Grundsteine für die spätere Europäische Union gelegt, gründet sich im Osten am 25. Januar 1949 der »Rat für gegenseitige Wirtschaftshilfe« (RGW). Es vertieft sich die Spaltung zwischen West und Ost. Der RGW ist das Gegenmodell der »sozialistischen Bruderstaaten« unter Führung der Sowjetunion zum Marshallplan und zur am 16. April 1948 gegründeten Organisation für europäische wirtschaftliche Zusammenarbeit (OEEC).

Auch die militärischen Blöcke entstehen: Auf die Gründung der NATO im April 1949 antwortet der Osten im Mai 1955 mit dem Warschauer Pakt – die Teilung Europas ist damit in allen Bereichen vollzogen, sie wird bis 1989/90 anhalten.

Die Fünfzigerjahre sind Jahre des Aufbaus und gewaltiger Kraftakte. Am 1. September 1952 tritt das Lastenausgleichsgesetz in Kraft, die größte Vermögensumschichtung in der deutschen Geschichte. Kriegsschulden und Vorkriegsschulden sind zu begleichen und »Wiedergutmachungen« an die Opfer der Gewaltherrschaft zu zahlen. Adenauers Wirtschaftsminister Ludwig Erhard hat eine glückliche Hand, ein gesundes Selbstbewusstsein und beweist Stehvermögen.

Im Juni 1950 bricht der Koreakrieg aus. Zunächst erscheint er als der Kampf zweier ideologisch widerstreitender Hälften einer Nation, wird aber durch das Eingreifen von Amerikanern, Russen und Chinesen zu einem dreijährigen Stellvertreterkrieg mit mehr als vier Millionen Toten. Die Preise steigen, die Bevölkerung fängt an, Sparkonten zu plündern und Lebensmittel zu horten. Es fehlt an Devisen. Die junge Bundesrepublik macht Schulden, allein die Kredite innerhalb der Europäischen Zahlungsunion steigen auf fast zwei Milliarden Mark. Zur Sorge um die Stabilität der D-Mark kommt die Angst der Deutschen vor der Inflation. Wirtschaftsminister Erhard hält Kurs, widerspricht der These, dass nur eine golddeckte Währung stabil sein könne. Nicht Gold, sondern Arbeit und dic Produkte dieser Arbeit machten den inneren Wert einer Währung aus. Die soziale Marktwirtschaft besteht ihre Feuertaufe.

Am 1. September 1952 war das Lastenausgleichsgesetz in Kraft getreten – die ersten Zahlungen erfolgten in bar

Mit den Hamburger Privatbanken geht es aufwärts, neben dem Bankhaus Joh. Berenberg, Gossler & Co. etablieren sich Häuser wie Brinckmann, Wirtz & Co., Conrad Hinrich Donner oder Münchmeyer & Co. Zu den ersten Adressen zählen auch Nottebohm & Co. und Schröder Gebr., Werner & Frese, Marcard & Co. und Hesse, Newman & Co. Viele von ihnen waren klassische Merchant Banker, die sich nun neuen Herausforderungen gegenübersehen.

Joachim H. Wetzel kommt als Devisenhändler zu Berenberg

Joachim H. Wetzel wechselt den Arbeitgeber. 1952 geht er zu Berenberg. »Eingestellt hatte mich Heinrich von Berenberg-Gossler; er war damals 42 Jahre alt. Ich hatte das Glück, im passenden Moment an der richtigen Stelle zu sein und das Richtige zu tun.« Wetzel hatte sich in seiner Lehrzeit dem Devisenhandel verschrieben. Der wird 1952 freigegeben, Devisenhändler sind nun gesuchte Leute.

Der junge Mann lernt die Welt kennen. »Der Baron schickte mich nach Belgien. Ich sollte französisch sprechen lernen. Das war gar nicht so einfach bei einer flämischen Bank. Dann schickte er mich nach London, zur National Provincial Bank.« Der Privatbankier versteht es, seine Leute zu motivieren. Sein Bonus-System war eher spontan und bewies Augenmaß. »Einmal kam

Baron Heinrich nach London, drückte mir 20 Pfund in die Hand. Ich bin für das Geld mit Freunden nach Schottland gefahren.«

Das Bankhaus Joh. Berenberg, Gossler & Co. bewegt sich zunehmend auf internationalem Parkett, finanziert den Weizen, den die Traditionsfirma Alfred C. Toepfer aus Australien heranschafft, organisiert zusammen mit Stinnes die Lieferung von Eisen der Ilseder Hütte im Tausch gegen Kohle aus den USA und finanziert Fabrikeinrichtungen für Theodor Wille in Brasilien. Alte Verbindungen nach Argentinien werden durch Handschlag wiederbelebt und die traditionellen Beziehungen nach England aktiviert.

Am 5. März 1953 stirbt Josef Stalin, am 17. Juni kommt es in Ostberlin und in anderen Städten der DDR zu Streiks, Demonstrationen und Protesten gegen das SED-Regime und das Tempo der Arbeitsnormen, für demokratische Veränderungen – der Aufstand wird von der Roten Armee niedergeschlagen, Hunderte verschwinden in den Gefängnissen der DDR; der 17. Juni wird in Gedenken des Aufstands und seiner Opfer Nationalfeiertag in der Bundesrepublik und bleibt dies bis 1990.

Cornelius Freiherr von Berenberg-Gossler stirbt

Am 29. September 1953 stirbt der Firmenpatriarch Cornelius Freiherr von Berenberg-Gossler im Alter von 79 Jahren. Der Privatbankier und Familienvater war ein Homo politicus, im Geist liberal und voller Hoffnung auf den Sieg der Vernunft. Die Lebensleistung des Freiherrn war es, das Familienunternehmen mit Klugheit und moralischer Integrität durch Katastrophen zu steuern. Inflation und Hyperinflation, Weltwirtschaftskrise, Bankenkrise, zwei verheerende Weltkriege, zweifacher totaler Zusammenbruch von Wirtschaft und staatlicher Ordnung. Es forderte Mut und Können, immer neu Entscheidungen zu treffen, deren Folgen nicht absehbar waren, weil es für sie keine Erfahrungswerte gab. Auf dem Grabstein von Cornelius in Niendorf steht: »Selig sind die Toten, die in dem Herrn sterben. Sie ruhen aus von ihrer Arbeit, und ihre Taten folgen ihnen nach.«

Sein Tod hinterließ eine Lücke, aber er bedeutete keine Unterbrechung im Gang der Geschäfte. Cornelius hatte mehr und mehr seinen Sohn Heinrich mit der Verantwortung betraut, schon zu Lebzeiten des Vaters war er sein Nachfolger geworden. Bereits im November 1949 hatte man Heinrich von Berenberg-Gossler auf Wunsch seines Vaters in den Aufsichtsrat der Hüttenwerke Ilsede-Peine gewählt, wenig später erhielt er auch den väterlichen Sitz im Aufsichtsrat der Ilseder Hütte und dann die Aufsichtsposten bei der Triton-Belco AG und der Deutschen Allgemeinen Treuhand AG. Der Übergang von Cornelius hin zu Heinrich hatte sich nahtlos und ohne Schwierigkeiten vollzogen.

Heinrich von Berenberg-Gossler hatte nach dem Abitur an der Schlossschule in Plön 1930 eine Lehre in der väterlichen Firma und dann bei der Darmstädter und Nationalbank (Danat) absolviert. Es folgte eine Zeit als Volontär bei Baring und der Bank of London and South America in London (Mai 1932 bis Mai 1933), bei Neuflize & Co. in Paris (bis November 1933) und bei der Nederlandsche Handels-Maatschappij in Amsterdam (bis Juni 1934). Weitere Stationen waren Guatemala (bis März 1935) sowie Kidder, Peabody & Co. in New York und Boston (bis Oktober 1935). Nach einer Tätigkeit bei der Reichs-Kredit-Gesellschaft AG in Berlin (bis November 1937) schloss sich ein Aufenthalt in Buenos Aires bei der Niederlassung der Bank of London and South America an (bis Februar 1939). Danach ging es im Auftrag der Deutsch-Südamerikanischen Bank AG, Berlin, zunächst nach Lissabon, dann nach Mailand und Genua, nachdem ein geplanter Aufenthalt in Buenos Aires durch den Ausbruch des Krieges verhindert worden war. Es folgte eine kurze Zeit als Soldat, in der er aufgrund der erworbenen Sprachkenntnisse im Wesentlichen als

Aus einem Arbeiterkonflikt wurde ein Volksaufstand: Am 17. Juni 1953 rollten an der Sektorengrenze in der Berliner Friedrichstraße russische Panzer

Übersetzer tätig war. Die Tätigkeit bei der Reichsbank – ebenfalls als Übersetzer – ist eine Übergangslösung, bis sich im November 1945 die Möglichkeit bot, als Prokurist in die Ilseder Hütte einzutreten. Nach der Wiedereröffnung der eigenen Firma in Hamburg kündigte er in Peine. Dort hatte er Irmela von Consbruch, geborene Meyer, die Tochter von Kommerzienrat Gerhard Meyer, dem langjährigen Direktor der Ilseder Hütte und des Peiner Walzwerks, kennengelernt. Die Heirat erfolgte 1949. Ihr Sohn aus erster Ehe, Joachim von Berenberg-Consbruch, sollte später persönlich haftender Gesellschafter werden.

Die Hamburger bauen ihre Stadt wieder auf, errichten jährlich 20.000 neue Wohnungen, die Wirtschaft nimmt Fahrt auf. Industrie, Mineralölwirtschaft, Werften und Reedereien werden aktiv. In der Bank widmet man sich Akzeptgeschäften und Kontokorrentkrediten, die Finanzierung des Im- und Exportgeschäft lebt auf. »Wir fassten schnell im Auslandsgeschäft Fuß«, erinnert sich Joachim H. Wetzel. »Der Grund war, dass Hamburger Banken traditionell international tätig waren und damit Erfahrungen hatten. Man traute uns einfach mehr zu.« Zu den Kunden der Bank zählen die ersten Adressen der Großindustrie: Siemens, AEG und Thyssen, Mannesmann, Klöckner und Krupp, BASF und VAW. Internationale Verbindungen nach Skandinavien und Westeuropa und ein sorgsam geknüpftes Netz internationaler Korrespondenzbanken fördern das Geschäft.

Berenberg setzt einen Verwaltungsrat ein

Ende 1955 sind in Hamburg 120 Kreditinstitute mit 360 Zweigstellen registriert, Banken aus dem Bundesgebiet unterhalten weitere 35 Zweigstellen und ausländische Kreditinstitute sind mit sieben Niederlassungen vertreten. Das versammelte Eigenkapital beläuft sich auf annähernd 240 Millionen Mark, die Summe der Wirtschaftskredite auf zwei Milliarden Mark, Im- und Export werden mit 481 Millionen Mark finanziert.

Seit 1956 steht ein Verwaltungsrat den persönlich haftenden Gesellschaftern des Bankhauses zur Seite. Ihm gehören angesehene Vertreter aus Industrie und Handel an wie Karl Blessing, der spätere Präsident der Deutschen Bundesbank, Clemens von Velsen, Vorstandsvorsitzender der Salzdetfurth AG, und Ernst Wolf Mommsen, Vorstandsvorsitzender der Fried. Krupp AG.

Karl Blessing, von 1958 bis 1969 Präsident der Deutschen Bundesbank, gehörte dem Verwaltungsrat der Privatbank an

Im Osten ist keine Ruhe: Am 23. Oktober 1956 demonstrieren Tausende Studenten der Budapester Universität für demokratische Veränderungen in Ungarn – am Abend lässt die Regierung auf das eigene Volk schießen, aus der friedlichen Demonstration wird ein bewaffneter Aufstand, der zunächst siegreich ist: In den Folgetagen wird die kommunistische Einparteienregierung

Glockenfriedhof in Hamburg-Veddel: Die kirchlichen Künder – insgesamt waren es 75.000 – sollten im Schmelzofen landen und zu Kriegsmaterial umgeformt werden

aufgelöst, tritt Ungarn aus dem Warschauer Pakt aus, erklärt seine Neutralität und fordert die Sowjetarmee zum Verlassen des Landes auf.

Doch wieder marschiert die Rote Armee in ein »Bruderland« ein, am 4. November ist der demokratische Traum vorbei: Die Sowjets installieren eine neue pro-kommunistische Regierung, anschließend werden Hunderte der Aufständischen hingerichtet, Tausende fliehen in den Westen. Seit 1989 ist der 23. Oktober Nationalfeiertag in Ungarn.

Ein Weihnachtsgeschenk: Am 24. Dezember 1956 dürfen sich die Nachfolgeinstitute der alten Großbanken wieder zusammenschließen. Das Großbankengesetz von 1952 ist aufgehoben. Auch Deutschland wird größer. Am 1. Januar 1957 kommt das Saarland als zehntes Bundesland dazu. Die Fundamente des Sozialstaats werden gelegt. Der Bundestag verabschiedet das Gesetz über die Rentenreform und führt die dynamische Rente ein. Die Gewerkschaft IG Metall erreicht die 45-Stunden-Woche mit vollem Lohn- und Gehaltsausgleich.

Europa kommt sich näher: Am 25. März 1957 unterzeichnen Vertreter der Benelux-Staaten, Frankreichs, Italiens und der Bundesrepublik Deutsch-

Unterzeichnung der Römischen Verträge vom 25. März 1957: Deutschland wurde von Bundeskanzler Konrad Adenauer (Bildmitte) vertreten

land die Römischen Verträge über die Gründung der Europäischen Wirtschaftsgemeinschaft (EWG) und der Europäischen Atomgemeinschaft (EURATOM).

Am 1. August 1957 wird die Deutsche Bundesbank als zentrale Notenbank der Bundesrepublik und Westberlins gegründet. Erhards Politik hat die Deutschen reich gemacht. Die Mark ist eine der härtesten Währungen der Welt. Der stete Strom der Devisen aus dem Ausland lässt die Währungsreserven der Bank deutscher Länder in nur sieben Jahren von 700 Millionen auf annähernd 18 Milliarden Mark anschwellen. Im gleichen Zeitraum war der Anteil des Goldes an der Währungsreserve von unter 10 auf 60 Prozent gestiegen.

Für die Deutschen beginnt ein Goldenes Zeitalter. Die Bauindustrie boomt, die Wirtschaft meldet zweistellige Zuwachsraten, die Einzelhandelsumsätze nehmen um 35, die Ausfuhr um 37 Prozent zu. Der F.A.Z.-Aktien-Index (der DAX wird erst 1988 eingeführt) macht einen Luftsprung und steigt von Ende 1958 bis Ende 1959 von 100 auf 175,5 Punkte. Die ersten Volksaktien werden ausgegeben. Mit den Preussag-Aktien beginnt die Privatisierung industriellen Bundesvermögens. Und ein Millionenheer junger Kleinaktionäre belebt das Wirtschaftsleben.

Die Bilanz der Fünfzigerjahre weist in die Zukunft. Der Weltraum rückt näher. Die UdSSR startet am 4. Oktober 1957 mit ihrem Sputnik (»Weggefährte«) den ersten Satelliten: Nur 58 Zentimeter im Durchmesser und 83 Kilo schwer, ausgestattet mit einem Thermometer und einem Kurzwellensender, umkreist er die Erde, sendet 21 Tage lang Signale aus dem All, bevor er verglüht, und »beweist« so die Überlegenheit von Technik und Ideologie der Sowjets – die USA gründen daraufhin 1958 die NASA, der Konkurrenzlauf ins All beginnt.

In Garching bei München nimmt ein Forschungsreaktor als erstes bundesdeutsches Kernkraftwerk den Betrieb auf. Das erste, 1958 geschlossene, auf drei Jahre befristete deutsch-sowjetische Handelsabkommen sieht einen Warenaustausch im Wert von 3,15 Milliarden Mark vor. Und in Straßburg gibt es ab 1957 ein Europäisches Parlament als gemeinsames Organ von Montanunion, EWG und Europäischer Atomgemeinschaft.

1960–1969: Im Wirtschaftswunderland

Was bringen die Sechzigerjahre? Das Farbfernsehen, die Parteienfinanzierung und den bezahlten Bildungsurlaub, die Anti-Baby-Pille, den Sachverständigenrat zur Begutachtung der gesamtwirtschaftlichen Entwicklung, die Mehrwertsteuer und die Eurocheque-Karte, den Numerus clausus, die Lohnfortzahlung im Krankheitsfall und das Lehrfach Informatik.

Europa wächst weiter zusammen, aber erst mal getrennt. Im Januar 1960 gründen Norwegen, Schweden und Dänemark, Großbritannien, Portugal, Österreich und die Schweiz die »Europäische Freihandelsvereinigung« (EFTA) als Gegengewicht zur EWG. Und die Erdöl exportierenden Länder gründen die OPEC in Bagdad. 1961 tritt das Außenwirtschaftsgesetz der Bundesrepublik in Kraft. Devisenbewirtschaftung und staatliche Kontrolle des Wirtschaftsverkehrs mit dem Ausland werden beendet. Im Jahr darauf werden die ersten Marktordnungen des Europäischen Agrarmarktes verabschiedet. 1963 schließt die Bundesrepublik den Élysée-Vertrag mit Frankreich als Akt der Versöhnung und unterzeichnet ein Handelsabkommen mit Polen. US-Präsident John F. Kennedy bekennt bei seinem legendären Deutschlandbesuch: »Ich bin ein Berliner.«

Das Volksvermögen wächst. Die Volkswagen-Aktie kommt unter die Leute. Inzwischen wenden sich auch die Großbanken dem Privatkundengeschäft zu, weil die Unternehmen dazu übergehen, Löhne und Gehälter

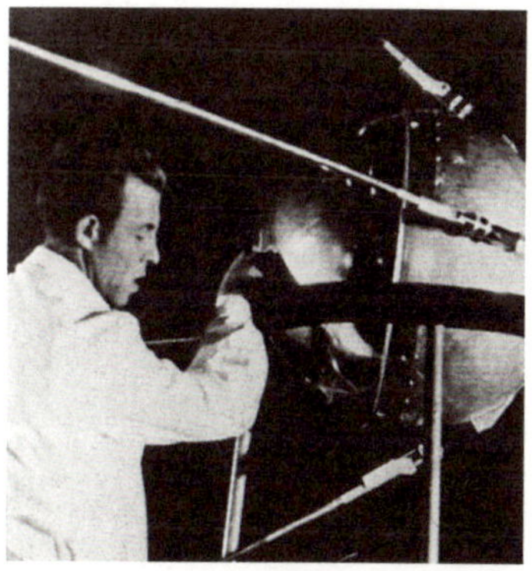

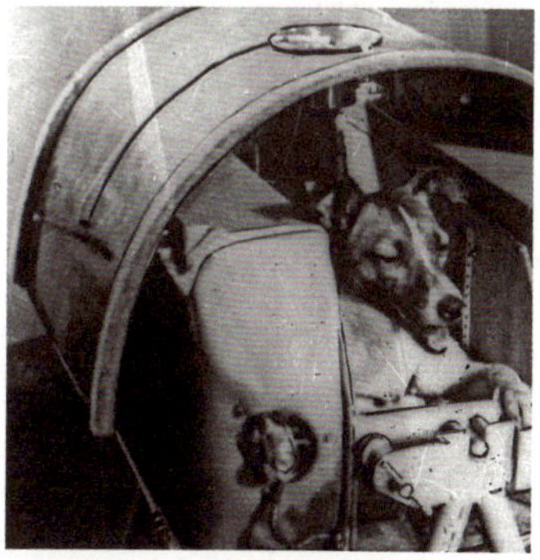

4. Oktober 1957: Die UdSSR startet ihren ersten Satelliten »Sputnik« (oben) und schickt die Hündin Laika ins All

1 M

Läuft und läuft und läuft: Am 5. August 1955 feiert Volkswagen in Wolfsburg seinen einmillionsten »Käfer«

Das Weihnachtsgeschäft in einem Frankfurter Kaufhaus Anfang der Sechzigerjahre

bargeldlos auszuzahlen. Da sie mit diesem Verfahren noch nicht vertraut sind, heben viele Kunden ihren Lohn oder ihr Monatsgehalt erst einmal komplett ab; sie sind es gewohnt, alles in der Lohntüte zu finden.

Die Arbeitswelt verändert sich. Die Tarifpartner der Metallindustrie einigen sich auf die schrittweise Einführung der 40-Stunden-Woche und im Bankengewerbe wird die Fünf-Tage-Woche eingeführt; samstags bleiben die Schalter von nun an geschlossen. Der Bundestag verabschiedet 1961 das »Gesetz zur Förderung der Vermögensbildung der Arbeitnehmer«, das sogenannte »312-Mark-Gesetz« und das Gesetz über die Gewährung von Kindergeld. Im Dezember 1962 legt der Bundestag den gesetzlichen Mindesturlaub auf 15 Tage fest.

Inhaberwechsel bei Berenberg: August Rohdewald scheidet aus, Nachfolger wird Heinz A. Lessing

1961 meldet das Bankhaus Joh. Berenberg, Gossler & Co. einen Inhaberwechsel: August Rohdewald scheidet als persönlich haftender Gesellschafter aus. Zum Bedauern von Heinrich von Berenberg wechselt er in den Vorstand der Kreditanstalt für Wiederaufbau in Frankfurt. Schwierigkeiten im Verhältnis zur Norddeutschen Kreditbank in Bremen hatten ihn zu diesem Schritt bewogen. Überhaupt hatte die Zusammenarbeit mit der NKB im Laufe der

Zeit Risse bekommen. Die Generation, die 1948 in Bremen den Vorstand gebildet hatte, war inzwischen durch eine andere ersetzt worden, mit der sich die alte Harmonie nicht aufrechterhalten ließ.

Im August 1961 wurde der bisherige Generalbevollmächtigte Heinz A. Lessing – Jahrgang 1909 wie Heinrich Freiherr von Berenberg-Gossler – persönlich haftender Gesellschafter. Er konnte bereits auf ein vielseitiges Berufsleben zurückblicken. Nach dem Abitur an der Schule Schloss Salem, deren Schatzmeister er später jahrelang war, ging Lessing als Lehrling zu M. M. Warburg & Co. in Hamburg und erweiterte anschließend seine Kenntnisse in New York bei der International Acceptance Bank, bei der Bank of the Manhattan Company sowie bei der internationalen Wirtschaftsprüfungsgesellschaft Price, Waterhouse & Co. 1936 übernahm er die kaufmännische Leitung des Organisationskomitees für die XI. Olympischen Spiele in Berlin. Weitere Aufgaben folgten, so im Auslandsdienst der Hamburg-Amerika-Linie und als Generalbevollmächtigter der Alsen'schen Portland-Cement-Fabriken KG in Hamburg, bis er 1959 in das Bankhaus Joh. Berenberg, Gossler & Co. eintrat. Weggefährten bescheinigen Lessing Unternehmungsgeist, Vielseitigkeit, Ideenreichtum, Kontaktfreudigkeit und eine unvoreingenommene Einstellung für Fragen der Gegenwart und Zukunft. Hinzu kommen seine weltweiten Verbindungen, man sucht seinen Rat, was durch zahlreiche Aufsichtsratsposten und andere Ämter dokumentiert wird.

Karl-Theodor Lindemann wird persönlich haftender Gesellschafter

Als weiterer persönlich haftender Gesellschafter wurde 1964 Karl-Theodor Lindemann aufgenommen, ein Sohn des Aufsichtsratsvorsitzenden der Norddeutschen Kreditbank AG. Er schied jedoch auf eigenen Wunsch 1972 wieder aus, um ins Ausland zu gehen.

Die Weltpolitik ist geprägt vom Wettkampf der Systeme. Die UdSSR schickt mit dem Kosmonauten Juri Gagarin am 12. April 1961 den ersten Menschen ins All. In 108 Minuten umrundet er die Erde und kehrt wohlbehalten zurück.

Im Sommer 1962 beginnen die Russen, Raketen auf Kuba zu stationieren. Es kommt zur Kuba-Krise, die die Welt an den Abgrund eines Dritten Weltkrieges bringt: Atomraketen auf Kuba, ausgerichtet auf ihre Städte, sind für die USA nicht hinnehmbar. Es kommt zu einer Seeblockade Kubas durch die Amerikaner – beide Seiten haben den atomaren Erstschlag schon in ihr Kalkül gezogen. In letzter Minute einigen sich US-Präsident John F. Kennedy und Kremlchef Nikita Chruschtschow, die Raketen werden abgezogen.

13. August 1961: Beginn des Mauerbaus in Berlin

Im geteilten Deutschland sinkt das politische Klima tief unter den Gefrierpunkt. Am 13. August 1961 beginnen bewaffnete Volkspolizisten der DDR, eine Mauer durch Berlin zu ziehen.

In der Nacht vom 16. auf den 17. Februar 1962 wird Norddeutschland von der schwersten Flutkatastrophe seit über 100 Jahren heimgesucht; 340 Menschen sterben. Deiche sind gebrochen, weite Teile der Stadt stehen unter Wasser. Doch Hamburgs Entwicklung zum Welthafen und internationalem Wirtschaftszentrum wird nicht beeinträchtigt. Der Umschlag an Seegütern erreicht mit 31,23 Millionen Tonnen den bis dahin höchsten Stand in der Geschichte der Stadt.

Claus-G. Budelmann beginnt seine Lehre bei Berenberg

1965 kommt ein junger Mann zu Berenberg, 20 Jahre alt, in Hamburg geboren und voller Tatendrang. Claus-Günther Budelmann. Sein Vater ist Hausarzt und enger Freund der Familie Berenberg. »Mein Vater fand, es sei richtig, wenn ich lernte, morgens um acht aufzustehen und einer geregelten Arbeit nachzugehen. Ich erinnere mich an seine Worte. Zwei Dinge kann ich dir mitgeben: eine gute Ausbildung und einen guten Namen.«

Dazu kam, so sieht es der spätere Bankier, eine gute Portion Glück. »Der Baron war wie ein zweiter Vater zu mir. Gebildet, musisch interessiert, sehr belesen. Wenn er ein Buch interessant fand, gab er es mir mit den Worten »Das musst du lesen, mein Jung!« Budelmann beschreibt seinen Gönner und Förderer als charismatische Persönlichkeit, »der Baron war gern unter Menschen. Er suchte den Kontakt, pflegte viele Verbindungen und war als Gesellschafter so etwas wie der Außenminister der Bank.«

Sein Partner Heinz Lessing hatte ein ganz anderes Naturell, preußisch, höchst diszipliniert. »Ich lernte viel bei ihm, denn ich saß dabei, wenn er Besuche empfing, machte Aktennotizen. Er antwortete bereitwillig auf alle meine Fragen.« Budelmann macht die Bankgehilfenprüfung und wird früh nach England entsandt. »Dich müssen wir erst mal entgermanisieren«, sagt der Baron. Eine leichte Übung für den jungen Budelmann. »Ich hatte englische Freunde, begeisterte mich für Wimbledon und Polo. Zum ersten Mal war ich ganz allein in einer Weltstadt, lernte Mädchen kennen, die ihre Zahnbürste mitnahmen, wenn sie abends das Haus verließen. Eine neue Welt.«

Die Belegschaft der Bank hatte sich seit 1948 verdoppelt. »Sie hatte damals um die 100 Leute. Ich kam ins Partner-Sekretariat, wo die speziellen Geschäfte, Industrie und Ausland, angesiedelt waren. Da hieß es: hands on, Geschäfte machen und abwickeln. Wir waren ein junges Team, nah an den Chefs. Wir reisten viel. Es ging vor allem um das Außenhandelsgeschäft. Wir

Land unter in Hamburg: In der Nacht vom 16. auf den 17. Februar 1962 wurden Teile der Hansestadt, hier der Stadtteil Wilhelmsburg, überschwemmt

1. Dezember 1966: Kurt Georg Kiesinger (CDU, links) wird Bundeskanzler, Willy Brandt (SPD) Außenminister und Vizekanzler

haben eine Auslandsabteilung aufgebaut, waren bald 45 Leute in der Abwicklung. 25 betreuten das Schifffahrtsgeschäft. Wir gaben Kredite, vor allem an Im- und Exportfirmen, wir waren in Paris, Brüssel und in der Schweiz. Wir haben Geschäft ausgetauscht, Geschäft abgewickelt, das Wertpapiergeschäft aufgebaut. Es ist aus dem kommerziellen Bankgeschäft entstanden, wie der Devisenhandel. Wir gingen systematisch vor, besuchten Banken. Die gaben uns Limite, in denen wir uns frei bewegen konnten. Eine tolle Zeit.«

Doch es zeigen sich Wolken am Horizont. Im März 1964 verkündet die Bundesregierung die Einführung einer Couponsteuer: 25 Prozent auf die Erträge festverzinslicher Wertpapiere im Eigentum »Gebietsfremder«, was heftige Proteste im In- und Ausland auslöst. Ludwig Erhard, Nachfolger Konrad Adenauers als Bundeskanzler, agiert weniger glücklich als in seinen Jahren als Wirtschaftsminister. Der »Vater des Wirtschaftswunders« kämpft um Wählerstimmen und verspricht eine Steuersenkung auf Pump, was den Haushalt mit fünf Milliarden Mark belastet. 20 Jahre nach Kriegsende erleidet die bis dahin stetig wachsende Wirtschaft der Bundesrepublik einen ersten Schwächeanfall. Erstmals spürt die Volkswirtschaft die Bedrohung einer Rezession. Innerhalb eines Jahres wächst die Zahl der Arbeitslosen von rund 100.000 auf 400.000.

Die Krise entwickelt politische Sprengkraft. Die Bauwirtschaft klagt über nachlassende Investitionen. Der Industrie fehlt es an Kapital. Die Auftragslage verschlechtert sich, billiges Öl verdrängt die teurere Kohle, der Bergbau leidet, die Stahlindustrie schwächelt und der Staat macht Schulden!

Im Streit über Steuererhöhungen zerbricht die Bonner Koalition aus CDU und FDP am 27. Oktober 1966. Am 1. Dezember wird Kurt Georg Kiesinger Kanzler einer Großen Koalition aus CDU/CSU und SPD, Vizekanzler und Außenminister wird der Sozialdemokrat Willy Brandt. Die Rezession wird zum zentralen Thema der Regierung. Das ungleiche Paar Franz Josef Strauß (CSU) als Finanzminister und Professor Karl Schiller (SPD) als Wirtschaftsminister ergreift die Zügel und steuert einen Kurs nach den höchst modernen Vorstellungen des Wirtschaftsphilosophen John Maynard Keynes: Ein selbstbewusster Staat schafft die Rahmenbedingungen für wirtschaftliche Entwicklung und greift steuernd ein. Nebeneffekt: Die Bundesbank verliert an Einfluss. Schiller lädt die Vertreter von Arbeitnehmer- und Unternehmerverbänden, Volkswirte und den versammelten Sachverstand der Bundesregierung zu informellen Gesprächen. Die »konzertierte Aktion« erweist sich als Erfolg: Im Mai 1967 tritt Schillers Stabilitäts- und Wachstumsgesetz in Kraft. Es verordnet eine starke Dosis an Investitions- und Finanzspritzen. Der Name der Therapie wird ein geflügeltes Wort: »Aufschwung nach Maß«. Die Krise ist fürs Erste vorüber. Und die Bundesbank gewährt den Banken mehr Luft zum Atmen. Am 1. April 1967 wird die Zinsverordnung von 1936 aufgehoben. Nun können Banken und Sparkassen wieder selbst entscheiden, welche Guthabenzinsen sie festlegen.

Joachim H. Wetzel wird persönlich haftender Gesellschafter

Stühlerücken bei Berenberg: 1968 erweitert das Bankhaus seine Führung. Joachim H. Wetzel wird persönlich haftender Gesellschafter. »Ich habe damals mein Reihenhaus verkauft, um die 125.000 Mark für die Einlage aufzubringen«, erzählt er später freimütig. »Das Bilanzvolumen betrug zu der Zeit drei Millionen Mark. Das war damals noch eine kleine Veranstaltung.«

Wetzel war 1952 zu Berenberg gekommen, nach einer Lehre und mehrjähriger Tätigkeit bei der Dresdner Bank. Sein Arbeitsplatz war zunächst in der Auslandsabteilung, mit zeitweiligen Aufenthalten in London und Brüssel. 1958 übernahm er die Leitung der Börsen- und Wertpapierabteilung. 1962 wurde er in die Geschäftsleitung berufen, wo er für den Ausbau des bundesweiten und internationalen Groß- und Industriegeschäfts verantwortlich war. Er repräsentierte das Bankhaus zudem in Aufsichts- und Verwaltungsgremien in- und ausländischer Gesellschaften und Banken, wirkte mit im Ausschuss für den Kapitalmarkt des Bundesverbandes deutscher Banken und vertritt als Mitglied des Ausschusses für Privatbankiers die hamburgischen Belange im Bundesverband.

Die Philadelphia National Bank und die Bank of Montreal werden Kommanditisten

Die Frage nach der weiteren Entwicklung stellt sich. Noch ist die Bremer Norddeutsche Kreditbank mit 50 Prozent beteiligt. Soll man sich andere Partner suchen? »Es gab Diskussionen, die Bank mit Marcard, Schröder und Münchmeyer zusammenzulegen. Aber das wären zu viele Häuptlinge gewesen und kaum Indianer.« Stattdessen findet das Bankhaus Joh. Berenberg, Gossler & Co. mit der Philadelphia National Bank und der Bank of Montreal zwei bedeutende Institute, die sich mit jeweils zehn Prozent beteiligen.

Beteiligungsverhältnisse:

30 %	Familie von Berenberg-Gossler und PhG
50 %	Norddeutsche Kreditbank
10 %	Philadelphia National Bank
10 %	Bank of Montreal

Im Gegensatz zu den Bilanzsummen der beiden neuen traditionsreichen Gesellschafter ist das Geschäftsvolumen bei Berenberg eher bescheiden. Aber die Beteiligung der gewichtigen internationalen Partner erleichtert den Zugang zum Welthandel. Die Interessen der Berenberg Bank liegen traditionell im Auslandsgeschäft, bisher vor allem in Skandinavien und Westeuropa. In Nord- und Zentralamerika lässt sich noch vieles anbahnen. »Das brachte neue Impulse fürs internationale Geschäft«, erinnert sich Wetzel. »Vor allem Philadelphia war interessant, eine Hafenstadt wie Hamburg.« Es ist eine Richtungsentscheidung. Die Bank widmet sich dem außenhandelsbezogenen Kreditgeschäft, dem Handel mit Wertpapieren und der klassischen Vermögensverwaltung.

Für Wetzel ist es eine spannende Zeit. »Es war eine faszinierende Aufgabe, als junger Partner einzusteigen: gestalten, eine Sache aufnehmen, entwickeln und begleiten bis zum Abschluss. Ich war der dritte Mann neben Heinrich von Berenberg-Gossler und Heinz Lessing. Sie haben mich machen lassen. Es war ein Vertrauensverhältnis. Das ist ein Geschenk, dessen war ich mir immer bewusst. So etwas gibt es ganz selten. Es hatte aber auch absolut patriarchalische Züge.« Der Bankier plaudert aus der Schule: »Als ich heiraten wollte, musste ich meine zukünftige Frau Margit vorstellen. Man interessierte sich einfach, was ein Partner für Verhältnisse einging. Meine Frau ging in das Zimmer des Barons. Die Tür schloss sich hinter ihr und ich habe nie erfahren, worüber sie geredet haben. Ich weiß nur noch, dass der Baron hinterher zu mir sagte: ›Du kannst sie heiraten, wenn du dir darüber klar bist, dass du in der Ehe nichts zu sagen haben wirst.‹«

Das Vertrauensverhältnis bleibt, vertieft sich in Jahrzehnten gemeinsamer Arbeit. »Später, als er schon nicht mehr aktiv an den Geschäften teilnahm,

Ende des »Prager Frühlings«: Am 20./21. August 1968 wurden Demonstrationen auf dem Wenzelsplatz von sowjetischen Panzern gestoppt

schaute Heinrich von Berenberg-Gossler jeden Morgen bei mir ins Büro und fragte: ›Na, gibt es was Neues?‹ Und ehe ich antworten konnte, war er schon wieder draußen.«

Mit dem Bankhaus Joh. Berenberg, Gossler & Co. geht es bergauf. 15 Millionen Mark Kapital, eine Bilanzsumme von 259 Millionen Mark, solide Positionen. Inzwischen haben sich auch die Privatbanken Münchmeyer & Co. und Schröder Gebrüder & Co. über ein Zusammengehen mit dem Offenbacher Bankhaus Friedrich Hengst & Co. geeinigt. Das Geschäft firmiert ab 1. Januar 1969 als Schröder, Münchmeyer, Hengst & Co. Und die Großbanken aktivieren einen neuen Geschäftszweig: Sie beschließen, künftig auch Inhabern von Lohn- und Gehaltskonten Überziehungskredite zu gewähren.

Fusionen sichern die Zukunft. 23 Bergwerksunternehmen, auf die rund 85 Prozent der gesamten Steinkohleförderung im Ruhrgebiet entfallen, bilden die Ruhrkohle AG (RAG). Die Bundesrepublik sowie das Land Nordrhein-Westfalen bürgen im Gegenzug für die Schulden der alten Unternehmen.

Während Westeuropa zusammenrückt und am 1. Juli 1968 die Zollunion der EWG in Kraft tritt, bleibt Osteuropa unter der Führung der UdSSR zwangsvereinigt, werden demokratische Bestrebungen abermals unterdrückt: Gegen die Demokratiebewegung, die als »Prager Frühling« in die Geschichte eingeht, besetzen Truppen des Warschauer Paktes im August 1968 die Tschechoslowakei.

Die Konjunkturprogramme in Deutschland zeigen Wirkung. Der Exportüberschuss verdoppelt sich in nur zwei Jahren und bricht mit rund 17 Milliarden Mark alle Rekorde. Doch im Herbst 1968 gibt es Streit. Der Bundesbank geht das alles zu schnell. Sie fordert eine Wachstumsbremse. Die Devisenmärkte reagieren nervös. Widerstrebend stimmt Wirtschaftsminister Schiller einer Aufwertung der Mark zu, während Frankreich den Franc um 11,1 Prozent abwertet. Die Konjunktur steht unter Spannung. Der Zentralbankrat der Deutschen Bundesbank beschließt am 18. April 1969 die Erhöhung des Diskontsatzes von drei auf vier und zwei Monate später von vier auf fünf Prozent wegen der »sehr hohen Zinssätze im Ausland«.

Gründung der Universal-Investment Gesellschaft

Das Bankhaus Joh. Berenberg, Gossler & Co. konzentriert sich neben dem Auslandsgeschäft zunehmend aufs Börsen- und Effektengeschäft. 1968 ist die Privatbank an insgesamt 112 in- und ausländischen Emissionen beteiligt, teils in Konsortien und in internationalen Verkaufsgruppen. Auch für Investmentfonds sieht man einen Markt in Deutschland: 1968 gehört Berenberg zu den Gründungsgesellschaftern der Universal-Investment Gesellschaft in Frankfurt, heute eine der erfolgreichsten deutschen Kapitalverwahrstellen.

Berenberg eröffnet in Frankfurt eine Niederlassung

Ein Jahr später eröffnet die Bank eine Niederlassung in Frankfurt, die sich dem Börsen- und internationalem Wertpapiergeschäft widmet. Vermögensberatung und -verwaltung gewinnen an Bedeutung; das Kreditgeschäft der kurzfristigen Finanzierung von Im- und Export läuft hervorragend.

Die Deutsche Bundesbank beendet ihre Interventionen auf den Devisenmärkten und gibt den Wechselkurs der Mark frei. Am 1. und 2. Dezember erzielt die Konferenz der Staats- und Regierungschefs der Europäischen Gemeinschaft (EG) in Den Haag Einigkeit über einen gemeinsamen Markt. Frankreich stimmt einer Erweiterung der EG zu.

Ein bewegtes Jahrzehnt klingt aus. Es brachte nicht nur eine Mauer quer durch Deutschland und die Mondlandung am 21. Juli 1969, mit Woodstock das bis dahin größte Open-Air-Festival, es brachte die Beatles und die Rolling Stones, Studentenbewegung und Jugendkrawalle – im Oktober 1969 bildete sich die erste sozialliberale Koalition aus SPD und FDP, geführt von Willy Brandt und Walter Scheel.

1970–1979: Die Siebzigerjahre – Europa wird größer

Nach Jahrzehnten des Kalten Krieges betreibt die sozialliberale Bundesregierung die schrittweise Annäherung an die Führungsmacht der kommunistischen Hemisphäre – eine neue Ostpolitik! Brandts Kniefall am Denkmal für die Opfer des Warschauer Gettos geht in die Geschichte ein. 1971 wird ihm der Friedensnobelpreis verliehen. Doch an der deutsch-deutschen Grenze ist von Normalisierung nichts zu spüren. Das SED-Regime lässt mehr als zwei Millionen Minen und über 80.000 Kilometer Stacheldraht verlegen. Schließlich jedoch schafft das Viermächteabkommen über Berlin durch Vertreter der USA, Großbritanniens, Frankreichs und der UdSSR den Durchbruch, dem Transitabkommen folgt der Grundlagenvertrag zwischen den beiden deutschen Staaten, der die gegenseitige Anerkennung und das gemeinsame Streben nach gut nachbarlichen Beziehungen festschreibt.

Bitte um Vergebung: Am 7. Dezember 1970 kniete Bundeskanzler Willy Brandt vor dem Denkmal für die Opfer des Aufstands im Warschauer Getto

Für das Bankhaus Joh. Berenberg, Gossler & Co. wird es langsam eng. Das Bankgebäude am Alten Wall bietet zu wenig Raum für das wachsende Unternehmen. Die Firma zieht an den Neuen Jungfernstieg 20, wo neben dem Übersee-Club und unweit des Hotels »Vier Jahreszeiten« die Hamburger Architekten Schramm + Pempelfort für die Nordstern Lebensversicherung (heute Teil der Axa) ein Hochhaus erbaut hatten – das höchste Bauwerk an der Alster. Die Berenberg Bank bezieht als Mieter fünf der zehn Stockwerke.

Joachim von Berenberg-Consbruch beginnt seine Tätigkeit

1971 tritt Joachim von Berenberg-Consbruch in die Bank ein. 1940 in Wien geboren, wächst er bei der Mutter und den Großeltern auf. Der Vater Hans Dietrich von Consbruch war 1941 gestorben. Seine Mutter, Irmela Meyer, Tochter des Stahlunternehmers Meyer aus Peine (Ilseder Hütte), heiratet in zweiter Ehe Baron Heinrich von Berenberg-Gossler, der den Sohn seiner Frau adoptiert. Aus der gemeinsamen Ehe gehen zwei Kinder hervor, Clarita und Johann Heinrich: Letzterer sollte nach den Vorstellungen des Vaters die Nachfolge in der Bank antreten. Doch seine Interessen liegen auf geisteswissenschaftlichem und musikalischem Gebiet. Er bricht die Banklehre ab, arbeitet in verschiedenen Verlagen als Lektor und Übersetzer. Heute besitzt er den re-

Baugrube für die neue Zentrale von Berenberg in Hamburg: Neuer Jungfernstieg 20

nommierten Berenberg Verlag in Berlin. Clarita studiert Germanistik. Also wird Joachim der Kandidat für die Nachfolge in der Bank.

Joachim von Berenberg-Consbruch erinnert sich an seine Kindheit: »Mein Stief- und späterer Adoptivvater war vielseitig interessiert, begeisterte sich für Geschichte und Literatur, hatte eine außerordentliche Sprachbegabung. Musische Fächer interessierten mich nicht, so gesehen war ich das schwarze Schaf in der Familie«, sagt er mit einem Lächeln. »Ich interessierte mich für Mathematik und Naturwissenschaften.« Nach dem Abitur und einer Banklehre bei der Deutschen Bank studiert er Jura in Lausanne und Hamburg. »An Jura gefiel mir die Logik, das Präzise. Recht ist, was unsere Welt zusammenhält, Jura gestaltet unser Leben. Verträge schaffen die Ordnung unseres Zusammenlebens. Mit 30 Jahren war ich fertig, das war 1971. Dann durchlief ich mehrere Stationen der Bank.« Als der Chef der Bilanzbuchhaltung und Steuerabteilung überraschend stirbt, übernimmt er die Position. »Ich saß an einem Montagmorgen auf seinem Stuhl, kurz vor Ultimo. Eine heiße Herausforderung. Dabei half mir, dass ich mich früher schon mit Bilanzen, Steuern und Controlling befasst hatte, aber nun hatte ich auch die Zuständigkeit über die EDV. Eine elektronische Datenverarbeitung hatten wir erst seit drei Jahren. Damals war der Schwerpunkt das normale Kreditgeschäft, die klassische Beziehung zwischen Kunde und Bank. Das Bankwesen hat sich ja erst spät gewandelt. In allen Wirtschaftszweigen hatte die industrielle Revolution stattgefunden, nur nicht bei den Banken. Das änderte sich erst mit dem Übergang der Datenverarbeitung zur elektronischen Informationsverarbeitung. Die Anforderungen an den Bankkaufmann änderten sich entscheidend. Gleichzeitig entwickelte sich die Finanzmathematik. Sie hat vieles total verändert.« Zwei Jahre arbeitet Joachim von Berenberg-Consbruch in dieser Position. Dann übernimmt er das Kreditgeschäft.

Die Expansion geht weiter. 1972 gründet Berenberg als eine der ersten deutschen Banken gemeinsam mit der Norddeutschen Landesbank in Hannover eine Tochtergesellschaft in Luxemburg. Die Berenberg Bank International ist mit einem Kapital von umgerechnet sieben Millionen Mark ausgestattet und widmet sich dem internationalen Geschäft, das sich für die kommenden Jahrzehnte am Standort Luxemburg abzeichnet. Am 1. Februar 1972 wurde in der Frankfurter Niederlassung der Berenberg Universal-Fonds aufgelegt, um für die kleineren Vollmachtsdepots, deren Zahl sich erheblich vermehrt hatte, eine flexible Anlagepolitik zu gewährleisten. Das Vermögen war bis Ende April bereits auf acht Millionen Mark angewachsen. Es folgt der Berenberg Universal-Rentenfonds mit deutschen und internationalen Rentenpapieren.

Die Norddeutsche Landesbank wird Kommanditist

Mit Beginn der Siebzigerjahre ändern sich beim Bankhaus Joh. Berenberg, Gossler & Co. die Besitzverhältnisse. Zur Bremer Norddeutschen Kreditbank (NKB), die immer noch mit 50 Prozent an der Bank beteiligt war, bestand keine gute Beziehung mehr. Schließlich geriet die NKB (inzwischen von der Allgemeinen Deutschen Creditanstalt ADCA übernommen) in Schwierigkeiten. Sie musste von der Nord/LB gestützt werden. In diesem Zuge übernahm die Nord/LB 40 Prozent der Anteile. Je fünf Prozent übernahmen die beiden ausländischen Banken, wodurch ihr Kapitalanteil auf 15 Prozent stieg. Wichtig war, dass nunmehr keine andere Bank 50 Prozent des Kapitals hielt und auch nicht persönlich haftender Gesellschafter wurde. Das Hamburger Management wurde dadurch unabhängiger. Zudem stand dem Bankhaus nun eine neue große, potente Bank zur Seite.

Beteiligungsverhältnisse:
- 30 % Familie von Berenberg-Gossler und PhG
- 40 % Norddeutsche Landesbank
- 15 % Philadelphia National Bank
- 15 % Bank of Montreal

Später verringerte die Nord/LB ihren Anteil auf 25 Prozent. In Relation zum wachsenden Geschäftsumfang erhöhte Berenberg jedes Jahr das Gesellschaftskapital, 1977 betrug es 45 Millionen Mark. Wichtig war und ist eine

1. September 1970: Der Norddeutsche Lloyd und die Hapag aus Hamburg schließen sich zur Hapag-Lloyd AG zusammen

strenge Beachtung der Liquidität. Dies wurde durch zwei Maßnahmen sichergestellt: Erstens wurden überwiegend kurzfristige Geschäfte mit entsprechend deckungsgleicher Refinanzierung getätigt. Zweitens standen im Gesellschafterkreis mit Norddeutscher Landesbank, Bank of Montreal und Philadelphia National Bank beachtliche Refinanzierungslinien zur Verfügung.

Fusionen liegen weiter im Trend: Bremens Norddeutscher Lloyd und Hamburgs Hapag schließen sich zur Hapag-Lloyd AG zusammen. Bei beiden Unternehmen gehörten die Berenbergs zu den Gründungsaktionären. Die Hamburger Sparcasse von 1827 fusioniert mit der Neuen Sparcasse von 1864, die Vereinsbank in Hamburg mit der Westbank AG Hamburg/Husum. 1976 übernimmt der Karstadt-Konzern das in Bedrängnis geratene Großversandhaus Neckermann.

Auch Europa wird größer. Großbritannien, Norwegen, Dänemark und Irland unterzeichnen 1972 in Brüssel die Beitrittsurkunden zur EWG. In der Wirtschaftspolitik der Industrieländer wird ein Zielkonflikt sichtbar. Die sorgfältig austarierte Balance von Wachstum und Geldwertstabilität widerspricht der monetaristischen Weltsicht des US-Ökonomen Milton Friedman, die den Einfluss des Staates zurückdrängt und auf die Kräfte des Marktes vertraut. Die USA leiten den Kurswechsel ein, als sie am 15. August 1971 verkünden, den Dollar nicht mehr in Gold einzulösen. Die Finanzminister und Notenbankchefs der zehn größten westlichen Industrieländer sind gezwungen, den Dollar als Leitwährung mit massiven Stützungskäufen zu stabilisieren. Nachdem die Deutsche Bundesbank innerhalb weniger Tage rund 5,8 Milliarden Dollar aufnehmen musste, um die US-Währung zu stützen, lässt die Bundesregierung die Devisenmärkte schließen.

Das System der festen Wechselkurse, 1944 von den Alliierten in Bretton Woods beschlossen, bricht zusammen, als Deutschland am 19. März 1973 den Kurs der D-Mark gegenüber dem Dollar freigibt. Die Europäer suchen ihren eigenen Weg und bilden nun einen europäischen Währungsblock mit der Deutschen Mark als neuer Leitwährung. Außerhalb dieses Verbundes können die EG-Währungen frei »floaten«.

Ein neuer Global Player macht sein Spiel: Im Juni 1973 erhöht die OPEC die Rohölpreise um 11,9 Prozent. Als Angriffe ägyptischer und syrischer Streit-

Während der Ölkrise 1973 gab es nicht nur den autofreien Sonntag, sondern auch geschlossene Tankstellen

kräfte auf Israel den »Jom-Kippur-Krieg« auslösen, verschärft sich die Lage. Die Öl exportierenden arabischen Staaten erhöhen die Rohölpreise abermals und verfügen schließlich ein Ölembargo gegen Staaten mit israelfreundlicher Haltung. Die USA und die Niederlande werden nicht mehr mit Rohöl beliefert, andere westliche Länder wie die Bundesrepublik nur noch mit 75 Prozent der bisherigen Menge. Die Bundesregierung beschließt Fahrverbote an Sonntagen und Geschwindigkeitsbegrenzungen.

Der Krieg endet nach 18 Tagen, doch die Ölkrise schwelt weiter. 1973/74 erhöhen die Ölstaaten den Rohölpreis sukzessive um das Vierfache. Die Bundesbank steuert einen extrem restriktiven Kurs, doch der Ölschock macht alle Bemühungen staatlicher Einflussnahme zunichte. Deutschland lernt, mit der Inflation zu leben; die Teuerungsrate klettert Anfang 1973 auf sieben Prozent.

Turbulente Zeiten. Der Markt kommt in Bewegung. Die Preisbindung für Markenartikel wird aufgehoben. Die Hersteller gehen zu unverbindlichen Preisempfehlungen über. Die Kaufkraft nimmt zu. Löhne und Gehälter im öffentlichen Dienst steigen um elf Prozent. Am 6. Mai 1974 tritt Willy Brandt

27. Juni 1974: Hans-Hermann Gerloff (mit Megafon), einer der Direktoren der Herstatt-Bank, gibt vor Sparern eine Erklärung ab

überraschend zurück, weil sein Mitarbeiter Günter Guillaume als DDR-Spion enttarnt wird. Als Bundeskanzler folgt ihm Helmut Schmidt (SPD).

Im Juni 1974 erschüttert der Zusammenbruch des Kölner Bankhauses Iwan D. Herstatt die Republik. Hohe Verluste im Devisenhandel und betrügerische Aktivitäten leitender Angestellter kommen ans Licht. Der Devisenhändler Dany Dattel wird zur Berühmtheit. Der größte Zusammenbruch einer Bank seit 1929 löst eine Vertrauenskrise aus. Das Bankhaus Joh. Berenberg, Gossler & Co., zu jener Zeit auch eine große Adresse im Devisenhandel, ist nicht direkt betroffen. 20 Banken hatten für die Verluste gebürgt. Ein »Feuerwehrfonds« der deutschen Banken, an dem sich auch das Bankhaus Joh. Berenberg, Gossler & Co. beteiligt, rettet das Geld von 35.000 Sparern. Joachim H. Wetzel erinnert sich: »Die Banken saßen alle in einem Boot. Egal ob wir ein seriöses Haus waren oder nicht, wir wurden als ›Dattelfritzen‹ behandelt. Ich saß bei Heinz Lessing im Zimmer, als unser Geschäftspartner von der Bank of Montreal anrief. Es war ein sehr kurzes Gespräch. Der Kanadier fragte: ›Seid ihr okay?‹ Und Lessing antwortete: ›Wir sind okay.‹ Damit war die Sache ausgestanden. Die Bank of Montreal erklärte sich bereit, unser US-Dollar-Clearing reibungslos durchzuführen. Das war sensationell!«

Berenberg hatte freie Hand. »Wir haben Kredite vorfinanziert für die schwedische und finnische Papierproduktion«, erzählt Wetzel. »Als Sicherheit hatten wir die Forderung gegen den deutschen Importeur. Damals waren wir nicht globalisiert, nicht einmal europäisiert. Aber wir organisierten einen Kredit über 40 Millionen Mark an eine Firma. Fünf Millionen kamen von uns, mit 35 Millionen waren ausländische Partner unterbeteiligt. So etwas machte Wahnsinnsspaß. Eingefädelt hatte das Heinz Lessing. Er war der Stratege, er hatte ein unglaubliches Gespür. Nur das Leben hat er zu wenig genossen.«

Der Baron hingegen war ein bekennender Genussmensch. »Er war sehr hart, wenn es sein musste, aber auch sehr feinfühlig«, erinnert sich Claus-G. Budelmann. »Er war gebildet, international und bodenständig zugleich. Und er war sehr gesellig.« Zwischen dem Patriarchen und seinem jungen Vertrauten herrschte eine typisch hamburgische Variante aus Nähe und Distanz. »Anfangs hatte er mich ja geduzt. Inzwischen sagte er Claus und Sie. Und ich sagte: Baron Gossler.«

In der Finanzwelt öffnen sich Mitte der Siebzigerjahre die Fenster zum Osten. Die DDR erteilt westlichen Banken die Genehmigung, in Ostberlin Filialen zu eröffnen. Frankreich tritt wieder in den Europäischen Währungsverbund ein. Die Ölkrise scheint überstanden, doch sie hat die Abhängigkeit der Wohlstandsgesellschaft von Erdölimporten deutlich gemacht. In Deutschland bahnt sich ein Aufschwung an. Das Exportland behauptet sich gegen wachsende Konkurrenz auf dem Weltmarkt.

Peter Freiherr v. Kap-herr und Joachim von Berenberg-Consbruch werden persönlich haftende Gesellschafter

Die Bank erweitert ihre Geschäftsführung: 1976 wird Peter Freiherr v. Kap-herr persönlich haftender Gesellschafter (bis 1999). Zwei Jahre später tritt Joachim von Berenberg-Consbruch als persönlich haftender Gesellschafter in den Partnerkreis. »Ich war so etwas wie der Finanzminister. Meine Aufgabe war das Zusammenhalten der Dinge. Vorsicht rangiert höher als das Gewinnprinzip. Das unterscheidet uns von den meisten anderen Banken. Wir haben eine andere Kontinuität in der Betreuung, eine geringere Fluktuation. Kontinuität schafft Vertrauen.«

Geschäfte mit Russland und China

Dafür hat er immer die Welt im Blick. Seit 1973 bezieht die Bundesrepublik Erdgas aus der Sowjetunion. Noch sind die wirtschaftlichen Beziehungen zu den Ländern des Ostblocks im Pionierstadium. Im Bankhaus Joh. Berenberg, Gossler & Co. sieht Joachim H. Wetzel das Riesenpotenzial hinter dem Eisernen Vorhang. »Ich habe mich ums Russlandgeschäft gekümmert, als das noch niemand ernst genommen hat. Aber das war nicht nur mein Verdienst.

Dezember 1979: US-Präsident Jimmy Carter und die britische Regierungschefin, die »Eiserne Lady« Margaret Thatcher

Der Zufall kommt nur, wenn man ihm die Hand reicht. Russland kam auf uns zu. Die russische Fischfangflotte muss Öl bunkern, eigenes hat Russland nur im Sommer, weil die Häfen dann eisfrei sind. Sie brauchten jemanden, der das vorfinanziert. Wir haben das organisiert. Die haben eine Firma gegründet, wollten den Startschuss feiern. Ich hatte ein Problem: Meine Tochter Patrizia wurde am selben Tag 18 Jahre alt. Ich hatte für sie und ihre Freunde eine Schiffstour von Teufelsbrück organisiert und die russischen Geschäftsfreunde einfach mitgenommen. Patrizia hat ein paar Worte russisch gelernt und die Gäste auf russisch begrüßt. Das war der Durchbruch. Seitdem waren wir befreundet.«

Die Weltoffenheit hat Tradition. Berenberg pflegt Verbindungen zu China seit mehr als 200 Jahren und knüpft neue Kontakte. 1979 gelingt es, gemeinsam mit der Norddeutschen Landesbank International Luxemburg den ersten 50-Millionen-Dollar-Kredit mit der Bank of China abzuschließen. »Im Grunde war es kurios«, erinnert sich Wetzel. »Sie kamen zu uns, weil sie wissen wollten, was sie tun müssten, um deutsche ›Leopard‹-Panzer zu kaufen. Das ging natürlich nicht, aber sollten wir sie wegschicken? Wir schlugen ihnen vor, etwas anderes zu kaufen: Kettenfahrzeuge ohne Kanonen. Das waren konspirative Sitzungen. Ich habe vom Wiederaufbau gesprochen, hab' den Chinesen erklärt, was Mittelstand ist. Und dann haben sie mich nach China eingeladen. Dort haben wir die Verträge gemacht, Importe finanziert, Exporte vorfinanziert.«

In der Weltpolitik ist 1979 ein ereignisreiches Jahr. Der Schah von Persien flieht nach Ägypten, der iranische Schiitenführer Ajatollah Khomeini kehrt nach 15 Jahren Exil aus Paris in den Iran zurück, Margaret Thatcher wird erste Premierministerin Großbritanniens. Am 27. Dezember 1979 überschreiten sowjetische Truppen die Grenze nach Afghanistan und erobern die Hauptstadt Kabul. Ende des Jahres erhöht die OPEC den Erdölpreis um durchschnittlich zehn Prozent und löst damit einen neuen Ölschock aus. Doch diesmal reagieren die betroffenen Staaten gelassener. Sonntagsfahrverbote gibt es nicht. Allerdings hat das Vertrauen in den Dollar als Leitwährung stark nachgelassen. Um die Wechselkurse endlich in ruhigeres Fahrwasser zu bringen, machen Bundeskanzler Helmut Schmidt und Frankreichs Staatspräsident Valéry Giscard d'Estaing gemeinsame Sache. Sie gründen das europäische Währungssystem (EWS) – ein historischer Schritt.

In der internationalen Politik zeigen sich die Erfolge der Ostpolitik, der schrittweise »Wandel durch Annäherung«. Dem deutsch-sowjetischen Handelsabkommen folgt 1972 der Grundlagenvertrag mit der DDR, die Aufnahme beider deutscher Staaten in die UNO und im Jahr darauf die Einrichtung »Ständiger Vertretungen« in Bonn und Ostberlin.

1980–1989: Von der Ölkrise zur Wiedervereinigung

Im Bankhaus Joh. Berenberg, Gossler & Co. ist 1980 ein Besitzerwechsel angezeigt. Weil die Bank of Montreal sich mit großem Einsatz an dem Finanzdienstleister ADCA beteiligt, einem Wettbewerber von Berenberg, kommt es zum Schnitt. Die Kanadier scheiden aus, Gertrud Reemtsma, Witwe des 1959 verstorbenen Hamburger Zigaretten-Königs und Kunstmäzens Philipp Reemtsma, übernimmt den frei werdenden Kapitalanteil.

Familie Reemtsma übernimmt den Kapitalanteil der Bank of Montreal

Beteiligungsverhältnisse:
30 % Familie von Berenberg-Gossler und PhG
40 % Norddeutsche Landesbank
15 % Philadelphia National Bank
15 % Familie Reemtsma

Zum ersten Mal weist die Jahresbilanz mehr als 200 Mitarbeiter aus. Das Bankhaus engagiert sich im internationalen Wertpapiergeschäft. »Langsam wurde auch das internationale Privatkundengeschäft für uns interessanter«, erinnert sich Claus-G. Budelmann, »das entwickelte sich auch durch den wachsenden Wohlstand. Der Erfolg einer Bank bemisst sich auch daran, ob es ihr gelingt, ein dauerhaftes Vertrauensverhältnis zu den Kunden aufzubauen, in deren Angelegenheiten sie schließlich Einblick haben muss, um beratend und helfend eingreifen zu können. Wir waren als Bankhaus immer transparent. Und wir haben uns, im Unterschied zu vielen anderen Häusern, immer als Dienstleister verstanden.«

Die deutsche Politik kämpft noch mit den Folgen der Ölkrise und steuert einen strikten Sparkurs. Der Bundestag verabschiedet Gesetze zur Sanierung des Bundeshaushaltes 1982. Die Koalition gerät in eine Krise. Bundeskanzler Schmidt stellt die Vertrauensfrage, kündigt die Koalition mit der FDP und schlägt vorgezogene Neuwahlen vor. Doch CDU/CSU und FDP nehmen Koalitionsverhandlungen auf und stürzen Schmidt am 1. Oktober 1982 durch ein konstruktives Misstrauensvotum. Der Bundestag wählt Helmut Kohl zum sechsten deutschen Bundeskanzler. Er wird das Land 16 Jahre lang regieren.

Die neue Bundesregierung muss sparen: Das Kindergeld wird gekürzt, die Kostenbeteiligung für Krankenhausaufenthalte und Kuren werden erhöht, ebenso die Beiträge zur Renten- und Arbeitslosenversicherung. Die Arbeits-

1. Oktober 1982: Der neu gewählte Bundeskanzler Helmut Kohl (CDU) leistet seinen Amtseid

losigkeit steigt trotz des Aufschwungs Mitte der Achtzigerjahre auf ein Rekordhoch von 9,3 Prozent und steht 1989 immer noch bei 7,9 Prozent.

Das Bankhaus Joh. Berenberg, Gossler & Co. bewegt sich auf stetigem Erfolgskurs und wächst mit seinen Aufgaben. Ein Zeitzeuge erinnert sich: »Damals konnte man vieles mündlich erledigen, es gab kurze Wege. Die Gehaltskonten wurden in der Hauptbuchhaltung geführt. Es gab keine Personalabteilung. Verträge wurden handschriftlich ausgefertigt, oft nur wenige Sätze.«

Die elektronische Datenverarbeitung gewinnt an Bedeutung. Aus kleinen Anfängen entwickelt sich ein Großrechner mit sechs Megabyte Zentralspeicher, sieben Plattenstationen und 90 Bildschirm-Terminals. Bei 90 Terminals, die 1984 an das zentrale Rechensystem angeschlossen sind, steht bei insgesamt 200 Mitarbeitern für jeden, der Informationen aus dem laufenden Geschäft benötigte, ein Terminal bereit. Das gesteckte Ziel, mehr Informationen für die Mitarbeiter und das Management, ist erreicht.

Alle Leistungen der Berenberg Bank wären nicht möglich gewesen ohne die immer wieder hervorragende Mitarbeit und Zusammenarbeit der Angestellten. Hier stellvertretend einige Namen zu nennen würde zwangsläufig zu Ungerechtigkeiten führen und deswegen mag es lieber unterbleiben – mit einer Ausnahme: Johann Mosler, der Familie von Berenberg-Gossler schon vor dem Ersten Weltkrieg verbunden, kam noch mit 92 Jahren täglich in das Gebäude am Neuen Jungfernstieg 20. Das spricht nicht nur für ihn, sondern auch für die gute Behandlung der Mitarbeiter.

In der Politik spielen die Mächte das immer gleiche Spiel von Druck und Gegendruck. Auf dem Weltwirtschaftsgipfel im Juni 1982 drängen die Teilnehmer die USA vergeblich zur Änderung ihrer Haushaltspolitik und zur Senkung des hohen Zinsniveaus. In langwierigen Verhandlungen mit Japan setzt die Europäische Gemeinschaft 1983 eine dreijährige Beschränkung japanischer Ausfuhren in EG-Länder durch. Japan kündigt an, den Export von Videorekordern, Farbbildröhren und anderen Produkten freiwillig zu begrenzen.

In Deutschland erschüttern spektakuläre Pleiten die Republik. 1982 muss AEG-Telefunken, der zweitgrößte bundesdeutsche Elektrokonzern, das gerichtliche Vergleichsverfahren beantragen, der bisher größte Firmenzusammenbruch in der deutschen Nachkriegsgeschichte. Im November 1983 alarmiert der drohende Kollaps des angesehenen Bankhauses Schröder, Münchmeyer, Hengst & Co. (SMH) die Finanzwelt. SMH-Chef Ferdinand Graf von Galen hatte gegen alle Vernunft und guten Sitten fast 900 Millionen Mark – und damit das Achtfache des Bankkapitals – an einen einzigen Kunden ausgeliehen: Horst-Dieter Esch, Chef des Mainzer Baumaschinen-Konzerns IBH. Und der meldet Vergleich an. Zehntausend Arbeitsplätze sind gefährdet. Der Einlagensicherungsfonds des Bankenverbandes und 38 Institute beteiligen sich an der Rettung des angeschlagenen Hauses. Graf von Galen muss ins Gefängnis. SMH wird an die Lloyds Bank International verkauft und geht 2005 in der Schweizer Großbank UBS auf.

Wie ist es möglich, dass ein Einzelner eine angesehene Privatbank an den Rand des Abgrunds führt? Wenn es der Chef ist, der seine Partner hintergeht, kann es schon brenzlig werden. Joachim von Berenberg-Consbruch über den menschlichen Faktor: »Früher haben wir vieles aus dem Bauch entschieden. Wenn uns einer gegenüber saß, fragten wir uns: Ist der Mensch in Ordnung? Die Elektronik hat vieles verändert. Betrügereien lassen sich perfektionieren.«

1981: Arbeiter der AEG auf einer Betriebsversammlung in Berlin-Wedding

1970: Die Datenverarbeitung zieht in den Büroalltag ein – hier ein französisches Rechenzentrum

Ebenfalls 1970: Im privaten Bereich erfreut das neue Video-System Bildplatte – entwickelt von einem Firmenkonsortium aus AEG-Telefunken, Teldec und Decca – die Menschen

1984 feierte Baron von Berenberg-Gossler seinen 75. Geburtstag, die Mitarbeiter standen Spalier

In der Jahresbilanz 1983 meldet das Bankhaus zum ersten Mal ein Gesamtvolumen von über zwei Milliarden Mark. Längst hat sich Hamburg neben Frankfurt am Main als zweitgrößter Bankplatz etabliert.

Die Bilanzsumme übersteigt zwei Milliarden Mark

Europas Politiker steuern unterdessen weiter ihren Kurs. 1983 unterzeichnen die Regierungschefs der zehn EG-Mitgliedstaaten in Stuttgart die »Feierliche Deklaration zur Europäischen Union«. Am 15. Juni 1985 vereinbaren Frankreich, Belgien, die Niederlande, Luxemburg und Deutschland im luxemburgischen Schengen den schrittweisen Abbau der Personenkontrollen an den Grenzen. 1986 treten Portugal und Spanien der Europäischen Gemeinschaft bei, die nun zwölf Staaten umfasst. 1987 beschließt die Deutsche Bundesbank, die private Verwendung des ECU in der Bundesrepublik zuzulassen.

Das Haus Fürstenberg beteiligt sich

Im Mai 1987 übernahm Joachim Fürst zu Fürstenberg, Donaueschingen, als weiterer Kommanditist einen Geschäftsanteil von der Norddeutschen Landesbank, die ihren Anteil dadurch von 40 auf 25 Prozent reduzierte.

Berenberg expandiert weiter, wenn auch vorsichtig, und eröffnet in der Schweiz ein Tochterunternehmen. »Es war eine Etage. Gartenstraße 17. Ich erinnere mich noch an die Leuchtreklame an dem Gebäude: Elektro Meyer«, erzählt Wetzel. »Eigentlich wollten wir eine Bank kaufen, aber wir hätten dann nur irgendwo 20 Prozent bekommen und noch nicht gewusst, welche Leichen da vielleicht im Keller sind. Also haben wir unser eigenes Institut gegründet.« Heute ist die Berenberg Bank (Schweiz) AG eine richtige Bank, in einem ansehnlichen fünfstöckigen Gebäude direkt am Zürichsee und mit einer Niederlassung in Genf.

Am 27. Juni 1989 durchschneiden der ungarische Außenminister Gyula Horn und sein österreichischer Kollege Alois Mock in einem symbolischen Akt den Grenzzaun zwischen den beiden Staaten. Von nun an gibt es kein Halten mehr: Ein steter Strom von Urlaubern und Flüchtlingen fließt aus der DDR nach Ungarn und von dort über die grüne Grenze nach Österreich. DDR-Bürger suchen Zuflucht in der Ständigen Vertretung der Bundesrepublik in Ostberlin, den Botschaften in Budapest und Prag. Am 30. September 1989 verkündet Außenminister Hans-Dietrich Genscher vom Balkon der

Im November 1989: In der Botschaft der Bundesrepublik Deutschland in Prag suchen DDR-Bürger massenhaft Zuflucht

deutschen Botschaft in Prag, dass alle DDR-Flüchtlinge, die sich in den deutschen Botschaften in Prag und Warschau aufhalten, ausreisen dürfen.

Zwar feiert die DDR am 7. Oktober 1989 noch den 40. Jahrestag ihrer Gründung mit den üblichen Militärparaden und Aufmärschen, aber der sowjetische Staats- und Parteichef Michail Gorbatschow mahnt in Ostberlin vor der versammelten Weltpresse Reformen an: »Wer zu spät kommt, den bestraft das Leben.« Der Ruf der Montagsdemonstranten in Leipzig ist unüberhörbar: »Wir sind das Volk – keine Gewalt.« Die friedliche Revolution von unten stürzt das kommunistische System und reißt damit auch den Eisernen Vorhang nieder. Am 9. November 1989 verliest das SED-Politbüromitglied Günter Schabowski eher beiläufig und auf Anfrage den Beschluss des amtierenden Ministerrates, der den Bürgern seines Landes »Privatreisen nach dem Ausland« erlaubt, »sofort, unverzüglich«. Am Abend öffnen sich die ersten Schlagbäume – die Mauer ist gefallen.

Die historische Bilanz der Achtzigerjahre ist beachtlich. Sie brachten den Einsturz einer jahrzehntelang betonierten Weltordnung. Das »Gleichgewicht des Schreckens« ist Geschichte. Die Achtzigerjahre sind nicht nur das

November 1989: Ein Strom von Trabis schiebt sich über die geöffnete Grenze – und bekommt westdeutschen Beifall

Jahrzehnt der Wiedervereinigung Deutschlands, sondern auch ein Jahrzehnt machtvoller Fusionen. Das Bundeskartellamt genehmigt 1986 die Übernahme der AEG durch den Daimler-Benz-Konzern, die bisher größte Fusion in der Geschichte der Bundesrepublik – bis drei Jahre später Bundeswirtschaftsminister Helmut Haussmann durch Ministerentscheid den Zusammenschluss der Daimler-Benz AG mit dem Luft- und Raumfahrtkonzern Messerschmitt-Bölkow-Blohm (MBB) ermöglicht. Damit ist die größte Unternehmensfusion in der Geschichte der Bundesrepublik abgeschlossen.

1990–1999: Von der Währungsunion zum Euroraum

Ein Abenteuer beginnt: Die Währungsunion entsteht von einem Tag auf den anderen, der rückstandsfreie Zusammenschluss zweier diametral entgegengesetzter Wirtschaftssysteme in eines. Freiheit statt Sozialismus. Soziale Marktwirtschaft von null auf hundert mit allen Konsequenzen für 16 Millionen Menschen. Die Mark für alle. Am 1. Januar 1990 wird der D-Mark-Tauschkurs bei den Banken der DDR auf drei zu eins festgesetzt, was sich auf dem Schwarzmarkt auf fünf zu eins einpendelt. Karl Otto Pöhl, Präsident der Bundesbank, hält die schnelle Einführung der D-Mark in der DDR für einen

Baron von Berenberg-Gossler im Gespräch mit dem Schweizer Bankier Hans J. Bär und Morris Dorrance (CEO Philadelphia National Bank) auf der Jubiläumsfeier (v. re.). Bär und Dorrance gehörten lange Jahre dem Verwaltungsrat von Berenberg an. Berenberg feierte sein 400-jähriges Bestehen mit einem großen Festakt im Hamburger Rathaus (rechts)

Fehler, trägt die Entscheidung aber mit. Löhne, Gehälter und Mieten werden eins zu eins umgestellt. Die Bundesrepublik übernimmt alle Rentenansprüche der neuen Bundesländer. Sparguthaben werden – nach Alter gestaffelt – bis zum Limit von 6.000 Mark eingetauscht.

Die Bundesbank schafft 28 Milliarden Mark zu 10.000 Verteilerstellen, der größte Geldtransport aller Zeiten. Die Staatsbank der DDR überträgt ihre Funktionen als Geschäftsbank an die neu gegründete Deutsche Kreditbank AG und die Berliner Stadtbank AG. Am 1. Juli tritt die Währungs-, Wirtschafts- und Sozialunion in Kraft.

Der erste Berenberg Kulturpreis wurde am 26. März 1992 verliehen. Die mit 25.000 Mark versehene Auszeichnung erhielt die Mezzosopranistin Christiane Iven, Stipendien in Höhe von jeweils 15.000 DM bekamen der Regisseur und Drehbuchautor Max Färberböck und der Pianist Sebastian Knauer, mit dem die Bank auch heute noch jährlich Projekte durchführt

Am 18. September 1990 feiert das Bankhaus Joh. Berenberg, Gossler & Co. sein 400-jähriges Bestehen. Hamburgs Bürgermeister Henning Voscherau lädt zum Festakt ins Hamburger Rathaus, Bundesbankpräsident Karl Otto Pöhl hält die Festrede. Neben den Kunden kommen auch viele befreundete Bankiers aus dem In- und Ausland. Abends gibt es ein grandioses Fest in der Staatsoper.

Aus Anlass des Jubiläums errichten die Partner die »Berenberg Bank Stiftung von 1990«, um den künstlerischen Nachwuchs in der Hansestadt zu fördern. »Berenberg hatte immer Kultur gepflegt«, betont Claus-G. Budelmann, »darin war man den englischen Merchant Banks ähnlich. Sie haben den gleichen Ursprung, sind alle aus dem Handel entstanden. Die Berenbergs waren ja in Antwerpen erfolgreiche Tuchhändler, ehe sie nach Hamburg kamen.«

Im Jubiläumsjahr wird mit der Berenberg Real Estate Services GmbH eine weitere Tochtergesellschaft gegründet. Spezialdienstleistungen werden neben den traditionellen Bankgeschäften immer wichtiger. In den Vorjahren waren mit der Berenberg Consult GmbH (Mergers & Acquisitions, Unternehmensbewertungen, Marktanalysen) und der Berenberg Treuhand GmbH sowie der Berenberg Vermögenstreuhand GmbH schon weitere Töchter errichtet worden. Später kommen die Berenberg Finanzanlagen GmbH, die insbesondere Beteiligungsangebote analysiert und entwickelt, die Berenberg Private Equity GmbH und die Berenberg Lux Invest S.A. zur Realisierung von Investmentfonds hinzu.

Hendrik Riehmer kommt zu Berenberg

Im Juli 1990 tritt Hendrik Riehmer, 1968 geboren, in die Bank ein. Sein Vater, der Anwalt ist, kann ihn für Jura überhaupt nicht begeistern. Auch gelegentliche Besuche in seinem Büro helfen da nicht. Für seine berufliche Zukunft wird vielmehr sein Großvater Louis Rodenstein entscheidend. Er baute für die Deutsche Bank in den 1960er-Jahren das Südamerika-Geschäft wieder auf und verwaltete nach seiner Pensionierung sein gesamtes Vermögen – sehr zur Besorgnis der Familie – nur in Aktien. Riehmer war derart fasziniert, dass er fast jedes Wochenende den Geschichten seines Großvaters lauschte und mit ihm die neuesten Aktienkäufe besprach. »Die Möglichkeit, durch richtige Aktienauswahl ein Vermögen aufzubauen, hat mich seither nicht mehr losgelassen und ich habe während meiner Schulzeit sicher mehr Zeit bei Anlageberatern verbracht als bei Hausaufgaben.«

Nach dem Abitur in Hamburg beginnt er 1988 seine Banklehre bei der Hamburger Sparkasse. Da er sogleich ein Wertpapierkonto eröffnet und direkt mit dem Händler in Frankfurt seine Anlagekäufe tätigt, droht schon nach vier Wochen das Aus – seine Vorgesetzten sind vom Tempo des Lehrlings überfordert. Zu diesem Zeitpunkt erweist sich der Anwaltsberuf des Vaters als Glücksfall: Er sorgt dafür, dass Hendrik Riehmer seine Banklehre fortsetzen darf.

Für Riehmer ist schon zu dieser Zeit klar, dass es entweder in den Aktienhandel oder in die Anlageberatung gehen wird. Da die Hamburger Sparkasse jedoch ein Jahr »Filialdienst« fordert – völlig unnötig aus Sicht des jungen Azubis –, entscheidet er sich, nach anderen Optionen Ausschau zu halten. Sein größtes Hobby kommt ihm dabei zu Hilfe: Seit dem sechsten Lebensjahr spielt Riehmer Hockey. Schon zu Jugendzeiten steht er in der Hamburger Auswahl an der Seite der späteren Nationalspieler Christian Blunck und Frederik Ness. Während Riehmer für Groß Flottbek spielt, tritt Blunck für den Harvestehuder THC und Ness für den Club an der Alster an. Insbesondere Blunck, später einer der besten deutschen Hockeyspieler aller Zeiten, beeindruckt ihn sehr. Das einzige Ziel in dieser Zeit ist es, wie Blunck den Sprung in den Nationalkader zu schaffen. Jedoch wird Riehmer nach den Sichtungsspielen nie zu Lehrgängen eingeladen und mit 17 Jahren ist klar, dass es für eine Karriere in der Nationalmannschaft nicht reichen wird. Er spielt noch einige Jahre für Groß Flottbek in der Bundesliga, dann schwindet das Interesse für Hockey und weicht ganz der Begeisterung für den Aktienmarkt. Mit 22 Jahren beendet Riehmer seine Hockeykarriere.

Wenn es in Hamburg zu dieser Zeit um Hockey und Banking geht, fällt sofort der Name Claus-G. Budelmann. Der damals frischgebackene persönlich haftende Gesellschafter ist selbst ein hervorragender Hockeyspieler beim Club an der Alster und hat bei Berenberg ein Hockeyteam aufgestellt, mit dem immer gegen die Vereins- und Westbank gespielt wird.

1990 bietet ein Hockeyfreund Riehmer die Möglichkeit, als sein Assistent zu Berenberg zu kommen. In dem kleinen Bereich betreut man ausländische institutionelle Kunden, die deutsche Aktien kaufen – ein Traumjob für Riehmer, der ein Studium für »unnötige Zeitverschwendung« hält.

Das Berenberg Hockeyteam

»Claus Budelmann verband mit meiner Einstellung sicher auch die strategische Stärkung seiner Hockeymannschaft«, so Riehmer augenzwinkernd. Zumindest in diesem Bereich wird er später eine große Enttäuschung für Budelmann. Nach der Beendigung seiner Sportkarriere spielt er nie wieder Hockey, auch nicht für seine Vorgesetzten. Riehmer hat längst ein neues Hobby gefunden, das ihn fasziniert: Er spielt in jeder freien Minute Golf.

Neues Deutschland. Die Mauer ist überwunden. Nun wird sie abgerissen. Der DDR-Ministerrat beschließt am 1. März 1990 die Umwandlung aller Kombinate und volkseigenen Betriebe in Kapitalgesellschaften sowie die Einrichtung einer »Anstalt zur treuhänderischen Verwaltung von Volkseigentum«. Sie nimmt 1990 ihre Arbeit auf. 8.500 Gesellschaften sind betroffen, rund 45.000 Betriebe mit vier Millionen Beschäftigten, das versammelte Vermögen der Staatssicherheit, der staatlichen Apotheken und der organisierten Volksmassen. Tausende Wohnungen kommen zum Verkauf und 2,4 Millionen Hektar Land.

Doch wie soll man etwas umwandeln, das auch schon unter den schonenden Bedingungen des »real existierenden Sozialismus« bankrott und total veraltet war? Die Betriebe spüren den eisigen Wind des Wettbewerbs. Am Ende sind es 14.600 Gesellschaften, die umgewandelt werden. Von über vier Millionen Beschäftigten haben zwei Jahre später nur noch 1,24 Millionen einen Job in den Treuhandbetrieben, Tendenz weiter fallend. Die Arbeitslosenquote schießt auf 14,2 Prozent. Zum 31. Dezember 1994 endet die Arbeit der Treuhand mit Erlösen von rund 60 Milliarden Mark und Ausgaben von 300 Milliarden; ein Schuldenberg von 200 Milliarden Mark wird in den Erblastentilgungs-Fonds ausgelagert.

Am Tage der Umbenennung zieht die Chefin der Treuhand, Birgit Breuel, positive Bilanz: »Wenn man sich in Erinnerung ruft, dass hier in viereinhalb Jahren eine ganze Wirtschaft transformiert worden ist und sich heute in weiten Teilen im Wettbewerb behauptet, ist in einer unglaublich kurzen Zeit hier Marktwirtschaft eingeführt worden.«

Mit links: Bundespräsident Richard von Weizsäcker unterzeichnete am 24. September 1990 in Bonn den deutschen Einigungsvertrag

Eine Privatisierung dieser Größenordnung gab es noch nie. Und nicht in diesem Tempo. Das Volksvermögen driftet westwärts. Nur sechs Prozent der Unternehmenskäufe werden von Ostdeutschen getätigt.

Die Wiedervereinigung ist genehmigungspflichtig. Gorbatschow und US-Präsident George Bush kommen überein, die Deutschen selbst entscheiden zu lassen, welchem Bündnis sie künftig angehören wollen. Bundeskanzler Kohl bringt diese Zusage von seinem Staatsbesuch in der Sowjetunion mit nach Hause. Das geeinte Deutschland erhält die volle Souveränität und damit faktisch einen Friedensvertrag. Die alliierten Hoheitsrechte enden mit Wirkung vom 3. Oktober 1990 – nach 45 Jahren. So bekommt Deutschland seinen Tag der Einheit. Die DDR tritt dem Geltungsbereich des Grundgesetzes bei und hört damit auf zu existieren. Enteignetes Grundvermögen in der DDR ist den ehemaligen Eigentümern zurückzugeben. Die ersten freien gesamtdeutschen Wahlen seit 58 Jahren bringen einen überwältigenden Wahlsieg für den »Kanzler der Einheit«. Der Bundestag beschließt in seiner ersten Arbeitssitzung den Solidaritätszuschlag für den Aufbau der neuen Bundesländer.

Der Zug zum vereinten Europa und zur Währungsunion läuft wie auf Schienen. Einen Fahrplan gibt es auch. Die Staats- und Regierungschefs der zwölf EG-Staaten beschließen in Maastricht die Gründung der Europäischen Union und die Einführung einer europäischen Währung (ECU) bis spätestens 1999. Damit ist das planmäßige Ende von zwölf europäischen Währungen besiegelt, die D-Mark ein Auslaufmodell.

Rund zwei Drittel der Deutschen sind gegen eine europäische Einheitswährung. Skepsis auch bei den deutschen Unternehmen und sie ist kein deutsches Phänomen. Briten und Italiener springen ab, das britische Pfund und die italienische Lira verlassen das Wechselkurssystem des EWS und ziehen das Einhandsegeln im freien Spiel der Märkte vor. 1993 erweitern Europas Finanzminister und Notenbankchefs die Schwankungsbreite der Wechselkurse, um die in Turbulenzen geratenen Finanzmärkte zu stabilisieren, und setzen das Europäische Währungssystem damit praktisch außer Kraft.

1993 wählen die Staats- und Regierungschefs Frankfurt am Main zum Standort für das Europäische Währungsinstitut, den Vorläufer der Europäischen Zentralbank. Am 1. Januar 1994 treten die Bestimmungen des Europäischen Wirtschaftsraumes (EWR) in Kraft. Damit entsteht der weltgrößte Markt für freien Waren-, Dienstleistungs- und Kapitalverkehr mit rund 375 Millionen Verbrauchern.

Berenberg ist weiter sehr international aufgestellt, Länderreferate bündeln die besondere Expertise im Firmenkundengeschäft zu Handelsnationen wie Skandinavien, Chile, Ecuador, China, Neuseeland und Australien, die »Auslandsregionalherren haben durch umfangreiche Kontaktpflege und Reisetätigkeit unsere internationalen Geschäftsverbindungen gepflegt und neue entwickelt«, heißt es im Geschäftsbericht 1994.

Das Bankwesen verändert sich: Joachim H. Wetzel, als persönlich haftender Gesellschafter für den Kurs der Bank verantwortlich und immer in Kontakt mit den Kollegen der Bankhäuser Warburg, Metzler und anderen, spürt, dass da etwas im Busch ist. »Alle machten plötzlich Wertpapiergeschäft, aber im Grunde verstand damals jeder etwas anderes darunter.«

Dr. Hans-Walter Peters kommt zu Berenberg

In Frankfurt weiß Dr. Hans-Walter Peters, was man darunter versteht. Er ist 1994 noch bei der Frankfurter Volksbank tätig, sucht aber eine eigene unternehmerische Herausforderung.

Peters wurde 1955 in Soltau geboren. Sein Vater Walter war 34 Jahre als Stadtdirektor erster Mann in der heute knapp 20.000 Einwohner zählenden Gemeinde Schneverdingen im Heidekreis. Schon als Junge begleitet Peters seinen Vater, erlebt Minister und andere Politiker und hat gesehen, wie sein Vater

Die persönlich haftenden Gesellschafter der Berenberg Bank 1992: (v.l.) Peter Freiherr v. Kap-herr, Joachim H. Wetzel, Claus-G. Budelmann und Joachim von Berenberg-Consbruch vor dem Porträtgemälde von Johann Heinrich Gossler (1805–1879)

es verstand, über Veranstaltungen Menschen zu versammeln und eine Atmosphäre des Wohlfühlens zu schaffen. »Mein Vater war eine Autorität, zugleich aber ein sehr liebevoller Mensch, wir standen uns sehr nahe«, spricht aus ihm die Bewunderung. »Den Wert langfristiger Beziehungen habe ich sicher durch meinen Vater erkannt und verinnerlicht.«

Schon früh prägte ihn auch die Liebe zu Tieren, insbesondere Pferde und Hunde hatten es ihm angetan. Fast 20 Jahre war das Dressurreiten sein intensiv gepflegtes Hobby, sowohl in der Heimat als auch während seines Studiums, das ihn zuerst nach Dortmund führt, wo er neben Statistik gleich noch Volkswirtschaft studiert. Nach dem Abschluss zieht es ihn wieder in den Norden, doch diesmal sollte es nach Kiel an die Küste gehen. Schon nach vier Wochen ist ihm klar: »Hier kannst du nicht mehr viel lernen, sondern nur noch geben.« Die Zeit unter seinem Doktorvater Prof. Manfred Wilms war dennoch prägend, »sie gab mir großes Selbstbewusstsein«. Nach der Arbeit an der Uni geht es dann am liebsten an die Nordsee. »Ich hatte damals einen Suzuki-Jeep, da war das Surfbrett immer draufgeschnallt, am liebsten surfte ich bei Windstärke sechs vor Rømø.« Die Doktorarbeit, 175 Seiten lang, schreibt er nebenbei. Das Thema: »Kapitalmarkttheorie und Aktienmarktanalyse«.

Nach der Promotion und der Entscheidung, eine Karriere im Bankenwesen einzuschlagen, zieht es Peters 1987 nach Frankfurt zu einer auf amerikanische Kunden spezialisierten Tochtergesellschaft der Dresdner Bank. »Dort habe ich gelernt, was es bedeutet, für internationale Kunden zu arbeiten und welche Standards dort gelten.« Später baut er als Leiter Portfolio-Strategie der DG Bank deren Aktien- und Rentenresearch auf. Ende 1990 wechselt Peters zur Frankfurter Volksbank und wird Bereichsleiter für das Wertpapiergeschäft – »die umfangreiche Verantwortung, das gute Gehalt und auch der erste Firmenwagen lockten«.

Schon zu Zeiten der DG Bank hatte Peters das große Potenzial der Versicherungen erkannt. Als Kapitalsammelstellen mit hohem Anlagebedarf sind sie der ideale Partner für sein Geschäft. Er initiiert einen Arbeitskreis für Versicherungen, in dem man sich über Möglichkeiten und Probleme der Kapitalanlage austauscht. Peters moderiert den Kreis, lädt ein und versteht es, die Versicherungsvorstände an sich zu binden. Der Arbeitskreis besteht bis heute – seit 30 Jahren. »Mit den Teilnehmern bin ich quasi durch das ganze Berufsleben gegangen. Das ist eine enge Verbindung, die mir persönlich viel bedeutet.«

Wetzel und Peters lernen sich 1993 kennen. Peters entscheidet sich schnell für eine Zukunft bei Berenberg – eine Entscheidung, die das traditionsreiche Bankhaus später prägen sollte.

»Ich würde nicht sagen, dass er mich ausgelacht hat«, erinnert sich Wetzel später, »aber er hat mir erst einmal erklärt, was ich eigentlich von ihm wollte. Ich hab' ihn engagiert und bin sehr froh darüber.«

»Was mich an Berenberg reizte, war der Umstand, dass diese traditionsreiche Bank damals ein auf das kommerzielle Bankgeschäft fokussiertes relationship-orientiertes Institut war«, denkt Peters zurück. »Das Wertpapiergeschäft steckte in den Kinderschuhen. Ich bin Joachim Wetzel und meinen späteren Partnern Joachim von Berenberg-Consbruch und Claus-G. Budelmann sehr dankbar, dass sie mir die Freiheit gaben und das Vertrauen schenkten, dies quasi komplett neu aufzubauen.«

Peters wird 1994 Direktor bei Berenberg und Geschäftsführer der Berenberg Capital Management GmbH. Auf die Frage seines Freundes Claus H. Blänkner, zuständig für das Kapitalanlagemanagement der Württembergischen Versicherung, ob er denn die Zusage von Berenberg habe, Partner zu werden, antwortet er damals trocken: »Das habe ich nicht, aber der Erfolg wird sie davon überzeugen!«

Peters residiert heute im neunten Stock der Bank mit unverbaubarem Blick über die Binnenalster. Eines dieser Büros, in denen an schönen Tagen der Glanz der Alster den ganzen Raum erhellt. »Joachim Wetzel hat mir früh freie Hand gegeben«, erzählt der Bankier. »Er hat mir nie Steine in den Weg gelegt, sondern Steine weggeräumt. Ich hatte mehrere große institutionelle Kunden mitgebracht, Versicherungen, die damals schnell die größten Kunden der Bank wurden. Das war für die Entwicklung von Berenberg ein Meilenstein, bedeutete es doch den Einstieg in das großvolumige Wertpapiergeschäft und letztlich die Möglichkeit, mit den Erträgen neue Bereiche wie das Asset Management, das Private Banking und das Investment Banking professionell aufzubauen.« Schon wenige Jahre nach Peters Eintritt in die Bank sorgte das Asset Management mit seinen für die im Arbeitskreis Versicherungen aufgelegten Spezialfonds für einen großen Anteil am Gewinn des Bankhauses.

Weg vom Kredit-, hin zum Wertpapiergeschäft

Was wie ein Aufbruch zu neuen Ufern klingt, war im Grunde eine radikale Kehrtwende. Nicht jeder hat damals die schon erkennbare Krise des Kreditgeschäftes wahrgenommen. »Als ich kam, war das Geschäftsmodell auf das Kreditgeschäft ausgerichtet, es gab quasi kein Wertpapiergeschäft.« Das klassische Fundament vieler Privatbanken war zwar noch nicht ins Wanken geraten, aber wer genau hinsah, erkannte die ersten Haarrisse. »Wir haben damals begonnen, das Profil der Bank komplett zu verändern: weg vom Kredit- und hin zum Wertpapiergeschäft. Das war der erste Grundstein für den heutigen Erfolg«, sagt Peters.

Wie dynamisch das funktionierte, hat ein Zeitzeuge erlebt, der als guter Kunde der Bank nahestand. Wolfgang Peiner, Dr. rer. pol., Steuerberater, Wirtschaftsprüfer, in den 1990er-Jahren Vorstandsvorsitzender der Gothaer Versicherungen in Köln und von 2001 bis 2006 Hamburger CDU-Finanzsenator, danach Aufsichtsratsvorsitzender der HSH Nordbank AG, sitzt heute in verschiedenen hochkarätigen Aufsichtsräten. Von seiner Wohnung an der Warburgstraße sind es nur wenige Schritte zu Berenberg am Neuen Jungfernstieg. »Ich kenne Berenberg schon lange, weil wir mit der Gothaer einer der ersten Kunden waren, als Peters damit anfing, die Neuausrichtung der Bank zu vollziehen. Neu war es, auf Versicherungen und Großanleger zuzugehen, mit denen man Kapital ansammeln konnte, und ihnen zu helfen, ihr Geld anzulegen. Peters war dafür der richtige Mann. Das institutionelle Geschäft ist härter als das mit den Privatkunden. Professionelle Anleger haben eine völlig andere Kultur. Da sitzen sich Profis gegenüber, die genau wissen, worum es geht. Und in diesem Geschäft geht es schnell um 50 Millionen, 100 Millionen oder mehr. Da ist nicht mehr die Sympathie, da sind Ideen und Performance entscheidend.«

In der Wirtschaft kommt es zu bedeutenden Zusammenschlüssen. Deutsche Bundesbahn und Deutsche Reichsbahn werden privatisiert und zum 1. Januar 1994 als Deutsche Bahn AG aufs Gleis geschoben, Tchibo übernimmt Eduscho, 1997 rüstet der Stahlkonzern Friedrich Krupp AG Hoesch-Krupp zur feindlichen Übernahme der Thyssen AG, es kommt jedoch zur Einigung und 1999 zur Gründung einer gemeinsamen Stahlgesellschaft: der Thyssen-Krupp AG. 1998 verbindet sich Daimler-Benz mit dem drittgrößten US-Autobauer Chrysler, der bisher größte Industriezusammenschluss der Geschichte. 1999 verbinden sich die Deutsche Bank und das US-Investmenthaus Bankers Trust zum größten Kreditinstitut der Welt. Die DaimlerChrysler Aerospace AG (DASA), die Aérospatiale-Matra S. A. und die Construcciones Aeronáuticas S. A. bilden die European Aeronautic Defense and Space Company (EADS), das damals drittgrößte Luft- und Raumfahrtunternehmen der Welt.

Die Firmen werden größer, die Pleiten auch. Die Jürgen Schneider AG meldet Konkurs an. In den Bilanzen des Baulöwen klafft ein Loch von über fünf Milliarden Mark, rund 50 Gläubigerbanken sind betroffen. Er wird 1995 wegen Betrugs, Kreditbetrugs und Urkundenfälschung zu einer Gefängnisstrafe von sechs Jahren und neun Monaten verurteilt. Im Oktober 1996 endet die Geschichte des 113 Jahre alten Traditionshauses AEG. Teile des Unternehmens werden verkauft, Teile von der Konzernmutter Daimler-Benz weitergeführt. Im gleichen Jahr geht das größte deutsche Schiffbauunternehmen, die Bremer Vulkan Verbund AG, in Konkurs.

»Es gibt kein Kreditgeschäft ohne Ausfälle«, erklärt ein langjähriger Mitarbeiter, »auch Berenberg hat im Laufe seiner Geschichte einiges um die Ohren gekriegt. Wir hatten das Problem mit einem Hamburger Mineralölhändler, der über Jahre seine Bilanzen gefälscht hatte, um an frische Kredite zu kommen. Er machte Verluste, wies aber immer Gewinne aus. Als er aufflog, hatten wir den Schaden. Er war noch überschaubar, denn wir saßen nicht allein im Boot. Wir haben die Sequestation beim Konkursgericht beantragt, weil uns bei einer Außenrevision Unregelmäßigkeiten aufgefallen waren. Der Gesamtschaden ging in den zweistelligen Millionenbereich. Der Kaufmann musste ins Gefängnis.«

Besonders trickreich verfährt auch ein Honighändler, der bei mehreren Banken Kredite laufen hat. »Er war vor allem ein begnadeter Gabelstaplerfahrer«, erinnert sich Joachim H. Wetzel. Immer wenn eine Bank sehen wollte, ob seine Angaben über das Warenlager stimmten, fuhr er über Nacht die Ware an den richtigen Platz. Es war immer der gleiche Stapel, der mal als Sicherheit für die eine, dann wieder für die andere Bank zu besichtigen war. »Im Bankgeschäft gibt es immer Misserfolge«, weiß Joachim von Berenberg-Consbruch. »Sie kosten viele schlaflose Nächte und man erinnert sich auch noch nach Jahrzehnten daran. Erfolge vergisst man leichter.«

1995 wird die EU durch den Beitritt von Österreich, Finnland und Schweden zu einer Gemeinschaft von 15 Staaten. Der Übergang zu einer einheitlichen Währung zum 1. Januar 1999 ist beschlossene Sache. Nach einem weiteren Gipfeltreffen hat das Kind auch einen Namen: Die künftige europäische Währungseinheit soll Euro heißen.

Heinrich Freiherr von Berenberg-Gossler stirbt

Am 17. Mai 1997 stirbt Heinrich Freiherr von Berenberg-Gossler im 88. Lebensjahr. Er war 1935 in das väterliche Unternehmen als persönlich haftender Gesellschafter eingetreten und hatte die Privatbank Joh. Berenberg, Gossler & Co. bis 1978 geleitet. Danach war er Vorsitzender des Verwaltungsrates und ab 1991 Ehrenvorsitzender dieses Gremiums. Der Baron war eine herausragende Bankierspersönlichkeit, hatte das Unternehmen mit Augenmaß, Klugheit und Menschenkenntnis durch schwierige Zeiten geführt und weltmännisch und kultiviert den Stil des Hauses geprägt. Heinrich von Berenberg-Gossler, CBE, Commander of the Order of the British Empire, war auch 23 Jahre lang Vorsitzender des Anglo-German Clubs am Harvestehuder Weg, einer Institution in Hamburg. »Die Beziehungen des Hauses Berenberg zum Vereinigten Königreich sind traditionell eng«, weiß Claus-G. Budelmann, 2014 ebenfalls von der Queen für seine Verdienste um die deutsch-britischen Beziehungen als Honorary Officer of the Most Excellent Order of the British Empire (OBE) ausgezeichnet. Er folgt dem Baron als Vorsitzender des Anglo-German Clubs und übernimmt, als 2006 das Generalkonsulat in Hamburg geschlossen wird, das Amt des britischen Honorarkonsuls. Die Vertretung des Vereinigten Königreiches in Hamburg residierte unter dem Dach der Berenberg Bank am Neuen Jungfernstieg, bis Budelmann Anfang 2015 sein konsularisches Amt abgab.

In Berlin beginnen die Bauarbeiten am Bundeskanzleramt, am Potsdamer Platz tanzt ein Ballett der Kräne nach den Klängen von Beethovens

9. Sinfonie. Und Europa rumpelt zur Einheit. Englands Schatzkanzler Gordon Brown tritt auf die Bremse. Großbritannien will nicht zu den ersten Teilnehmern der Europäischen Währungsunion zählen und den Euro frühestens 2002 einführen. Dafür spricht sich der Bundestag 1998 mit großer Mehrheit für die Teilnahme Deutschlands an der Europäischen Währungsunion aus. Der Euro soll am 1. Januar 1999 in elf von 15 Mitgliedsstaaten eingeführt werden. Als Folge des Schengener Abkommens von 1985 entfallen 1998 die Kontrollen an den Grenzen zwischen Deutschland, Österreich und Italien. Europa wird zum Schengen-Raum.

Berenberg bekommt 1998 mit Dr. Andreas M. Odefey einen neuen persönlich haftenden Gesellschafter; er verlässt die Bank jedoch drei Jahre später und führt die Aktivitäten der Berenberg Private Equity GmbH unter eigenem Namen fort.

Seit der Wende überragen Baukräne Berlins Silhouette

Joachim H. Wetzel scheidet aus, Dr. Hans-Walter Peters wird persönlich haftender Gesellschafter

Für Joachim H. Wetzel endet eine Lebensphase. »1998 hörte ich auf, nach 30 Jahren als persönlich haftender Gesellschafter. Ich habe früh angefangen, über meine Nachfolge nachzudenken, das war nicht einfach zu lösen, aber die anderen haben mich machen lassen. Ich hatte gelernt, wie wichtig es ist, jemanden zu finden, dem man vertrauen kann. Wir hatten einen Headhunter mit der Aufgabe betraut, den geeigneten Mann zu finden. Aber dann, beim Nachdenken im Auto auf der Elbchaussee, war mir klar: Wir haben den richtigen Mann im eigenen Haus: Dr. Hans-Walter Peters. Es war nicht schwer, die Partner zu überzeugen. Ich bin glücklich, den richtigen Mann gesehen zu haben.«

Befragt, was eigentlich die goldenen Regeln für einen Bankier sein könnten, blickt Wetzel erstaunt auf. »Die gibt es nicht. Es sind die ganz normalen Regeln der Menschen im Umgang miteinander. Wir sind Dienstleister. Wir hören zu. Wir beschränken uns auf das, was die Menschen von uns wollen. Man kennt sich. Man entwickelt eine vertrauensvolle Beziehung. Und da herrschen die ganz normalen Regeln von Anstand und Diskretion.«

Peters entwickelt das Unternehmen weiter, insbesondere der Wertpapierbereich gewinnt an Bedeutung. Das Vermögensberatungs- und -verwaltungsgeschäft wird auf- und ausgebaut. Die Vorteile einer Privatbank – Kundennähe, Unabhängigkeit, Diskretion und Kontinuität – konnten in jährliche Wachstumsraten von 15 bis 20 Prozent, teilweise sogar 40 Prozent umgesetzt werden. Auch das Geschäft mit institutionellen Kunden hatte Peters forciert. Basis ist dabei das Direktgeschäft mit Versicherungsgesellschaften. Auch mit ausländischen Kunden konnte das Umsatzvolumen Mitte der 1990er-Jahre deutlich gesteigert werden. Vervielfacht hat sich zu dieser Zeit auch das Volumen der Spezialfonds, die, einmal akquiriert, zu längeren Geschäftsbeziehungen führten. »Mit Beginn der Europäischen Währungsunion zeichneten sich 1997 tiefgreifende Veränderungen im institutionellen Wertpapiergeschäft ab«, erinnert sich Peters. Bei Versicherungsgesellschaften und Pensionskassen sind eine generelle Erhöhung der Aktienquote und eine stärkere Hinwendung zu Aktienanlagen im zukünftigen Euro-Raum zu beobachten. Im institutionellen Geschäft gelingt es Berenberg, das verwaltete Fondsvolumen zu steigern und das Asset Management für europäische Aktien neu zu positionieren. Allein 1997 kann man das in Spezialfonds gehaltene Volumen mehr als verdoppeln.

Im Wertpapierbereich gab es seit 1985 das bei Claus-G. Budelmann als Partner angesiedelte, aber von Hendrik Riehmer aufgebaute Geschäft mit ausländischen Investoren. Berenberg war darin keine große Nummer, das Geschäft kleinteilig. Durch Peters Verbindungen zur Versicherungswirtschaft war das neue Deutschland-Geschäft schnell viel bedeutender geworden, da die Orders großes Volumen erreichten. Die logische Folge: 1997 wurden die Bereiche zusammengeführt, Peters suchte jemanden, der das umsetzen konnte und fand in Riehmer einen jungen, talentierten Mitarbeiter für diese Aufgabe.

Berenberg lädt zur ersten Investorenkonferenz

Auch die Aktivitäten im Aktien-Research und Sales werden ausgebaut, Unternehmenspräsentationen und eine erste Investorenkonferenz 1998 sorgen für eine Wahrnehmung von Berenberg auf diesem Geschäftsfeld, man nimmt an Kapitalerhöhungen und der Platzierung von Anleihen teil. »Wir waren damals kein großer Player im Investment Banking und es gab die etablierten Investorenkonferenzen der großen Investmentbanken. Und dennoch kamen sie alle zu unserer Konferenz ins Hotel »Vier Jahreszeiten« nach Hamburg: Die Finanzvorstände der Unternehmen – von Adidas über Daimler und Telekom bis zu SAP und Volkswagen. Der Grund: Wir richteten die Konferenz für eine einzige Zielgruppe aus – die von Dr. Peters betreuten Versicherungen«, blickt Riehmer zurück. »Darauf waren alle neidisch! Ein wichtiger Punkt in unserer Geschichte, denn während wir früher von anderen Banken beauftragt wurden und nur Orders ausgeführt hatten, hatten wir plötzlich mit den Versicherungen eigene Kunden!«

Aufbruch im Private Banking

Peters hat auch dem Private Banking eine Struktur gegeben. Er wusste, dass er Kunden gewinnen und ein gewisses Volumen erreichen musste, um eine erstklassige Dienstleistungsqualität etablieren zu können. »Als ich 1994 kam, gab es zwei, drei Berater und zwei Spezialfonds mit einem Volumen von je 20 Millionen Mark.« Ebenso wie mit Riehmer im Investment Banking suchte er ein junges Talent zum Aufbau des Private Banking. 1996 holte er Michael Schramm vom Bankhaus Marcard, Stein & Co. als Leiter der Private Banking Akquisition. Er verstand es, die Bedürfnisse der Kunden in Produkte umzusetzen und für die Bank zu akquirieren. Peters verschaffte ihm Auftritte bei n-tv und anderen Fernsehsendern, Schramm wurde schnell zum Gesicht von Berenberg. 2006 geht er als persönlich haftender Gesellschafter zu Hauck & Aufhäuser nach Frankfurt und wird dort später Chef der Privatbank.

Regionaler Ausbau der Bank

Um die Jahrtausendwende beginnt Berenberg mit dem geografischen Ausbau. Zunächst kann auch Berenberg den Verlockungen nicht widerstehen und eröffnet 1998 eine Repräsentanz in Berlin. Es ist nach Frankfurt, Zürich und Luxemburg der vierte Standort außerhalb Hamburgs. Die Strategie der regionalen Nähe soll in der Zukunft für das Private Banking ein wichtiger Wachstumstreiber werden. Mit dem Standort Berlin hat man sich – wie im Nachhinein festzustellen sein wird – jedoch keinen großen Gefallen getan. »Altes Geld« war kaum vorhanden und das neue ließ sich nicht leicht akquirieren. Vielleicht auch, weil die Mentalitäten nicht passten. Nach vier Jahren wird die Repräsentanz in Berlin wieder geschlossen. 1999 werden am Börsenplatz Frankfurt in der dort bereits seit 1969 bestehenden Niederlassung Private-Banking-Aktivitäten aufgenommen, im gleichen Jahr wird in Bremen eine Repräsentanz errichtet, um dortige Privatkunden gewinnen und betreuen zu können.

Das Ende der 1990er-Jahre steht im Zeichen von sich ändernden Rahmenbedingungen, insbesondere durch den Euro-Raum, aber auch die Professionalisierung in den verschiedenen Bereichen der Bank steht an. Das Fondsgeschäft wird ausgebaut, Berenberg legt beispielsweise den ersten offenen griechischen Länderfonds oder einen ungarischen Länderfonds auf.

1999 eröffnete Berenberg in Bremen eine Dependance in der Hollerallee 77

Machtwechsel in Bonn. Zum ersten Mal in der Geschichte der Bundesrepublik wird bei der Bundestagswahl 1998 eine amtierende Regierung abgelöst. Die SPD erreicht mit Bündnis 90/Die Grünen die absolute Mehrheit der Mandate. Bundeskanzler Kohl ist nach 16 Jahren abgewählt und Gerhard Schröder wird Kanzler, Joschka Fischer Vizekanzler und Außenminister.

Am 1. Januar 1999 wird in elf Ländern der EU der Euro eingeführt, zunächst bargeldlos. Die Europäische Währungsunion tritt in Kraft. Im Devisenhandel startet der Euro mit einem Kurs von 1,18 Dollar und sinkt bis zum Ende des Jahres knapp unter den Dollarkurs.

Errungenschaften der Neunzigerjahre: Nelson Mandela wird zum ersten schwarzen Präsidenten Südafrikas gewählt. Die Welthandelsorganisation (WTO) entsteht. Europa einigt sich auf einen Stabilitätspakt. Und Deutschland erlebt längere Ladenöffnungszeiten, die Aufhebung des

Sonntagsbackverbots und das Ende des staatlichen Postmonopols. Wer telefonieren will, kann frei zwischen den Anbietern wählen. Die Pflegeversicherung wird beschlossen. Zur Bilanz der Neunziger gehören auch katastrophale Arbeitsmarktzahlen: Im Januar 1998 steht die Arbeitslosenquote bei 12,6 Prozent.

27. Oktober 1998: Joschka Fischer (Mitte) erhält aus der Hand von Bundespräsident Roman Herzog (rechts) seine Ernennungsurkunde als Bundesaußenminister; Bundeskanzler Gerhard Schröder gratuliert

Schon 1994 schreiben die persönlich haftenden Gesellschafter von Berenberg, was 20 Jahre später noch immer gilt: »Die Technisierung des Bankgewerbes wird immer umfassender, der Kontakt am Bankschalter wird durch Automaten ersetzt.« Aber auch: »So wird der Privatbankier einem überschaubaren, anspruchsvollen Kundenkreis zur Verfügung stehen, der mehr denn je Wert auf persönliche Betreuung legt, dessen individuelle Wünsche und dessen Anforderungen er kennt.«

Die persönlich haftenden Gesellschafter haben die Weichen für den Jahrtausendwechsel gestellt. Die Bank ist breit ausgerichtet: Der in den vergangenen Jahren stark ausgebaute Wertpapierbereich wird ergänzt durch das traditionelle kommerzielle Bankgeschäft sowie eine Palette an Tochtergesellschaften.

DER WANDEL ZUM WERTPAPIERHAUS 2000–2015

2000–2010: Das neue Jahrtausend

Berenberg startet mit Rückenwind ins neue Jahrtausend. Der Jahresüberschuss steigert sich um 72,3 Prozent von 44,3 auf 76,3 Millionen Mark. Die Zahl der Beschäftigten liegt bei 358. Die Volkswirtschaft und auch das Geschäft sind vom globalen Wachstum beflügelt, der Chefvolkswirt spricht im Geschäftsbericht vom besten Jahr seit der Wiedervereinigung. Das Bankhaus erweitert seine Aktivitäten im Private Banking und gewinnt als Dienstleister sehr großer Privatvermögen neue Kunden. Die Strategie: Vermögensstrukturierung und ganzheitliche Vermögensberatung, Stiftungsbetreuung, Family Office, Multi-Depot-Controlling. Die Beratungsteams werden nach Kundengruppen aufgestellt, so gibt es Teams mit besonderem Know-how für die Belange von Unternehmern, Privatiers, Sportlern oder Künstlern. Immer begleitet von einem verantwortungsvollen und strikten Risikomanagement. Und es wird investiert: ins Asset Management, in die Anlageberatung und die Vermögensverwaltung und ins Investment Banking. Das Aktienresearch wird ausgebaut, DAX-Konzerne präsentieren sich auf den Berenberg Investorenkonferenzen, die Bank organisiert Roadshows, arrangiert Umplatzierungen von Aktienpaketen. Allein 2000 ist die Bank an fünf großen Emissionen beteiligt, darunter als Co-Manager beim Börsengang von T-Online International, Deutscher Telekom und AWD. »Beim Börsengang der Telekom hat ausgerechnet der damals kleine Player und Newcomer Berenberg die größte Einzelorder abgegeben. Eine Versicherung kaufte über uns die T-Aktie. Das sorgte für ziemliches Aufsehen und Unruhe bei den Konsortialbanken«, erinnert sich Peters.

Solche »Sondergeschäfte« waren neben dem Kerngeschäft das Salz in der Suppe und sorgten dafür, dass die Wahrnehmung der aufstrebenden Privatbank wuchs. Hamburgs früherer Finanzsenator Dr. Wolfgang Peiner: »Berenberg hatte Erfolg, weil man sich auf ein Segment konzentrierte, das die großen Banken vernachlässigt hatten. Die hatten ihren Schwerpunkt auf die ganz großen Konzerne gelegt. Peters wusste: Mit der Deutschen Bank oder Goldman Sachs können wir nicht konkurrieren, also konzentrieren wir uns beim Research auf die Mid Caps, die mittleren Kapitalgesellschaften, die unter der Wahrnehmungsgrenze der großen internationalen Investmentbanken liegen, die zweite und dritte Reihe der europäischen Kapitalgesellschaften. Research kostet zunächst mehr, als es bringt, aber die Analyse-Kompetenz ist als

Konzentration auf Mid Caps

Seit 1970 hat Berenberg seinen Firmensitz am Neuen Jungfernstieg

Basis für seriöses Arbeiten letztlich unverzichtbar. Nun konnten sie ihren Kunden sagen: Die haben wir analysiert, die sind sauber, die kannst du kaufen. Und durch ihre Recherche stellten sie fest, welche Firmen Kapitalbedarf haben, welche wachsen und an die Börse gehen wollen.«

Der weltweite Trend zu Mega-Fusionen hält an. Der Internet-Anbieter America Online (AOL) und der US-Medienkonzern Time Warner schließen sich zum weltgrößten Medienunternehmen zusammen: AOL Time Warner. Mannesmann wird von Vodafone übernommen und mit 160 Milliarden Mark abgefunden. Die Fernsehsender Sat.1 und Pro Sieben fusionieren zum größten deutschen Fernsehkonzern. Doch scheitert der Versuch der Deutschen Bank, die Dresdner Bank zu integrieren.

Der 11. September 2001

Das neue Jahrtausend bringt den Deutschen die Riester-Rente und die Abschaffung des Rabattgesetzes. Regierung und Energiewirtschaft einigen sich auf den Ausstieg aus der Kernenergie innerhalb von 32 Jahren und der Finanzminister kassiert unverhofften Geldsegen: Die Versteigerung von UMTS-Mobilfunklizenzen bescheren dem Fiskus einen Rekorderlös von 98,8 Milliarden Mark.

11. September 2001: 3.000 Menschen sterben bei dem Terrorangriff auf das World Trade Center in New York

2001 bleibt als Katastrophenjahr in Erinnerung. Am 11. September steuern islamische Terroristen zwei entführte Passagierflugzeuge in die Türme des World Trade Center in New York und eines ins Pentagon. Die Zwillingstürme in Manhattan stürzen ein, mehr als 3.000 Menschen finden den Tod. Die USA versetzen ihre Streitkräfte in Alarmbereitschaft. Das UN-Hauptquartier und die New Yorker Börse werden geschlossen. Der Schock sitzt tief und erfasst die Finanzmärkte der Welt.

Die Ära der Deutschen Mark ist zu Ende. Der Euro wird fassbar. Banken und Sparkassen verkaufen Starterkits mit Euro-Münzen im Wert von 20 Mark. Am 1. Januar 2002 wird der Euro eingeführt. Immer noch sprechen sich über die Hälfte der Deutschen gegen die Einführung einer gemeinsamen europäischen Währung aus, aber nun ist sie da. Die Konsumenten reagieren auf die gefühlte Teuerung durch die Einführung des Euro mit Zurückhaltung. Der Einzelhandel klagt über das schlechteste Jahr seit Ende des Zweiten Weltkrieges und »Teuro« wird »Wort des Jahres«.

Die Weltwirtschaft erlebt einen globalen Infarkt mit bösen Folgen. In den ersten Jahren des neuen Jahrtausends brechen weltweit IT-Firmen zusammen. Eine Schockwelle erfasst die Mehrzahl der jungen Unternehmen und auch die Finanzwelt. Die geplatzte Spekulationsblase hinterlässt in den Industrieländern ihre Spuren. So spricht auch der Berenberg Geschäftsbericht 2002 »von einem Jahr des tiefen Misstrauens, der Extreme und der Krisen«. Vermeidung von Risiken ist das Gebot der Stunde.

Kundenveranstaltungen fördern den Austausch zwischen Kunden und Bank

Das Research von Berenberg wird erstmals auch in internationalen Rankings gelobt, was sich zusammen mit der intensiven Akquisition und Betreuung institutioneller Kunden in der Höhe des abgewickelten Ordervolumens positiv bemerkbar macht.

Berenberg baut das gesellschaftliche Engagement aus. Neben der Förderung von Kunst und Kultur werden nun Vortragsreihen initiiert, hochkarätige Redner besuchen die Bank und halten Vorträge vor der Kundschaft, 2001 lädt die Bank erstmals zum Berenberg Polo-Derby in den Hamburger Polo Club nach Klein Flottbek. Dazu kommen auch an den Niederlassungsstandorten diverse Aktivitäten. »Wir tun dies nicht nur, um neue Kunden zu gewinnen, sondern auch, um die Bindung zu unseren Kunden zu erhöhen. Berater und Kunde verstehen sich besser, wenn man auch einmal einen Nachmittag zusammen verbringt und nicht nur über Geld und Anlage spricht«, ist Peters überzeugt. Das Marketing ist erfolgreich, die Kundenzahlen steigen. Aber auch die »hard facts« stimmen: Berenberg erhält zahlreiche Auszeichnungen.

Berenberg in Schanghai

2002 weiht Hamburgs Erster Bürgermeister Ole von Beust die kurz zuvor eröffnete Repräsentanz in Schanghai ein, die Geschäfte mit dem Reich der Mitte wachsen; schon im 18. Jahrhundert hatten die Berenbergs zusammen mit anderen Familien das erste Handelsschiff von Hamburg nach China geschickt. »Um die Jahrtausendwende zählte Berenberg eine Vielzahl der in Hamburg ansässigen chinesischen Unternehmen zu seinen Kunden, unser mit chinesischen Mitarbeitern besetztes China Desk sorgte für die nötige Kundennähe und das kulturelle Verständnis«, erinnert sich Budelmann.

Berenberg geht nach London

Die Bank wächst weiter, 2004 durchbricht das verwaltete Vermögen die Grenze von zehn Milliarden Euro, vier Jahre später sind es schon über 20 Milliarden. Auch der Aktionsradius wird ausgeweitet. 2001 erhält die Tochtergesellschaft in der Schweiz Vollbankstatus. 2003 wird eine Repräsentanz in London eröffnet, Berenberg ist mit seinem Investment Banking nun am wichtigsten europäischen Finanzplatz vertreten. »Eine Entscheidung von großer

Seit 2003 ist Berenberg in London vertreten, zwölf Jahre später sind im Büro in der Threadneedle Street fast 250 Mitarbeiter tätig

Tragweite, wie sich später zeigen wird, und Grundstein für das starke Wachstum von Berenberg in den folgenden Jahren«, so Hendrik Riehmer. Dazu kommen Standorte in den wichtigen nationalen europäischen Märkten: Das Investment Banking eröffnet Büros in Zürich (2004), Paris (2005) und Mailand (2006–2009), das Asset Management in Edinburgh (2004–2008). Berenberg konzentriert sich in diesen Jahren auf kleine und mittlere börsennotierte Unternehmen und kann einen hohen Mehrwert bieten. Auf der Berenberg Investorenkonferenz in London präsentieren sich 2004 bereits 20 Unternehmen und rund 100 Investoren.

Aber auch das Private Banking erschließt sich neue Märkte. Von der Düsseldorfer Cecilienallee aus werden seit 2003 Kunden in Nordrhein-Westfalen gewonnen und betreut. Süddeutschland erschließt die Bank von der 2005 eröffneten Niederlassung in München aus. Es geht Schlag auf Schlag: Mit Stuttgart (2006), Bielefeld (2005), Wiesbaden (2006–2012) und Salzburg (2009–2012) folgen weitere Standorte.

2003 stößt mit Guido M. Sollors ein neuer persönlich haftender Gesellschafter zu Berenberg. Er kommt von der Deutschen Bank, wo er Chief Operating Officer und Leiter Marketing und Vertrieb des Geschäftsbereichs Firmenkunden Deutschland war. Er kümmert sich um das mittelständische Firmenkunden- und das Kreditgeschäft sowie den Finanzbereich. Fünf Jahre später verlässt er die Bank, um ein eigenes Beratungs- und Beteiligungsunternehmen zu gründen.

Joachim von Berenberg geht in den Ruhestand

Ende 2004 scheidet Joachim von Berenberg-Consbruch nach 35-jähriger Tätigkeit mit Erreichen der Altersgrenze aus dem Kreis der persönlich haftenden Gesellschafter aus. Er wird dem Unternehmen jedoch als Kommanditist und Mitglied des Verwaltungsrats erhalten bleiben. Im gleichen Jahr wird eine erweiterte Geschäftsleitung eingeführt. Ihr gehören die Generalbevollmächtigten Graeme Davies, Hendrik Riehmer, Wilfried Schnoor und Michael Schramm an. Nach dem Ausscheiden von Schramm wird Andreas Brodtmann im April 2006 Generalbevollmächtigter und Mitglied der erweiterten Geschäftsleitung.

2005 überschreitet die Zahl der Mitarbeiter auch die Grenze von 500 Beschäftigten. Ein kontinuierliches Mitarbeiterwachstum wird fortgesetzt. Zum dritten Mal in Folge ist Berenberg damit im »Wirtschaftswoche«-Ranking der Top 100 Unternehmen vertreten, die die meisten Arbeitsplätze in Deutschland schaffen.

Berenberg Know-how wird mittlerweile nicht mehr nur direkt genutzt. Man erweitert die Vertriebswege und kooperiert mit Sparkassen und anderen Banken sowie unabhängigen Vermögensverwaltern und Finanzdienstleistern, die bei der Beratung ihrer Kunden von der Expertise aus Hamburg partizipieren.

Das wirtschaftliche Klima zeigt wechselnde Bewölkung und drohende Tiefs. Der Krieg im Irak belastet die Märkte, die Angst vor Krieg und Deflation geht um, Deutschland, Frankreich und Italien rutschen zum zweiten Mal innerhalb von drei Jahren in eine Rezession. Die Notenbanken senken die Leitzinsen, die Stimmung bleibt im Keller. Der DAX fällt auf 2.188 Punkte, Deutschland, Frankreich und Portugal stehen am Pranger, weil sie die Regeln des Maastricht-Vertrags nicht einhalten.

Katastrophen erschüttern die Welt: der Tsunami am 26. Dezember 2004, dessen Flutwelle acht asiatische Länder heimsucht und über 230.000 Menschenleben fordert, der Hurrikan Katrina, der im August 2005 nicht nur New Orleans unter Wasser setzt, sondern auch das Vertrauen in einen fürsorgenden Staat davonspült. Jahre, in denen sich der Ölpreis verdoppelt, um in großen Schritten weiter nach oben zu springen; Jahre, in denen eingeübte Steuermechanismen versagen und außer Kontrolle geraten, in denen staatliche Ohnmacht sichtbar wird und auch die Führung eines Bankhauses sich immer neuen Herausforderungen stellen muss.

Das Haus Berenberg konzentriert sich auf sein Geschäftsmodell und auf die eigenen Stärken – vier Geschäftsfelder sind definiert und bestimmen die Strategie und den Stil des Hauses: Private Banking, Investment Banking, Asset Management und Corporate Banking.

Im April 2006 scheidet Joachim Wetzel aus dem Verwaltungsrat der Bank aus. Nach seiner Tätigkeit als persönlich haftender Gesellschafter (1968–1998) saß er diesem Gremium bis zu seinem Ausscheiden vor. Den Vorsitz

Der Fuchs-Report setzt Berenberg 2003, 2004 und 2007 auf Platz eins seines Reports »Top-Adressen für Ihr Geld«: »Berenberg beherrscht das Metier in allen Facetten: Systematik, Kommunikation, fachliche Auseinandersetzung – in allen Belangen versteht man es bei Berenberg, das i-Tüpfelchen zu setzen«, so die Jury

Auch der Report »Die Elite der Vermögensverwalter« bewertet Berenberg seit 2005 jährlich mit der besten Note summa cum laude

Die »Börsen-Zeitung« kürt Berenberg 2005 zum »Analysehaus des Jahres« für deutsche Aktien und eine Befragung von Thomson Financial unter 1.000 Fonds-Managementunternehmen in Europa setzt die Bank in Aktien-Research und Sales auf Platz eins für deutsche Small und Mid Caps

Prof. Dr. Harald Wiedmann wird 2006 Vorsitzender des Verwaltungsrates

»Deutschland ein Sommermärchen«: Die Fußball-Weltmeisterschaft 2006 im eigenen Land löste große Begeisterung aus – selbst als am Ende Italien das Turnier gewann

In der HafenCity entsteht ein neues Wahrzeichen für Hamburg: Die Elbphilharmonie wird Konzerthaus, Hotel und architektonisches Prestigeobjekt

übernimmt nun Prof. Dr. Harald Wiedmann. Er verfügt als früherer Vorstandssprecher der KPMG Deutsche Treuhandgesellschaft über jahrzehntelange Erfahrung mit Kreditinstituten.

Rekordzulauf während der Finanzkrise

Bei der Bilanzvorlage für das Jahr 2007 heißt es: »Wir sind zwar stets sehr innovativ bei der Entwicklung interessanter Anlagemodelle, wenn man uns jedoch ›modische Produkte‹ anbietet, die wir selbst nicht verstehen, dann lassen wir die Finger davon und raten auch unseren Kunden ab.« Diese Haltung wird von den Kunden gewürdigt, wie der Umstand zeigt, dass die Bilanzsumme gerade in unsicheren Kapitalmarktzeiten wächst. Als 2008 die Finanzkrise ausbricht, schließt Berenberg mit einer Bilanzsumme von 4,3 Milliarden Euro das Jahr ab. Das ist ein Anstieg von über 18 Prozent im Vergleich zum Vorjahr. Der Grund liegt nicht darin, dass der Kreditbedarf besonders hoch war. Nein, die Privat- und Geschäftskunden der Bank haben so großes Vertrauen in Berenberg, dass sie dort ihr Geld parken. Die Hamburger Niederlassung einer deutschen Großbank meldet 500 Millionen Euro neue Einlagen in vier Wochen. »Wir hatten 500 Millionen in einer Woche. Das stellte uns vor nicht unerhebliche Probleme«, blickt Peters zurück. »Es war eine Zeit, als selbst die Banken einander nicht trauten, weil alle Angst hatten, dass nach Lehman Brothers ein weiteres Institut seinen Betrieb einstellen musste. Im März 2008 hatte ich erste Gerüchte gehört, wie schlecht es der Bank wirklich ginge. Wir hatten zu dieser Zeit weitreichende Geschäftsverbindungen, hatten in unserem Private Banking auch Lehman-Zertifikate verkauft, sie gehörten zu den besten am Markt. Ich habe dann alle Lehman-Risiken abbauen lassen und trotz der vielfältigen Verbindungen waren wir Anfang Juli damit durch – die Positionen waren fast auf null.« Berenberg hatte im Gegensatz zum Wettbewerb kein Lehman-Problem.

15. September 2008: Die amerikanische Investmentbank Lehman Brothers muss Insolvenz anmelden – der Chef Richard S. Fuld verlässt das Kapitol in Washington

Die Anlage der überschüssigen Liquidität – die Einlagen bei Berenberg sind in diesen Jahren etwa viermal so hoch wie die ausgegebenen Kredite – erfolgt bis heute sehr konservativ in einem gut diversifizierten Wertpapier-Portfolio, das überwiegend Papiere von deutschen öffentlichen Emittenten und Papiere mit einer Garantie Deutschlands beziehungsweise eines deutschen Bundeslandes beinhaltet.

Claus-G. Budelmann geht in den Ruhestand, Hendrik Riehmer und Andreas Brodtmann werden persönlich haftende Gesellschafter

Nach 43-jähriger Zugehörigkeit zur Bank, davon 20 Jahre als persönlich haftender Gesellschafter, geht Claus-G. Budelmann 2008 in den Ruhestand. Neue persönlich haftende Gesellschafter werden Andreas Brodtmann und Hendrik Riehmer. Brodtmann war zu diesem Zeitpunkt bereits seit 16 Jahren für Berenberg tätig und hatte zuvor die Berenberg Bank (Schweiz) AG geleitet. Riehmer hatte in 18 Jahren Berenberg insbesondere das Investment Banking aufgebaut, für das er zuständig bleibt, zusätzlich übernimmt er nun die IT. Letztere spielt bei Berenberg schon immer eine große Rolle, da man auf selbst entwickelte Lösungen setzt, um eine möglichst große Flexibilität zu gewährleisten. Erstmals gibt es bei Berenberg nun einen Sprecher der persönlich haftenden Gesellschafter: Dr. Hans-Walter Peters. Er wird im Jahr darauf auch in den Vorstand des Bundesverbandes Deutscher Banken gewählt, seit 2013 gehört er auch dem dreiköpfigen Präsidium an. Der Bankenverband repräsentiert 220 private Banken mit 160.000 Mitarbeitern.

Bei der Vorlage der Bilanz für 2008 sagt Peters, dass Berenberg über »ein funktionierendes, auf Kontinuität und Dienstleistung ausgerichtetes Geschäftsmodell« verfüge und die Partner mit Augenmaß und gesundem Menschenverstand das Geschäft voranbringen werden. »Wir hinterfragen lieber einmal mehr, bevor wir investieren.« Sichtbarer Beleg: Die langjährige konservative Risikostrategie muss auch in Zeiten der Finanzkrise nicht angepasst werden.

Wegen der Rettungsaktionen für marode Großbanken steigt die Staatsverschuldung dramatisch, wegen drohender Zahlungsunfähigkeit sind einige Länder der Eurozone auf Hilfskredite angewiesen. Die Europäische Union, die Länder der Eurozone und der IWF schnüren die abenteuerliche Summe von 750 Milliarden Euro zu einem Kreditpaket, die Europäische Zentralbank verspricht, Staatsanleihen notleidender Euro-Länder aufzukaufen.

In europäischen Giftschränken schlummern Verluste von 1,2 Billionen US-Dollar, japanische Papiere stehen mit rund 150 Milliarden im Minus, eine Schätzung, die der IWF schon nach drei Monaten korrigiert. In Wahrheit liegen die Verluste wohl dreimal so hoch. Aktienkurse gehen auf Talfahrt – und dann noch einmal im Sturzflug nach unten. Die Rohstoffmärkte verzeichnen Preiseinbrüche, der Absatz der Automobilhersteller bricht ein, innerhalb eines Jahres geht die Industrieproduktion im Euroraum um 20 Prozent zurück, Vergleiche mit der Weltwirtschaftskrise 1930 drängen sich auf. Nach einer Schätzung der UN-Ernährungsorganisation FAO wächst mit der Weltwirtschaftskrise 2009 die Zahl der Menschen, die an Hunger leiden, um 100 Millionen. In Europa hat die Arbeitslosenquote mit 9,5 Prozent den höchsten Stand seit zehn Jahren erreicht.

Staatshilfen für die Banken – Rekordergebnis bei Berenberg

Doch im Frühjahr 2009 nehmen Autoindustrie und Bauwirtschaft wieder Fahrt auf, Konjunkturprogramme zeigen Wirkung. Zur Stabilisierung des Bankensystems werden Bad Banks (Abwicklungsbanken) für »vergiftete« Papiere und faule Kredite eingeführt, um den Kreditinstituten Luft zum Atmen zu verschaffen. Europas Banken erhalten rund vier Billionen Euro an Staatshilfen, davon drei Viertel in staatlichen Garantien.

Berenberg hingegen beschließt das Jahr 2009 mit einem Rekordergebnis von 65,1 Millionen Euro, es liegt um 38 Prozent über dem Vorjahr, ein willkommener Anlass, das haftende Eigenkapital von 177 auf 212 Millionen Euro zu erhöhen.

In Düsseldorf, Frankfurt und in Zürich werden die Räumlichkeiten zu klein. In der NRW-Hauptstadt zieht man Anfang 2008 ein paar Häuser weiter in die repräsentative frühere Dienstvilla des Oberlandesgerichtspräsidenten in der Cecilienallee, 1.000 Quadratmeter bieten nun auch Platz für Veranstaltungen im eigenen Hause. In der Bockenheimer Anlage in Frankfurt bezieht man im Herbst 2009 eine neue, großzügige Bürovilla – drei Jahre später ist auch sie zu klein, ein erneuter Umzug steht an. Zum 20-jährigen Bestehen erhält auch die Berenberg Bank (Schweiz) AG ein neues Gebäude in unmittelbarer Nähe zum Opernhaus und mit Blick auf den Zürichsee. Im Jubiläumsjahr verwaltete sie mit 60 Mitarbeitern 2,7 Milliarden Schweizer Franken.

Dieser Ausbau der regionalen Präsenz hat auch zu einer Steigerung des Bekanntheitsgrades der Bank geführt. Das Engagement vor Ort ist wichtiger Bestandteil der Wahrnehmung und des Marketings von Berenberg.

»Abwrackprämie« ist eine neue Wortschöpfung, mit der im Jahr 2009 die steuerliche Begünstigung von Neuwagenkäufen bezeichnet wird. In der Realwirtschaft hatte es infolge der systembedrohenden Finanzkrise den schärfsten Einbruch volkswirtschaftlicher Aktivitäten seit Ende des Zweiten Weltkriegs gegeben. Deutschland hat knapp fünf Prozent seines Wohlstands verloren. In einem Klima höchster Verunsicherung sind die meisten Unternehmen kaum noch bereit, in neue Anlagen und Produkte zu investieren. Dennoch: Die Beschäftigung bleibt überraschend stabil. Zum Jahresende 2009 sind mit 3,27 Millionen Arbeitslosen lediglich 175.000 Menschen mehr ohne Lohn und Brot als zwölf Monate zuvor.

Konzentration des Aktien-Researchs in London

Die bisher in regionalen Büros angesiedelten Aktienanalysten von Berenberg arbeiten künftig zentral in London. »Das gibt uns die Möglichkeit, unser Research-Produkt noch effizienter zu gestalten und die besten Talente für uns zu gewinnen«, erklärt Hendrik Riehmer. In der Zeit nach der Lehman-Krise hatten viele Banken ihr Research verkleinert, deutsche Banken hatten sich teilweise aus London zurückgezogen. »Wir konnten Top-Leute gewinnen und an uns binden«, erinnert sich Riehmer. Und man macht sich einen Namen. 2009 erreicht Berenberg erstmals den Spitzenplatz im wichtigen Thomson Extel Survey: 7.400 Fondsmanager, Analysten und Finanzexperten wählen die wichtigsten Berater. Das Ergebnis: 16,4 Prozent informieren sich zuerst bei Berenberg, wenn es um europäische Aktien geht. Das Team in London wird binnen Jahresfrist auf 40 verdoppelt, die Analysten covern rund 300 europäische Aktien. »Wir stellen unser Research nach Sektoren auf, um den Bedürfnissen unserer Kunden noch besser zu entsprechen«, so Riehmer. London bietet dazu das richtige Umfeld. »Der Standort besitzt eine hohe Dynamik, man muss Champions League sein, um hier mitzuspielen. Das war unser Ziel.«

Berenberg lädt zur ersten paneuropäischen Investorenkonferenz

Mit der Ausrichtung der ersten paneuropäischen Investmentkonferenz 2009 wird die europäische Ausrichtung deutlich. Diese Konferenz im Pennyhill Park Hotel bei London ersetzt die früheren länderbezogenen Konferen-

Investorenkonferenz: Sprecher auf der von Berenberg ausgerichteten paneuropäischen Investorenkonferenz

Bei den von den »Financial Times«-Magazinen »Professional Wealth Management« und »The Banker« veranstalteten, renommierten »Global Private Banking Awards« wird Berenberg als eine der fünf innovativsten Banken geehrt – weltweit

Auch das institutionelle Asset Management fährt Lorbeeren ein, wird 2009 erstmals zum besten Asset Manager in Deutschland gekürt

zen. 125 institutionelle Investoren nutzen schon bei der Auftaktveranstaltung die Möglichkeit, 41 Unternehmensvertreter zu treffen.

Neben dem Ausbau des Aktienbereichs widmet man sich gegen Ende des Jahrzehnts auch dem Fixed-Income-Bereich. Man überzeugt durch hohe Kompetenz, neutrale Beratung und Schnelligkeit in Kommunikation und Handel. Dem Aufbau eines guten Kundenstamms folgt die Eröffnung von Fixed-Income-Einheiten in Wien und Düsseldorf, die zusätzlich zu Hamburg die Dienstleistungen anbieten.

Betrachtet man die Bankenwelt insgesamt, so ist es eine schwierige Zeit. Bundeskanzlerin Angela Merkel und Finanzminister Peer Steinbrück treffen die wichtige Aussage: »Wir sagen den Sparerinnen und Sparern, dass ihre Einlagen sicher sind.« Der Bankenrettungsfonds SoFFin wird gegründet. Die Dresdner Bank wird 2008/09 von der Commerzbank übernommen, die kurz darauf im Zuge der Bankenkrise vom Staat gerettet werden muss. Rettungsaktionen von Hypo Real Estate bis IKB, die Bildung von Bad Banks bei den Landesbanken. Das Bankhaus Sal. Oppenheim, Ende 2006 noch mit 3.500 Mitarbeitern die größte unabhängige Privatbank Europas, muss unter das Dach der Deutschen Bank flüchten.

Die Norddeutsche Landesbank, seit 1973 Kommanditistin der Joh. Berenberg, Gossler & Co. KG und angetan von den guten Renditen der Hamburger Beteiligung, hatte 2008 versucht, maßgeblichen Einfluss bei Berenberg zu erlangen. Doch sowohl das aggressive Vorgehen des damaligen Nord/LB-Vorstandsvorsitzenden als auch der Umstand an sich sorgten für Verstimmung an der Binnenalster. Das Verhältnis kühlte sich merklich ab. Peters weiß von diesem Moment an, dass nur Ruhe einkehrt, wenn die Nord/LB aus dem Kreis der Gesellschafter ausscheidet. Einige Monate später sollte es so weit sein. Um die sich verschärfenden Eigenkapitalanforderungen erfüllen zu können, müssen insbesondere die Landesbanken Eigenkapital schaffen, bauen neben Risikopositionen auch Beteiligungen ab. Glücklicherweise hatte es an der

Spitze der Landesbank in Hannover einen Wechsel gegeben. Der neue Vorstandsvorsitzende Dr. Gunter Dunkel versicherte Peters, dass man die Anteile nur im Zusammenwirken mit Berenberg verkaufen würde.

Die beiden persönlich haftenden Gesellschafter Peters und Riehmer erkennen rasch die Chance, die sich hieraus ergibt. Nach 16-jähriger gemeinsamer Tätigkeit hatte sich zwischen beiden eine Freundschaft entwickelt, aus einem Angestelltenverhältnis war eine Partnerschaft geworden. »Peters hatte mir schon früh gesagt, dass er in mir den Partner sieht, mit dem er die Bank neu ausrichten wolle. Damals habe ich das wohl nicht so für bare Münze genommen, wie es sich dann entwickelt hatte, aber wir sind ein richtig gutes Team, ergänzen uns perfekt. Peters hat die Struktur und die Strategie entwickelt«, beschreibt Riehmer das Verhältnis. Und Peters über Riehmer: »Er sprüht vor Energie. Wenn wir einmal die Richtung festgelegt haben, setzt er alles daran, das Ziel schnell zu erreichen. Das hat den Umbau der Bank geprägt, kommt uns aber auch im Kundengeschäft immer wieder zugute.«

Dr. Hans-Walter Peters und Hendrik Riehmer erwerben 21 Prozent an Berenberg und stärken die Stellung als inhabergeführte Privatbank

Zum ersten Mal in der jüngeren Geschichte stehen persönlich haftende Gesellschafter davor, größere Anteile an der Bank zu erwerben. »Wir wollten Berenbergs Position als inhabergeführte Privatbank weiter ausbauen«, so Peters. Sie stimmen sich mit der Familie und den anderen Kommanditisten ab, insbesondere Joachim von Berenberg-Consbruch erkennt rasch die stabilisierende Wirkung, die die Übernahme der Anteile durch firmennahe Gesellschafter ausübt. Anfang 2010 übernehmen Peters und Riehmer über ihre PetRie Beteiligungsgesellschaft 21 Prozent an der Kommanditgesellschaft, die weiteren zum Verkauf stehenden vier Prozent übernimmt die Familie von Berenberg. Die Nord/LB ist nach 37 Jahren aus dem Gesellschafterkreis ausgetreten. »Dies geschah auf beiden Seiten mit hohem Respekt und gutem Miteinander, sodass wir heute wieder sehr freundschaftlich mit der Nord/LB verbunden sind«, sagt Peters. »Ohne diesen Wechsel in der Eigentümerstruktur hätte es die Entwicklung der Bank, wie sie in den letzten Jahren verlaufen ist, nicht gegeben«, ergänzt Riehmer.

Beteiligungsverhältnisse:

30,4 %	Familie von Berenberg
25,6 %	PetRie Beteiligungsgesellschaft mbH (Dr. Hans-Walter Peters, Geschäftsführer, und Hendrik Riehmer)
2,0 %	Andreas Brodtmann und ehemalige persönlich haftende Gesellschafter
15,0 %	Christian Erbprinz zu Fürstenberg
15,0 %	Jan Philipp Reemtsma
12,0 %	Compagnie du Bois Sauvage S.A.

Wolfgang Peiner, der die Entwicklung der Privatbank über die Jahre mit kritischem Blick begleitet, sieht einen entscheidenden Vorteil in der Gesellschaftsform: »Bei den Privatbankiers gibt es eine personelle Kontinuität. Man kennt sich. Wenn Sie bei einer Großbank sind, können Sie sich nicht darauf verlassen, dass Ihr Ansprechpartner, und wenn es ein Direktor ist, in einem Jahr noch da ist. Da Sie es bei Privatbanken mit persönlich haftenden Gesell-

Die Eröffnung der Niederlassung Salzburg wurde 2010 mit einem Charity-Golfturnier begangen, bei dem Dr. Hans-Walter Peters 120.000 Euro an die Franz-Beckenbauer-Stiftung übergeben konnte

schaftern zu tun haben, können Sie sicher sein: Wenn es schiefläuft, dann geht es auch zu deren Lasten.« Weil das so ist, seien echte Privatbanken mit persönlich haftenden Gesellschaftern auch nicht mit den Privatbanken vergleichbar, die nur noch ihren Namen tragen, aber längst als Tochtergesellschaften bei einer Großbank untergeschlüpft sind. »Berenberg brachte das Kunststück fertig, trotz aller Erfolge im institutionellen Geschäft auf der anderen Seite das Niveau im gehobenen Privatkundenbereich zu halten. Eine Bank, die mit 40 großen Versicherern Volumen macht, braucht auch für ihre Privatkunden ein gewisses Niveau an Ansprache. Mit smarten Jungbankertypen, die mit Ihnen nur englisch reden und in der großen weiten Welt zu Hause sind, können Sie die vermögende Witwe eines Kaufmanns auf Dauer nicht überzeugen.«

Der ehemalige Finanzsenator ist überzeugt: »Für die internationale Bedeutung des Finanzplatzes Hamburg ist Berenberg derzeit die wichtigste Bank. Fest steht: Peters hat die Bank auf ein internationales Niveau gehoben. Sein Wort zählt.«

Zwei Jahre nach der großen Weltwirtschaftskrise hat sich Deutschland zu einer wichtigen Stütze der Weltkonjunktur entwickelt. Mit einem Zuwachs der Wirtschaftsleistung um 3,6 Prozent kann 2010 das beste Ergebnis seit der Wiedervereinigung erzielt werden.

Mit dem zweitbesten Ergebnis in seiner Geschichte schließt Berenberg die erste Dekade des neuen Jahrtausends ab. 61,5 Millionen Euro Jahresüberschuss und eine Kernkapitalquote in der Gruppe von 15,1 Prozent sind Ausweis hoher Ertragsstärke und eines soliden Geschäftsmodells. Die Ausrichtung auf das Dienstleistungsgeschäft wird auch im hohen Anteil der Provisionserträge deutlich. Das Verhältnis Provisionsüberschuss zu laufendem Zinsüberschuss beträgt 2010 82:18. Selbst das Firmenkundengeschäft ist mittlerweile so umgebaut, dass die meisten Erlöse im Provisionsbereich anfallen: Man berät bei der Gestaltung und Umsetzung optimaler Finanzierungsstrukturen und gibt selber nur Kredite, wenn anderes Geschäft damit verbunden ist.

»Unsere erstklassige Kompetenz ist für unsere Kunden ein wichtiger Wettbewerbsfaktor«, sagt Riehmer. Er baut das Aktien-Research am Standort London weiter aus. Das Know-how für deutsche Small und Mid Caps wird erneut im Thomson Reuters Extel Survey bestätigt: bestes Analysehaus! 55 Analysten sitzen Ende 2010 dort und beginnen nun, neben Small und Mid Caps auch die großen börsennotierten Unternehmen zu bewerten. »Das Research ist im Kapitalmarktgeschäft besonders wichtig.« Überzeugt man mit seinen Analysen, dann kommt man auf die Brokerlisten der großen institutionellen Investoren. Die »Währung«, mit denen das Research »bezahlt« wird, sind also quasi Orders, Aktien im Auftrag der Fondsgesellschaften und anderer Investoren zu kaufen oder zu verkaufen. Berenbergs Research gehört zu den besten, der Marktanteil der Hamburger Privatbank steigt von Jahr zu Jahr. Das geht aber nicht von allein. Die Analysten gehen weltweit auf Tour mit Unternehmensvorständen. 150 Roadshows mit 1.200 individuellen Meetings sind es bereits 2010.

Im »Private Banking Survey« der renommierten Fachzeitschrift »Euromoney« wird Berenberg als »Best Private Bank in Germany« ausgezeichnet und löst damit die Deutsche Bank (2009) und Sal. Oppenheim (2008) ab

Auch bei den »Global Private Banking Awards« von »Professional Wealth Management« und »The Banker« (Financial Times Group) erhält Berenberg 2010 den erstmals vergebenen Titel »Best Private Bank in Germany« vor der Deutschen Bank – und soll ihn auch in den nächsten vier Jahren nicht mehr abgeben

Die richtige Zeit auch, um die Beratung bei Börsengängen und Kapitalerhöhungen, das Equity-Capital-Markets-Geschäft, auf ein neues Niveau zu bringen.

GESELLSCHAFTLICHES ENGAGEMENT

wird bei Berenberg seit jeher groß geschrieben. Der Familie und auch den jeweiligen persönlich haftenden Gesellschaftern war es immer wichtig, sich für das Gemeinwohl, aber auch für kulturelle, sportliche oder wissenschaftliche Belange einzusetzen.

2006 haben die Mitarbeiter von der Niederlassung in London eine Initiative gestartet, die die Förderung unterprivilegierter Kinder zum Ziel hat: **Berenberg Kids**. Bei verschiedenen Aktivitäten sammeln die Mitarbeiter Spenden, sie erklimmen Berge in England, radeln quer durchs Land oder messen ihre Leistung im sportlich-spaßigen Leichtathletik-Fünfkampf oder im Beachvolleyball. Um daran teilzunehmen, muss ein Startgeld gezahlt werden. Ende 2009 wird aufgrund des nachhaltigen Erfolgs der Initiative aus der lockeren Vereinigung eine Stiftung. Bis Ende 2014 kommen auf diesem Wege insgesamt fast eine Million Euro für den guten Zweck zusammen.

Doch geht es nicht immer nur um das Sammeln von Spenden. Auch die direkte Hilfe wird bei Berenberg großgeschrieben: Mitarbeiter veranstalten Stadt-Rallyes, organisieren einen Zoobesuch oder streichen Klassenzimmer.

Oben: Andreas Brodtmann mit Sandra Völker, Nina Bott und Mirja du Mont (v. l.) beim Berenberg Kids Beachvolleyball; Unten: Die Teilnehmer des Berenberg Kids Beachvolleyball-Turniers 2014

Hamburg ist eine Hochburg des ältesten und wohl auch schnellsten Mannschaftssports der Welt: **Polo**. Das Berenberg Polo-Derby in Hamburg Klein Flottbek, Auftakt für eine Saison hochklassiger Spiele, ist ein gesellschaftliches Ereignis. Das Engagement wird auch in anderen Städten ausgebaut, internationale Polo-Asse treten mittlerweile in fünf Turnieren der höchsten Spielklasse an. Berenberg zählt zu den größten Förderern des Polosports in Deutschland. Neben dem Derby in Hamburg sind der Berenberg High Goal Cup in Düsseldorf und insbesondere die Berenberg German Polo Masters auf Sylt in ihrer exklusiven und zugleich familiären Atmosphäre gesellschaftliche Höhepunkte der Saison. Die Bank macht in dieser Zeit auch international ihr Spiel, beim Berenberg Snow Polo im Schweizer Skiort Klosters-Serneus oder bei hochklassigen Turnieren in Großbritannien.

Dr. Hans-Walter Peters mit der 100-jährigen Irmela Freifrau von Berenberg-Gossler beim Berenberg Polo-Derby 2014

Oben: Golflegenden mit Dr. Hans-Walter Peters (3. von links) beim Berenberg Gary Player Invitational in Wentworth: Fred Couples, Martin Kaymer, Gary Player, Rickie Fowler und Colin Montgomerie; Unten: Golflegende Gary Player ist Markenbotschafter von Berenberg

Mit den Berenberg Bank Classics setzt die Bank auf publikumswirksame Begegnung von Weltstars im **Tennis**: John McEnroe, Andre Agassi, Mats Wilander oder Stefan Edberg kämpften schon um die begehrte Trophäe, die im Rahmen der großen deutschen Profiturniere am Hamburger Rothenbaum und in der Porsche Arena in Stuttgart ausgetragen werden.

John McEnroe bei den Berenberg Classics in Stuttgart

Berenberg ist im Galoppsport aktiv und stiftete Silbertrophäen beim höchstdotierten **Galopprennen** auf der Rennbahn in Hamburg-Horn oder der Großen Woche in Baden-Baden Iffezheim. Mit dem »Club an der Alster« sponsert sie einen der erfolgreichsten deutschen Clubs im **Hockey**, den mehrfachen Deutschen Meister und Europapokalsieger.

Besonders ausgebaut wird das Engagement im **Golf**: Ab 2010 engagiert sich Berenberg erfolgreich im Profigolf, baut mit den Berenberg Masters eines der großen Events der European Senior Tour auf, die Golf-Idole Gary Player und Bernhard Langer werden Botschafter des Turniers. Bis zu 15.000 Besucher strömen zu den Turnieren, die 2010 in Fancourt (Südafrika), im altehrwürdigen Golf- und Land-Club Köln (2011 und 2013) sowie im Golfclub Wörthsee (2012) stattfinden. 2014 der Wechsel in den renommierten Wentworth Golf Club. Dort agiert die Bank mit einem anderen Konzept: Das Berenberg Gary Player Invitational 2014 versammelt internationale Topstars wie Martin Kaymer, Tom Watson, Colin Montgomerie, Fred Couples und Lee Westwood. Das Turnier wird der europäische Arm der Gary Player Invitational Serie mit Charity Turnieren in Südafrika, den USA und China. Mit 60 Millionen US-Dollar Spendenaufkommen in den vergangenen 30 Jahren ist es die weltweit erfolgreichste Charity-Golfturnier-Serie. 2015 wird das Berenberg Gary Player Invitational zudem in der Nähe von New York ausgetragen.

Auch bei **Classic Cars** ist Berenberg an Bord: Man sponsert weltweit renommierte Events wie den Concorso d'Eleganza Villa d'Este und nimmt mit Kunden an der Kitzbüheler Alpen-Rallye und der Schloss Bensberg Classics teil.

Ehemalige und aktuelle Preisträger versammelten sich aus Anlass des 25-jährigen Bestehens der Berenberg Stiftung von 1990 mit Kultursenatorin Barbara Kisseler, Dr. Hans-Walter Peters und dem Kuratorium der Stiftung

Die Berenberg Stiftung von 1990 ist zu einer Institution in der Hamburger **Kultur** geworden und hat weit über eine halbe Million Euro in die Förderung junger Künstler investiert. 100 Künstler hat die Berenberg Stiftung bisher gefördert. Sie unterstützt Projekte der Hochschule für Musik und Theater, das Internationale Opernstudio, die Hamburger Symphoniker oder das Ballettzentrum John Neumeier. Sie ermöglicht Studenten des Konservatoriums Schanghai Studien- und Konzertaufenthalte in Hamburg und hat mit der Art School Alliance einen Zusammenschluss von sechs der weltweit bedeutendsten Kunsthochschulen mitinitiiert. »Kulturelle Vielfalt und ein reges Geistesleben sind als wesentliche Standortfaktoren einer lebendigen Stadt unverzichtbar.« 2011 wird die Bank durch den Hamburger Senat und die Handelskammer mit dem begehrten Kulturmerkur für vorbildliche Kulturförderung ausgezeichnet.

Mit der Reihe »Wort trifft Musik« des ersten Berenberg Stipendiaten von 1990 und heutigen Weltklasse-Pianisten Sebastian Knauer fördert die Bank die Begegnung von Literatur und Musik, veranstaltet Konzertabende mit Lesungen, bei denen Schauspielerinnen wie Hannelore Elsner, Gudrun Landgrebe und Martina Gedeck im Wechsel mit ausgesuchten Klavierstücken Texte vortragen. Die Abende werden in einer anspruchsvollen CD-Reihe dokumentiert.

Auch in der **Wissenschaft** ist die Bank aktiv. Sie unterstützt das Hamburgische WeltWirtschaftsInstitut (HWWI). Als langfristiger strategischer Partner des HWWI hat die Privatbank gemeinsam mit dem Institut die Forschungsreihe »Strategie 2030 – Vermögen und Leben in der nächsten Generation« initiiert und führt alle zwei Jahre ein vielbeachtetes Ranking der 30 größten deutschen Städte durch.

2006 erscheint erstmalig das **Berenberg Magazin**, eine anspruchsvolle Publikation für Politik, Kultur und Sport. Verantwortlich zeichnen Dr. Werner Funk, langjähriger Chefredakteur von »Manager Magazin«, »Spiegel« und »stern«, sowie Berenberg Kommunikationschef Karsten Wehmeier. Die hohe Akzeptanz des Magazins in Politik und Wirtschaft dokumentiert die Reihe der Persönlichkeiten, die für ein großes Exklusiv-Interview zur Verfügung standen, unter ihnen die ehemaligen Bundespräsidenten Roman Herzog und Christian Wulff, die Vizekanzler und Bundesminister Guido Westerwelle und Sigmar Gabriel sowie die Bundesminister Peer Steinbrück und Wolfgang Schäuble.

Handelskammer-Präses Fritz-Horst Melsheimer und Kultursenatorin Barbara Kisseler überreichten den Kulturmerkur 2011 an Karsten Wehmeier. Vorjahressieger Albert Darboven gratulierte ebenfalls (v.l.)

2011–2014: Mit Kompetenz und verantwortungsvollem Handeln in die Zukunft

Mehr als 1.000 Mitarbeiter

Der Beginn der zweiten Dekade dieses Jahrhunderts ist geprägt von der Euro-Krise. Sie stellt Politik und Wirtschaft vor große Herausforderungen. Berenberg gelingt es auch in diesem Umfeld weiter zu wachsen, insbesondere die Internationalisierung ist ein großes Thema. »Dadurch werden wir unabhängiger von einzelnen Märkten«, sagt Dr. Hans-Walter Peters. Die Zahl der Mitarbeiter steigt 2011 um 14 Prozent auf 1.110. Marktdruck, der kundenseitige Verzicht auf komplizierte Finanzprodukte sowie regulatorische Erfordernisse mit den damit verbundenen Kosten lassen branchenweit die Margen im Private Banking sinken. Zudem waren deutsche Privatanleger schon immer preissensibler, als es im Ausland der Fall ist. »Wir sind mit unseren vier Geschäftsbereichen sehr diversifiziert aufgestellt und können etwas schwierigere Marktphasen in einzelnen Bereichen durch andere Geschäftsbereiche gut ausgleichen«, kommentiert Peters. Das Investment Banking entwickelt sich sehr erfolgreich. Man konzentriert sich neben dem Research und Brokerage zunehmend auf die Beratung bei Börsengängen und Kapitalerhöhungen, ist schon 2011 an allen grö-

2011: Demonstration vor dem Kanzleramt in Berlin gegen Sozialabbau in Deutschland

ßeren Börsengängen in Deutschland beteiligt und berät bei Fusionen und Übernahmen. So ist Berenberg alleiniger Finanzberater der Tognum AG bei deren 3,6 Milliarden Euro teurer Übernahme durch die Daimler AG und Rolls-Royce.

Ein Rentenresearch wird aufgebaut, die Anzahl der Aktienanalysten steigt weiter, 400 europäische Aktienwerte werden mittlerweile gecovert. Und auch der amerikanische Markt rückt in den Fokus. In Boston eröffnet 2011 die Tochtergesellschaft Berenberg Capital Markets LLC. Sie vermarktet das in London erstellte Research an amerikanische institutionelle Anleger. Bereits von 1828 bis 1902 gab es in der Hafenstadt an der Ostküste der USA eine Dependance der Berenbergschen Firma. Und auch am Schweizer Finanzplatz Genf ist Berenberg nun vertreten, hier über eine Niederlassung der Berenberg Bank (Schweiz) AG.

Berenberg-Chefvolkswirt Dr. Holger Schmieding spricht auf der Berenberg and Goldman Sachs German Corporate Conference in München

Berenberg geht in die USA

2011 startet man in London den Aufbau einer Private-Banking-Einheit, um britische Kunden zu betreuen. In England waren im Laufe der Jahre die traditionsreichen Privatbankiers in internationale Finanzkonzerne integriert worden, sodass hier aufgrund der Unabhängigkeit einer inhabergeführten Privatbank und des vorhandenen hohen Know-hows bei der Beratung anspruchsvoller Privatkunden gute Geschäftsmöglichkeiten bestehen.

Das Image der Banken hat im Zuge der Diskussion um die Finanzkrise, um komplizierte und kaum beherrschbare Finanzprodukte der in Schieflage geratenen Banken, die mithilfe der Steuerzahler gerettet werden mussten, und des Verkaufs ungeeigneter Finanzanlagen an Kleinanleger stark gelitten. Das Wort vom Kulturwandel greift um sich. Banken lassen Claims entwickeln wie »Wir haben verstanden« oder »Wir werden nicht ruhen«. »Für die Institute ist es heute wichtiger denn je, ihre Geschäftsmodelle auf die Bedürfnisse ihrer Kunden auszurichten«, sagt Peters. »Die Branche ist gefordert, gegenüber den Kunden und der Gesellschaft zu zeigen, dass sie einen wichtigen Pfeiler in unserem täglichen Wirtschaftsleben darstellt.«

Deutschland entwickelt sich vom einstmals »kranken Mann« zur Zugmaschine im Euro-Raum. Das Interesse ausländischer Anleger an deutschen Unternehmen steigt. Berenberg lädt im September 2012 zusammen mit der amerikanischen Investmentbank zur ersten »Berenberg and Goldman Sachs German Corporate Conference« nach München. Ein voller Erfolg! 750 Teilnehmer aus 25 Ländern werden gezählt. Knapp 100 deutsche Unternehmen präsentieren sich auf Vorstandsebene, darunter zwei Drittel der DAX-30-Unternehmen. »Wir wollten ein Forum schaffen für den Austausch von deutschen Unternehmen und internationalen Investoren«, so Riehmer.

Federführung beim Talanx-Börsengang

Mit der Federführung bei zwei der fünf größten Börsengänge in Europa gelingt im Jahr 2012 der Durchbruch im Equity-Capital-Markets-Geschäft. Berenberg erhält überraschend zusammen mit der Deutschen Bank die Federführung beim vielbeachteten Börsengang des Versicherungskonzerns Talanx (517 Millionen Euro), auch den größten Schweizer Börsengang DKSH Holding (903 Millionen Schweizer Franken) betreut man federführend. Mit sieben begleiteten Primärmarkt-Transaktionen rangiert Berenberg unter den Top-drei-Banken in der DACH-Region (Deutschland, Österreich, Schweiz).

Berenberg erhöht Anteil an Universal-Investment auf 50 Prozent

Berenbergs Position bei der Frankfurter Investmentgesellschaft Universal-Investment baut Peters weiter aus. Im April 2012 kauft er Hauck & Aufhäuser Anteile ab, im August der LBBW Landesbank Baden-Württemberg. Berenberg und Bankhaus Lampe halten nun jeweils 50 Prozent der Anteile. Beide Privatbanken sind seit Jahrzehnten an der Universal-Investment beteiligt und haben in den vergangenen Jahren ihre Anteile schrittweise erhöht. Universal-Investment verwaltet als größte unabhängige Investmentgesellschaft im deutschsprachigen Raum mit rund 550 Mitarbeitern mehr als 1.000 Investmentmandate mit einem Volumen von insgesamt 214 Milliarden Euro (Januar 2015).

Rekordergebnis

Ende 2012 zieht die Niederlassung Frankfurt in die neuen Räumlichkeiten in der Bockenheimer Landstraße 25 um. Berenberg hat am wichtigsten deutschen Finanzplatz nun ein repräsentatives Gebäude, das Platz für weiteres Wachstum bietet. Neben der dortigen Private-Banking-Einheit sind das Equity Capital Markets, das M&A, Equity Sales und Fixed-Income-Einheiten dort untergebracht. Im September 2013 kommt das neue Chief Investment Office hinzu, das sich um die Kapitalmarktmeinung und die Vermögensverwaltung kümmert.

Das Jahr 2013 endet für Berenberg erneut mit einem Rekordergebnis. Die Bruttoerträge steigen auf 309 Millionen Euro, das Jahresergebnis

Der Standort von Berenberg in Frankfurt am Main: Bockenheimer Landstraße 25

Anlässlich der neuen Börsenmitgliedschaft an der Nasdaq leuchtete der Times Square in New York in den Farben von Berenberg; Hendrik Riehmer mit Mitarbeitern

liegt mit 66,1 Millionen Euro fast zehn Prozent über dem Vorjahr. Auch das verwaltete Vermögen wächst und durchbricht die 30-Milliarden-Grenze. 1.147 Mitarbeiter werden mittlerweile beschäftigt.

»Für unser international gewordenes Geschäft ist es sehr wichtig, in den bedeutenden Finanzzentren vertreten zu sein«, erklärt Riehmer. Für ihn war es ein bewegender Moment, als Berenberg an der New Yorker Börse startete. »Schon als Jugendlicher interessierten mich amerikanische Aktien immer am meisten. Und als uns die Nasdaq zu einer Zeremonie anlässlich der neu eingegangenen Börsenmitgliedschaft einlud, war das natürlich ein tolles Ereignis! Wir hatten damals gerade ein neues Erscheinungsbild für die Bank kreiert. Das neue sollte zwar erst zwei Wochen später offiziell eingeführt werden, die ›Preview‹ war aber dann auf dem Times Square in New York.«

Mit einem neuen, selbstbewussten und modernen Logo verzichtet Berenberg künftig auf den Zusatz »Bank« – »wir sind inzwischen viel mehr, nämlich ein international tätiges Beratungshaus«, so Peters.

Im August 2014 eröffnet Berenberg in San Francisco den dritten Standort auf amerikanischem Boden. »Wir sehen in den USA ein enormes Potenzial für weiteres Wachstum und vermarkten dort unser europäisches Research-Produkt«, so Riehmer.

Mit dem größten Neugeldzufluss in der Geschichte der Bank kann das Asset Management Anfang 2014 aufwarten. Aerion Fund Management, einer der größten Inhouse-Pensionsfonds-Manager in Großbritannien, beauftragt Berenberg mit der Währungsabsicherung seiner Anlagen. Das Volumen: 3,5 Milliarden britische Pfund! Die im Asset Management betreuten Gelder stammen mittlerweile zu 50 Prozent von internationalen Anlegern. Daher entschließt sich der Bereich, zusätzlich zu Aktivitäten am Standort London eine eigene Gesellschaft mit Standorten in New York und Chicago zu gründen, um dort mit seinen Dienstleistungen und Produkten »Made in Germany« zu reüssieren.

Kooperation mit der BayernLB

Ende 2014 wird eine Kooperation mit der BayernLB auf den Weg gebracht. Sie soll die Geschäftsmöglichkeiten im Investment Banking weiter verbessern. Da bei vielen Transaktionen Brückenfinanzierungen nötig sind, die Berenberg aufgrund seiner Kreditmöglichkeiten nicht geben kann, ist man diese strategische Kooperation eingegangen. Die Münchener verfügen über hervorragende Verbindungen zu fast allen DAX-Konzernen und sind eine der größten Kreditbanken in Deutschland. Da sie im Bereich Equity Capital Markets jedoch nicht tätig sind, kann Berenberg hier mit seinem Know-how einspringen. Eine Win-win-Situation für beide Partner und auch für deutsche Unternehmen, da die Abhängigkeit von amerikanischen und europäischen Großbanken verringert wird.

Investitionen in erfolgreiches Geschäftsmodell

2014 ist ein Jahr der Investitionen. 100 neue Mitarbeiter werden eingestellt. 1.250 Menschen arbeiten nun an 19 Standorten in Europa, Amerika und Asien für Berenberg. »Das Wichtigste ist das Geschäftsmodell«, sind sich die Partner einig. Das muss stimmen, dann kann man auch in das Wachstum und in den langfristigen Erfolg investieren. Auch wenn 2014 aufgrund hoher Investitionen kein Rekordjahr wie die vorhergehenden war, ist es das Fundament für eine weiterhin erfolgreiche Zukunft von Berenberg, der ältesten deutschen Privatbank.

Die persönlich haftenden Gesellschafter:
(v.l.) Hendrik Riehmer, Dr. Hans-Walter Peters
und Andreas Brodtmann

»Der Trend zu unabhängiger Beratung auf hohem Niveau ist weiter ungebrochen. Berenberg wird mit seiner Konzentration auf das Dienstleistungsgeschäft auch künftig davon profitieren. Dass wir als zweitälteste Bank der Welt zu den dynamischsten in Europa zählen, zeigt, dass wir uns zwischen zwei Polen bewegen: der Beständigkeit der Tradition und der Beweglichkeit der Moderne. Der Mut und die Offenheit zum Wandel sind entscheidend, denn der Gedanke an die Zukunft muss uns stets genauso wichtig sein wie die Erinnerung an unsere Herkunft.«

Das Foyer von Berenberg
in Hamburg

FIRMENSTAMMBAUM

1590–1626	Hans Berenberg
1590–1645	Paul Berenberg (II)
1626–1640	Hans Berenberg (II)
1645–1699	Johann Berenberg
1645–1672	Rudolf Berenberg
1660–1711	Cornelius Berenberg
1715–1749	Johann Berenberg (II)
1715–1746	Senator Rudolf Berenberg (II)
1739–1761	Rudolf Berenberg (III)
1749–1768	Senator Paul Berenberg (IV)
1749–1772	Johann Berenberg (III)
1769–1790	Johann Hinrich Gossler
1788–1836	Ludwig Erdwin Seyler
1790–1800	Elisabeth Gossler
1777–1820	Franz Friedrich Kruckenberg
1798–1842	Senator Johann Heinrich Gossler (II)
1830–1879	Johann Heinrich Gossler (III)
1836–1858	Wilhelm Gossler
1864–1913	Johann (John) Freiherr v. Berenberg-Gossler
1873–1893	Ernst Gossler
1892–1908	Senator John v. Berenberg-Gossler (II)
1898–1953	Cornelius Freiherr v. Berenberg-Gossler (III)
1908–1923	Andreas v. Berenberg-Gossler
1920–1930	Dr. Heinrich Burchard
1923–1930	Walter Gleich
1935–1979	Heinrich Freiherr v. Berenberg-Gossler
1948–1961	August Rohdewald
1961–1979	Heinz A. Lessing
1964–1972	Karl-Theodor Lindemann
1968–1998	Joachim H. Wetzel
1976–1999	Peter Freiherr v. Kap-herr
1998–2000	Dr. Andreas Odefey
1978–2005	Joachim v. Berenberg-Consbruch
1988–2008	Claus-G. Budelmann
2004–2008	Guido M. Sollors
seit 2000	Dr. Hans-Walter Peters
seit 2009	Andreas Brodtmann
seit 2009	Hendrik Riehmer

Die Jahreszahlen geben den Zeitraum der Mitinhaberschaft an.

REGISTER

A

B

C

H

I

J

K

L

M

R

S

T

Y

Z

BILDNACHWEIS

S. 2: Jan Michael Hosan; S. 7, 14 (alle), 18, 22/23, 35, 42, 58 (alle), 64, 70, 80, 83, 84, 89, 96, 100, 101, 103, 106, 107, 109, 113, 131 (alle), 134 (unten rechts), 135, 143, 150, 153, 160, 173, 191: frei; S. 8 (links oben), 21, 56, 57, 67, 79, 91, 108, 122 (alle), 124, 126, 127, 168, 179, 190, 223, 236, 258, 270, 274 (rechts), 275, 277, 280, 288, 293, 295, 320: Berenberg Archiv; S. 10 (links), 32/33, 75, 95, 99, 129, 188: akg-images / historic-maps; S. 11 (links oben), 230, 234: ullstein bild – H. Schmidt-Luchs; S. 11 (rechts oben), 290, 307 (unten), 310, 317: Bertold Fabricius; S. 13: Cranach Digital Archive; S. 24: akg-images / Quint & Lox; S. 27: Niederländische Armencasse; S. 29, 51, 196, 209, 218, 228, 269: ullstein bild; S. 30: ullstein bild – Imagno; S. 36: ullstein bild – Roger-Violett / Albert Harlingue; S: 39: akg-images / Hoppe / Teller; S. 45, 49 (alle): Staatsarchiv Hamburg; S. 52/53, 55, 71, 88, 157 (alle): Stiftung Hanseatisches Wirtschaftsarchiv; S. 63: ullstein bild – Lombard; S. 68: akg-images / Album / Prisma; S. 76: akg / North Wind Picture Archives; S. 81 (links oben): akg-images / De Agostini Picture Lib. / G. Dagli Orti; S. 81 (rechts unten): akg-images / Heiner Heine; S. 118: Bruno Pérousse / akg-images; S. 119: IAM / akg-images; S. 134 (links): akg-images / Album / Oronoz; S. 138: akg-images / British Library; S. 156, 206: akg-images / arkivi UG; S. 165, 246/247, 260, 262, 289: akg-images / picture-alliance / dpa; S. 186: akg-images / Peter Weiss; S. 203: ullstein bild – ADN Bildarchiv; S. 205: Otto Dix / VG Bild-Kunst; S. 207: British Crown Copyright, The Met Office / Sciene Photo Library; S. 224/225: akg-images / Imagno; S. 239: akg-images / Gert Schütz; S. 242: Deutsche Bundesbank; S. 243, 257: ullstein bild – dpa; S. 245 (oben): akg-images / NASA; S. 245 (unten): akg-images / RIA Nowosti; S. 248: akg-images /picture-alliance / Roland Witsch; S. 250: akg-images / AP; S. 251: ullstein bild – Conti-Press; S. 264: White House Photo Office – Public Domain; S. 267: ullstein bild – Glaser; S. 268: akg-images / Paul Almasy; S. 271: Henning Langenheim / akg-images; S. 274 (links): Foto Kopetz; S. 285: iStock / Jessili; S. 292: Jason Hook / akg-images; S. 294: Micha Theiner; S. 296/297: ddp images GmbH; S. 298: Fabian Bimmer / Reuters / Corbis; S. 299: ullstein bild - AP / Susan Walsh; S. 302: Paul Winterton; S. 304: Foto-Meindl; S. 306 (alle): Abi Schmidt; S. 307 (oben): Matthias Gruber; S. 308 (oben): Red Photographic; S. 308 (unten): Phil Inglis; S. 309: Daniel Maurer; S. 311: Michael Zapf; S. 312: ullstein bild – Boness /IPON; S. 313: Frank Bauer; S. 314: Jörg Hempel; S. 315: NASDAQ QMX / Zef Nikolla; S. 318: Aloys Kiefer; Alle weiteren Abbildungen: akg-images, Berlin.

© 2015 Joh. Berenberg, Gossler & Co. KG
Neuer Jungfernstieg 20
20354 Hamburg
www.berenberg.de

Erschienen im Carl Hanser Verlag, München

Redaktion und Bildauswahl: Karsten Wehmeier, Rainer Groothuis, Imke Borchers
Dokumentation: Reinhard Helling
Gestaltung, Satz und Herstellung: Groothuis. Gesellschaft der Ideen und Passionen mbH, Hamburg | www.groothuis.de; Miriam Kunisch, Carolin Beck, Janine Lattich
Lithographie: Frische Grafik, Hamburg
Druck und Bindung: gutenberg beuys, Feindruckerei, Langenhagen

ISBN 978-3-446-44669-4
Printed in Germany